石窟艺术研究

○ 第五辑 ○

麦积山石窟艺术研究所　编

文物出版社

图书在版编目（CIP）数据

石窟艺术研究. 第五辑 / 麦积山石窟艺术研究所编
. －－北京：文物出版社，2021.4
ISBN 978 - 7 - 5010 - 6914 - 9

Ⅰ. ①石…　Ⅱ. ①麦…　Ⅲ. ①麦积山石窟 - 文集
Ⅳ. ①K879. 244 - 53

中国版本图书馆 CIP 数据核字（2020）第 247964 号

石窟艺术研究 （第五辑）

编　　者：麦积山石窟艺术研究所

责任编辑：智　朴　崔　华
封面设计：程星涛
责任印制：张　丽

出版发行：文物出版社
社　　址：北京市东直门内北小街 2 号楼
邮　　编：100007
网　　址：http：//www.wenwu.com
经　　销：新华书店
印　　刷：宝蕾元仁浩（天津）印刷有限公司
开　　本：850mm×1168mm　1/16
印　　张：15.5
版　　次：2021 年 4 月第 1 版
印　　次：2021 年 4 月第 1 次印刷
书　　号：ISBN 978 - 7 - 5010 - 6914 - 9
定　　价：220.00 元

《石窟艺术研究》编委会

目　录

综合研究

石窟考古

敦煌隋代洞窟分期及存在的问题

王惠民*

内容提要：隋代重视对河西走廊和西域的经营，敦煌地理位置尤显重要，传世文献和藏经洞出土文献显示隋代是敦煌历史发展的一个重要阶段。隋代敦煌佛教兴盛，仁寿元年（601 年）第一次在全国三十州建舍利塔就有敦煌，地点就在莫高窟。隋代历史较短，但新建了大量石窟，在敦煌莫高窟和西千佛洞就保存了约 110 个洞窟。本文对隋代敦煌佛教与石窟营建予以整理，并对前人的隋窟分期进行述评，为进一步研究隋代敦煌历史、佛教与石窟营建提供方便。

关键词：佛教写经　舍利塔　隋窟分期

隋文帝在尼寺里长大，自幼深受佛教思想的熏陶，建立隋朝后，便下诏弘佛，《隋书》卷三二《经籍志》记载："开皇元年（581 年），高祖普诏天下，任听出家，仍令计口出钱，营造经像。而京师及并州、相州、洛州等诸大都邑之处，并官写《一切经》，置于寺内；而又别写，藏于秘阁。天下之人，从风而靡，竞相景慕，民间佛经多于六经数十百倍。"唐道世《法苑珠林》卷一百将隋代佛教总结为：

隋高祖文皇帝。开皇三年，周朝废寺咸乃兴立之。名山之下各为立寺。一百余州立舍利塔。度僧尼二十三万人，立寺三千七百九十二所，写经四十六藏一十三万二千八十六卷，修故经三千八百五十三部，造像十万六千五百八十区，自余别造，不可具知之矣。

隋炀帝。为孝文皇帝、献皇后长安造二禅定并二木塔，并立别寺一十所，官供十年。修故经六百一十二藏二万九千一百七十二部，治故像十万一千区，造新像三千八百五十区，度僧六千二百人。

右隋代二君四十七年（王惠民按：法琳《辩正论》卷三、道宣《释迦方志》卷下均作"三十七年"）。寺有三千九百八十五所，度僧尼二十三万六千二百人，译经八十二部。

虽然上述统计数字不可信（如隋文帝时写经四十六藏，没有统计隋炀帝写经数量，但隋代和尚智顗一人就写经十五藏，推测隋文帝一朝写经不止四十六藏），但多少反映了隋代佛教之盛。敦煌是隋代经营西域的重要一站，《隋书》卷六七《裴矩传》记载裴矩撰《西域图记》三卷，记录四十四国风土人

---

* 作者简介：王惠民（1961 年~ ），男，浙江临安人，敦煌研究院考古研究所研究员，从事敦煌石窟研究。

情，《西域图记》今失传，《裴矩传》收录《西域图记》序云："发自敦煌，至于西海，凡为三道，各有襟带……总凑敦煌，是其咽喉之地。"

在此历史与佛教背景之下，敦煌莫高窟、西千佛洞新建洞窟甚多，现存约 110 个，是隋代佛教造像最多、最集中的一处石窟。

一　隋代崇教寺舍利塔与隋代写经

（一）崇教寺舍利塔

隋代分别在仁寿元年（601 年）、二年（602 年）、四年（604 年）三次在全国三十、五十三、三十州建舍利塔一座①，第一次三十个州中就有瓜州，这是敦煌佛教史上的一件大事。唐道宣《广弘明集》卷一七收录第一次建舍利塔的《隋国立舍利塔诏》，提到第一次建舍利塔的三十个州（法琳《辩正论》卷三误作四十州："仁寿元年，文帝献后及宫人等咸感舍利普放光明，砧捶试之，宛然无损，于四十州各造宝塔，光曜显发，神变殊常。具如王劭所纪。"），有的还指定该州建舍利塔的寺院，第二十四个州是瓜州（即敦煌）："岐州凤泉寺、雍州仙游寺、嵩州嵩岳寺、泰州岱岳寺、华州思觉寺、衡州衡岳寺、定州恒岳寺、廓州连云岳寺、牟州巨神山寺、吴州会稽山寺、同州大兴国寺、蒲州栖岩寺、苏州虎丘山寺、泾州大兴国寺、并州无量寿寺、隋州、益州、秦州、扬州、郑州、青州、亳州、汝州、瓜州、番州、桂州、交州、相州大慈寺、襄州大兴国寺、蒋州。"道宣《续高僧传》卷二六《智嶷传》记载："仁寿置塔，敕诏送舍利于瓜州崇教寺，初达定基，黄龙出现于州侧大池，牙角身尾，合境通瞻，具表上闻。"道宣《集神州三宝感通录》卷上记载："瓜州。崇教寺起塔。"而原立于莫高窟第 332 窟的《李君莫高窟佛龛碑》明确提到崇教寺在莫高窟，该碑两面镌字，1921 年被流窜来的白俄残部折断，残碑现存敦煌研究院陈列中心，馆藏号 Z1101 号。幸此前有金石学家徐松（1781～1848 年）等做了拓片与录文，碑文又见 P.2551②。据碑文知，此碑乃武周圣历元年（698 年）立，故又称《圣历碑》。碑主李义，字克让，碑先叙述此窟创建年代及武周时敦煌佛教的盛况，次叙陇右李氏源流及李克让修今第 332 窟之功德。碑记："爰自秦建元之日，迄大周圣历之辰，乐僔、法良发其宗，建平、东阳弘其迹，推甲子四百他岁，计窟室一千余龛，今见置僧徒，即为崇教寺也。"

崇教寺至初唐晚期仍存，成书于武则天时期的 P.2005、P.2695《沙州都督府图经》"祥瑞"条载："黄龙。右唐弘道元年（683 年）腊月，为高宗大帝行道。其夜，崇教寺僧徒都集，及直官等，同见空中有一黄龙见，可长三丈以上，鬘须光丽，头目精明，首向北升，尾垂南下。当即表奏，制为上瑞。"

---

① 第三次有三十州、三十余州两种不同说法，唐道宣《续高僧传》卷十八《昙迁传》记为三十州："二年春，下敕于五十余州分布起庙，具感祥瑞，如别传叙之。四年，又下敕于三十州造庙，遂使宇内大州一百余所皆起灵塔。劝物崇善，迁亹有功。"同书卷二一《洪遵传》记载"三十余州"。

② ［清］徐松著、朱玉麟校：《西域水道记》卷三，北京：中华书局，2005 年，第 148～152 页。文中记载："《莫高窟碑》，两面刻，度以建初尺，高五尺七寸六分、广三尺二寸，前面二十八行，行五十字，后面三十行，行四十八字，碑首篆额'大周李君修功德记'八字，已剥落。"有录文。

相同的是，前揭《续高僧传》卷二六《智嶷传》也记载敦煌仁寿元年安置舍利时，也是黄龙呈现。该寺后来不见其名，李正宇先生认为："约在开元、天宝间，寺额改称，其名遂湮。"①

宿白先生 1996 年出版的论文集《中国石窟寺研究》一书中，收录了他早年在《文物参考资料》1955 年第 2 期上发表的《〈莫高窟记〉跋》一文，新著对《〈莫高窟记〉跋》作了许多补充，其中新提出："僧善喜所造讲堂，可能也属崇教寺的建置。"② 如此说成立，善喜当为崇教寺僧。或可补充宿先生观点的是，善喜为崇教寺僧，还可由崇教寺僧善藏推知。S. 2048《摄论章》尾题："仁寿元年八月廿八日，瓜州崇教寺沙弥善藏在京辩才寺写《摄论疏》，流通末代。《摄论章》卷第一。比字校竟。"善藏虽为沙弥，但《摄论疏》（《摄论章》）书法流畅，"比字校"也没有校出多少差错，由此看来，大约善藏能书善写，才被崇教寺派往中原写经的，这也是一位年轻僧人的荣誉吧。

善藏在大业二年（606 年）还为亡母写过一部《大般涅槃经》，现存卷一二、卷一六。卷一二见于日本国会图书馆（分类号为 WB. 32 - 14），题记："大隋大业二年岁次丙寅，比丘释善藏奉为亡姚张夫人敬造。"③ 卷一六见于 S. 2598，题记："维大隋大业二年岁次丙寅，比丘释善藏奉为亡姚张夫人敬造此经，流通供养。伏维霜露之感，凄怆莫追；蓼莪之慕，终天无已。敢籍大悲，用申罔极。唯愿二字之善，仰福幽灵；半偈之功，奉资神路。法声不朽，鱼岭恒传；劫火虽燎，龙宫斯在。六道四生，普同胜业。"此题记甚有文采，于此不难理解善藏为什么能担当去中原写经的重任。从仁寿元年到大业二年（601～606 年），善藏已从沙弥成长为比丘。

既然可以肯定善藏为崇教寺僧，宿先生又提出善喜所建讲堂有可能是崇教寺之附属建筑，那么，再考虑善喜、善藏均为"善"字辈，于是我们联想到他们有可能为同寺之僧。

善藏写《摄论疏》的所在地辩才寺，亦为隋唐长安名寺之一。徐松《唐两京城坊考》卷四"怀德坊"条记："十字街西之北，辨才寺。本郑孝王亮隋代旧宅，亮子司空、淮安王神通，以开皇十年为沙门智凝立此寺于群贤坊，以智凝辨才不滞，因名寺焉。武德二年徙于此。"④群贤坊为怀德坊北邻，在长安西城，两坊的东面即著名的"西市"，群贤坊西北角即金光门城门，见徐松《唐两京城坊考》所附图。关于寺名，《唐两京城坊考》作"辨才寺"，但 S. 2048《摄论章》尾题、《续高僧传》均作"辩才寺"，当是。

辩才寺寺主智凝为隋之一大名僧，精通《摄论》，《续高僧传》卷一〇《智凝传》记载："后赴京辇，居于辩才寺，引众常讲，亟传徽绪，隋文法盛，屡兴殿会，名达之僧，多参胜集，唯凝一人，领徒弘法，至于世利，曾不顾眄，所以学侣成德，实异同伦。后住禅定，犹宗旧习。大业年中卒于住寺，春秋四十有八。初凝传法关东，无心京讲，有明及法师者，《摄论》嘉名，宗绩相师，凝当其绪，年事衰顿，仍令学士延凝，既达相见，一无余述。""曾无别念，志存授法。"隋代摄论学派在昙迁、明及法师等弘扬下，颇具声势，智凝也有很高的造诣。智凝注重教学，《续高僧传》卷一〇《智凝传》记载：

---

① 李正宇：《敦煌地区古代祠庙寺观简志》，《敦煌学辑刊》1988 年 1～2 号合刊。

② 宿白：《中国石窟寺研究》，北京：文物出版社，1996 年，第 204 页。

③ 施萍婷：《日本公私收藏敦煌遗书叙录》（三），《敦煌研究》1995 年第 4 期。

④ ［清］徐松撰、李健超增订：《增订唐两京城坊考》，西安：三秦出版社，1996 年，第 225～226 页。

"有学士灵觉、道卓，并蜀土名僧，依承慧解，擅迹京室，逸还益部，弘赞厥宗，故岷洛《摄论》，由之而长矣。"弟子还有僧辩（568～642年）、道积（567～636年）。《续高僧传》卷一○《智凝传》记载，僧辩开皇初年出家，"时有智凝法师，学望京华，德隆岳表。辩从问知津，乃经累年。"僧辩后来"曾处芮城，将开《摄论》，露缦而听……"。《续高僧传》卷二九《道积传》记载："（开皇）十八年入于京室，依宝昌寺明及法师，谘习《地论》。又依辩才智凝法师《摄大乘论》。……（仁寿）四年七月，杨谅作乱，遂与同侣素杰诸师，南旋蒲坂。既达乡壤，法化大行，先讲《涅槃》，后敷《摄论》，并诸异部，往往宣传。"

无疑，善喜在长安辩才寺受到过摄论学派的强烈熏陶。他在敦煌既抄《摄论章》（《摄论疏》），又为亡母写《涅槃经》，颇与道积"先讲《涅槃》，后敷《摄论》"相似，仁寿元年辩才寺的寺主是智凝，或许善喜为智凝的门下。至于摄论学在中原、敦煌流行情况，宇井伯寿、圣凯有研究①。

隋代十大德之一的昙迁（542～607年）也精《摄论》，《续高僧传》卷一八《昙迁传》记载，开皇七年（587年），诏昙迁等十大德赴京，"并于大兴善寺安置供给，王公宰府，冠盖相望。虽各将门徒十人，而慕义沙门，敕亦延及，遂得万里寻师，于焉可想。于斯时也，宇内大通，京室学僧，多传荒远。"隋代佛教的全国性还可举智顗（531～597年）为例，《续高僧传》卷一七《智顗传》记载："顗东西垂范，化通万里，所造大寺，三十五所。手度僧众，四千余人。写经一十五藏。金檀画像，十万许躯。五十余州道俗受菩萨戒者，不可称纪。传业学士，三十二人。习禅学士，散流江汉，莫限其数。"（按：这段文字主要据灌顶《隋天台智者大师别传》，但数字与《别传》多有不同，如《别传》称其造像八十万躯等，似《续高僧传》的记载较可信些）智顗的学说也是"东西垂范，化通万里"。可见在隋代统一天下后，佛教也大一统，即所谓"于斯时也，宇内大通，京室学僧，多传荒远"。善喜抄经一事，说明不仅"京室学僧，多传荒远"，而且"荒远僧人，京室学佛"。这对理解隋代敦煌石窟也是有意义的。

（二）隋代写经

敦煌藏经洞写经多数是敦煌本土信徒的供养经，隋代写经也不例外，比较著名的当地写经可举大业四年（608年）敦煌郡大黄府旅帅王海为亡母写《涅槃经》《法华经》《方广经》三部为例，现存《涅槃经》卷八（P. 2205）、卷三三（P. 2117）和《法华经》卷三（S. 2914），其中两件《涅槃经》写经题记基本相同，P. 2205题记："大业四年四月十五日，敦煌郡大黄府旅帅王海，奉为亡姊敬造《涅槃》《法华》《方广》经（P. 2117无"经"字）各一部，以兹胜善，奉福尊灵，仰愿超越三途，登临七净，世世生生，还为眷属，六道含识，皆沾愿海。"也有少量写经从中原等地流入的，甚至有宫廷写经。

开皇八年（588年）四月八日秦王妃写经。S. 4020《思益经》尾题共5行56字，可分两段，为："大隋开皇八年岁次戊申四月八日，秦王妃崔为法界众生敬造《杂阿含》等五百卷，流通供养。""员外散骑常侍吴国华监，襄州政定沙门慧旷校。"慧旷是隋代高僧，襄州人，《续高僧传》卷一○《慧旷传》云其："律行严精，义门综博，道俗具瞻，纲维是奇。"秦王即杨俊（571～600年），为高祖第三子，

---

① ［日］宇井伯寿：《西域佛典の研究——敦煌逸书简译》"摄大乘论疏章"，东京：岩波书店，1969年，第1～234页；圣凯：《摄论学派研究》（上、下册），北京：宗教文化出版社，2006年。

《隋书》卷四五《秦孝王杨俊传》云其："仁恕慈爱，崇敬佛道，请为沙门，上不许。"其妃乃曾任襄州总管的大将崔弘度之妹，"俊颇好内，妃崔氏性妒，甚不平之，遂于瓜中进毒，俊由是遇疾。"事迹见《隋书》卷四五《秦孝王杨俊传》、卷七四《崔弘度传》等。

开皇九年（589 年）四月八日文献独孤皇后（544～602 年）为法界众生敬造《一切经》。敦煌遗书今存 5 号：《大楼炭经》（P. 2413，天津艺术博物馆藏）、《佛说甚深大回向经》（S. 2154）、《持世经》（上海博物馆藏）、《佛说月灯三昧经》（日本京都博物馆藏）、《太子慕魄经》（浙江博物馆藏）等，题记均为："大隋开皇九年四月八日，皇后为法界众生敬造《一切经》，流通供养。"《隋书》卷三二《经籍志》记载："开皇元年，高祖普诏天下，任听出家，仍令计口出钱，营造经像。而京师及并州、相州、洛州等诸大都邑之处，并官写《一切经》，置于寺内，而又别写，藏于秘阁。天下之人，从风而靡，竞相景慕，民间佛经多于六经数十百倍。"从隋代佛教史、隋代对敦煌的重视看，似乎隋代敦煌寺院藏有一套文献皇后写的《一切经》。

还有一些写经不能判断是当地写经还是从中原传到敦煌的，但这些写经显示隋代敦煌佛教的兴盛。

二　隋代洞窟的营建

莫高窟隋代洞窟数量，各家说法不一。段文杰《融合中西成一家——莫高窟隋代壁画研究》一文云："短短的 30 余年间，在莫高窟一地就建造了近 70 个洞窟，是建窟比例数字最高的朝代。"[1] 樊锦诗、关友惠、马世长《莫高窟隋代石窟分期》一文指出："我们分期工作的对象，主要是壁画和塑像保存完好的八十个隋代石窟。对于因后代改建或残破太甚而面目不清的二十一个石窟，则不予分期。"[2] 如果加上后代改建或残破太甚而面目不清的，敦煌隋代洞窟约有 110 个，其中有 3 个洞窟有纪年，它们对于判定其他洞窟的时代具有重要的标尺作用，而洞窟中的供养人形象和题记是研究隋代历史与文化的重要原始资料。

（一）第 302 窟开皇四年（584 年）纪年

主室进深 3.9、南北宽 3.5 米，此窟窟形比较特殊，主室前部人字披顶，后部平顶，窟中央设方座，高 1.2、宽 1.1 米。方座上是四方佛龛，高和宽均为 0.8 米，四龛主尊均为禅定佛（后修）。佛龛顶承接须弥山，须弥山为圆形七级倒塔状，连接窟顶，高 1.1 米，下方塑出四龙，环绕须弥山。相邻第 303 窟也是此窟形，敦煌仅此两例。中心塔柱北向面下方有开皇四年发愿文 6 行：

1. ……供……□□（中窟）

2. ……内心……□□（造窟）

3. □□（割）□□□（财敬）……一躯及诸……

4. 萨圣□（僧）……□（愿）□□□□□□（及所生父）

---

① 段文杰主编：《中国壁画全集·17·敦煌·隋》，天津：天津人民美术出版社，1991 年，第 2 页。并收入段文杰：《段文杰敦煌石窟艺术论文集》，兰州：甘肃人民出版社，1994 年，第 344 页。

② 敦煌文物研究所编：《中国石窟·敦煌莫高窟》（二），北京：文物出版社，1984 年，第 171 页。

5. 母亲知识含生之类普登正觉

6. 开皇四年六月十一日①

（二）第305窟开皇四年（584年）纪年

这是个小窟，主室东西进深3.9、南北宽3.7米，窟中央设一高0.7、长宽均为1.3米的方坛，原塑像失，今存清塑5身。三壁开龛。南壁龛下有开皇四年发愿文7行：

1. □（开）皇□□□（四年三）月十五日清信士宋愿云香……等

2. ……苦海若不□□□（三）宝无以□

3. ……□□□（敬造南）方宝相佛子二□（菩）

4. 佛□像一□（区）愿一切含生□

5. 亡父母见在家眷俱登正觉……

6. ……州佛之像

7. ……供养②

北壁龛下发愿文2方，均有"开皇五年元月"纪年，其中西侧一方还有"□德佛"，应该是指北方相德佛。西壁北侧发愿文中有"大业元年（605年）八月十六日"题记。该窟其他供养人题名不少，是隋代现存供养人题名最多的洞窟。

（三）第282窟大业九年（613年）纪年

这也是个小窟，主室平面方形，进深、宽均为2.7米，窟顶前部平顶，后部人字披顶，西壁开龛。窟顶画千佛，西壁龛内塑一结跏趺坐佛二弟子二菩萨，南北壁西侧各塑一立佛二菩萨。西壁龛下有大业九年发愿文8行：

1. ……

2. ……

3. □□□□相□□释迦像及二菩

4. 萨四天王……就□□

5. ……法界□生□七世父母所生

6. 父母□□□一时成佛

7. ……大业□（九）年七月十一日造讫

8. ……③

① 敦煌研究院编：《敦煌莫高窟供养人题记》，北京：文物出版社，1986年，第125页。

② 敦煌研究院编：《敦煌莫高窟供养人题记》，北京：文物出版社，1986年，第127页。

③ 敦煌研究院编：《敦煌莫高窟供养人题记》，北京：文物出版社，1986年，第114页。

（四）第 62 窟的供养人题记

此窟供养人像清楚，题记保存较完整，西壁北端至北壁为一组供养人像，第一身为引导僧普济，后面是亡祖成天赐、亡父成僧奴、三位亡兄、成陀罗本人等，从供养人题名看，是成氏家族开凿的。

（五）第 281 窟"大都督王文通供养"题记

该窟主室平面方形，东西进深、南北宽均为 2.6 米，不开龛。现存外表壁画为宋或西夏重绘，底层露出隋代壁画，其中南壁西起隋画男供养人 3 身，榜题分别是"亡父□大都督……王……""大都督王文通供养""□息善生供时"①。

（六）第 390 窟"幽州总管府长史"题记

该窟主室东西进深 6.0、南北 6.2 米，这是一个较大的隋窟，画塑题材也比较奇特。该窟隋画供养人像很多，五代在隋供养人下方也画大量供养人。北壁西起第 3 身供养人是一主四从，题名"□□□□幽州总管府长史□□□□□供养"，《敦煌莫高窟供养人题记》录作"□□□（大觉修明）幽州总管府长史……供养"，但"大觉修明"不好理解，笔者也无法释读出，后面省略符号表示的漫漶文字大约有 6 字，希望将来有可能将上述不确定的 10 字释读出来。北壁西起第 29 身供养人题名"……使时仕师"，含义不明。其余供养人题名漫漶。

幽州总管府原为北齐东北道行台，577 年北周灭北齐，改为幽州总管府，《隋书》卷三〇《地理志（中）》记载："涿郡。旧置幽州。后齐置东北道行台。后周平齐，改置总管府。大业初府废。统县九，户八万四千五十九。"《周书》卷六《武帝纪（下）》记载建德六年（577 年）二月："及于河阳、幽、青、南兖、豫、徐、北朔、定，并置总管府。"《隋书》卷三《炀帝（上）》记载大业元年（605 年）正月"废诸州总管府"、大业三年（607 年）四月"改州为郡"。618 年唐代立国，改郡为州，《新唐书》卷四九《百官志》记载："武德初，边要之地置总管以统军。"《旧唐书》卷三八《地理志》记载："幽州大都督府。隋为涿郡。武德元年，改为幽州总管府，管幽、易、平、檀、燕、北燕、营、辽等八州。……六年（623 年），改总管为大总管，管三十九州。七年（624 年），改为大都督府。"也就是说，幽州总管府存在的时间是 577～605 年和 618～624 年，由于第 390 窟的艺术风格与初唐比较一致，其供养人"幽州总管府长史"的题名亦当写于武德元年至七年间。幽州是北方重要的军事重镇，主要防御突厥入侵，《隋书》卷八四《铁勒传》记载开皇初年："沙钵略勇而得众，北夷皆归附之。及高祖受禅，待之甚薄，北夷大怨。会营州刺史高宝宁作乱，沙钵略与之合军，攻陷临渝镇。上敕缘边修保鄣、峻长城以备之。仍命重将出镇幽、并。"敦煌与幽州距离较远，这条"幽州总管府长史"题记值得进一步探讨。很可能是，北周瓜州刺史李贤有子李询、李崇，《隋书》记载李崇开皇三年任幽州总管，第 390 窟或许与李家存在关联②。

① 敦煌研究院编：《敦煌莫高窟供养人题记》，北京：文物出版社，1986 年，第 114 页。
② 王惠民：《敦煌莫高窟第 390 窟"幽州总管府长史"题记考》，敦煌研究院编《2014 敦煌论坛：敦煌石窟研究国际学术研讨会论文集》，兰州：甘肃教育出版社，2016 年。

（七）隋窟中的画工标识

许多朝代的洞窟壁画底层可以看到画工起稿线、画工的标识，甚至画工的涂鸦。有的标识是注明颜色（即色标，如"青""绿"），有的是标出位置（如"南"）。这些标识应该为正式的壁画所覆盖，但由于年代久远，外层壁画剥落或其他原因而显现，如北周第430窟南壁天宫栏墙上有"从六月十一日"字样，该窟天宫栏墙上装饰纹样中还画一兽头、二佛头，显然是画工涂鸦之笔。隋代第278窟北壁画2铺说法图，东侧一铺佛的左肩附近有一"佛"字，右肩附近有2个"南"字（不知何意）。隋代第292窟、隋代第421窟等有"青""绿"等画工上色标志。

（八）第427窟与第292窟的关联

莫高窟在隋代时期的洞窟多数是数米见方的小窟，墙壁上多数画千佛、说法图，大约是一般民众信徒开凿的功德窟。大型的洞窟有第244、292、419、420、427等窟，艺术都十分精湛，其中第292、427窟可能是当时的官寺崇教寺修建的洞窟。

第292、427窟均为中心塔柱窟，坐西向东，中心柱东向面、南壁前部、北壁前部各塑立佛一铺，组成三佛造像。两窟大小也相同，第292窟主室进深10.4、南北6.9米；第427窟进深10.5、南北7.2米。塑像也相同，中心柱正壁不开龛，正壁前塑一佛二菩萨，与南壁前部、北壁前部各塑的一佛二菩萨组成三佛组合，两窟的粉本存在着明显的关联，尤其是主室的尺寸是完全一样的，令人关注。

两窟中心塔柱的柱身南、西、北面画比丘立像。这些比丘可能具有特殊身份，第292窟的比丘是有头光的，具有圣僧的特征。我们知道，普通僧人是没有头光的。有些"比丘"手持宝珠，并且一些莲花中有宝珠，摩尼宝珠非僧人日常器物，而是传说之物。并且，这些比丘形象高大，我们知道，中唐（蕃占时期）之前，敦煌现存的供养人像除第130窟外，都是比较小的。这些"比丘"所着袈裟的款式、颜色均不同，持物繁多，姿势各不相同，似乎为了体现各自身份不同，用心良苦，这不同于一般供养人的形象整齐划一。敦煌第292、427窟这些"比丘"的服饰多不相同，可辨明的器物有：净瓶（10件）、各式香炉（10件，其中手炉即手捧式香炉2件，每窟一件）、香囊（8件）、香宝子（2件，均在第292窟，另外在第427窟有一件带香宝子的长柄香炉）、念珠（10件）、麈尾（1件，427窟无）、锡杖（2件），还有花盘、宝珠、莲花等。

相比之下，隋代第281窟是个进深2.6米、南北2.6米的小窟，南壁男供养人题记中有"大都督王文通供养"，推测第292、427窟的工程量是第281窟的几十倍，建造者实力一定比大都督王文通还大得多。

第292窟南邻北周瓜州刺史李贤窟（第290窟），第427窟南邻北周瓜州刺史建平公于义窟（第428窟）。它们的窟主是谁呢？前揭《广弘明集》和《续高僧传》记载隋代仁寿元年（601年）曾在敦煌崇教寺建舍利塔，又据元代觉岸《释氏稽古略》记载，隋文帝于开皇十三年（593年）曾诏令"于诸州名山之下，各置僧寺一所，并赐庄田"。也许崇教寺即在开皇十三年敕建之官寺，那么，8年后，在崇教寺安置敕颁之舍利，顺理成章。可能此两窟与舍利供养有关，也与崇教寺有关。两窟中心柱所绘传法高僧图也许还有礼拜舍利的含义①。

三　洞窟分期

1984 年，樊锦诗、关友惠、刘玉权发表《莫高窟隋代石窟分期》一文，将隋代 80 个洞窟（文章称80 窟，实际上提到的有 81 个窟）分为三期②。2004 年，韩国学者梁银景出版博士论文《隋代佛教窟龛研究》一书，其中第二章《莫高窟隋代洞窟的分期与特点》在前文基础上对莫高窟隋代 77 个洞窟进行了考察③。梁银景也是按三个时期进行分析，其中第一、第二期洞窟数量与《莫高窟隋代石窟分期》完全一致，而第三期洞窟略有增减。《莫高窟隋代石窟分期》的主要结论是：

第一期窟：7 个。第 250、266、302～305、309 窟；另外改绘北朝第 268 窟。"莫高窟隋代第一期石窟这段的时代大致相当于隋灭陈以前的时期，其下限应为开皇九年（589 年）或略晚些。"

7 个洞窟中的 6 个洞窟（第 250、266、302～305 窟）都属于小窟，画塑较为完整。第 250、266、304、309 窟为一龛窟，龛内画弟子 8 身，北朝流行的尼乾子、鹿头梵志继续存在于佛座两侧（第 250、266、309 窟）。而第 309 窟略大，但四壁经西夏重绘，龛内塑像经清重修、重塑，龛内西壁与龛顶隋画火焰纹背光，龛顶两侧隋各画飞天二身，龛内南、北壁隋各画弟子 4 身，龛外两侧上方各露出隋代飞天一身。另外，东壁门北下方露出隋画千佛部分。

第二期窟：34 个。第 253、262、274、292、293、295、312、315、402～407、410～414、416～423、425、427、429、433、434、436 窟。"第二期大致应在隋开皇九年（公元 589 年）至大业九年（公元 613年）略后的这段时间里。"

虽然文章说总数有 34 个窟，但只列出上述 33 个窟，遗漏一个洞窟。其中第 429 窟在第三期中也提到，由于周围均为第二期窟，似乎归二期比较合适（前揭梁银景《隋代佛教窟龛研究》一书将 429 窟归于第三期，也未提到《莫高窟隋代石窟分期》遗漏了哪一个洞窟）。

还有几个洞窟可能需要归入第二期。第 415 窟存部分隋画，未纳入分期，考虑周围都是第二期窟，该窟可归于第二期。第 408 窟表层壁画为西夏重绘，四壁底层露出部分隋画千佛，第 409 窟原为隋窟，五代重修，表层壁画为回鹘重绘，东壁门北露出部分五代画供养人像痕迹，二窟未纳入分期，从窟形和周围均为第二期窟（第 402～407 窟、第 410～414 窟）看，也可归于第二期。第 424 窟属于第 423 窟前室一小龛，窟顶西披存隋画三角垂幔部分，西壁壁前存隋塑一铺三身痕迹，西壁画十弟子（存头部）。南壁毁，北壁东侧毁，西侧存隋画部分（模糊），也当属于第二期。

第三期窟：39 个。第 56、58、59、63、64、244、255、276～281、283、284、298、313、314、317、318、362（此为五代窟，《莫高窟隋代石窟分期》窟号有误，据后文，应是 62 窟）、379、383、388～

① 王惠民：《祖师传承及其在中国的流行》，龙门石窟研究院编《2004 年龙门石窟国际学术研讨会文集》，郑州：河南人民出版社，2006 年。

② 敦煌文物研究所编：《中国石窟·敦煌莫高窟》（二），北京：文物出版社，1984 年，第 171～186 页。

③ ［韩］梁银景：《隋代佛教窟龛研究》，北京：文物出版社，2004 年，第 81～100 页。

401、429窟。"第三期石窟的年代，大致应在隋末唐初，也就是隋大业九年以后的隋代末期至唐初武德年间。"

　　虽然文章说总数有39个窟，但文章只列出38个窟，其中第429窟与第二期重复，若第429窟归第二期的话，则这一期提到的洞窟只有37个（包括误为第362窟的62窟）。除"第362窟"即第62窟外，可能遗漏的洞窟大约是第282、380、426窟，因为在分析第三期壁画时提到这几个窟，尤其是第282窟有大业纪年，肯定属于第三期。另外，第311窟可能属于隋代晚期，这是个较为完整的隋窟，绘塑较为完整，风格与第401窟较为一致，樊氏分期遗漏，梁银景即归入第三期。即樊氏分期提到有39窟，列出38个洞窟，由于第362窟是五代洞窟，第429窟与第二期重复，如将第429窟列入第二期，则第三期列出的洞窟只有36个。如果加上第62、282、380、311、426窟，第三期洞窟总数有41个。

　　纳入第三期的第391窟为第390窟与第392窟之间的一个小龛，除龛形（圆券龛）有隋风外，现存壁画为五代所绘，无任何隋代画塑痕迹。第400窟除了龛形（双层龛）、崖面位置（附近为隋窟）可推测为隋窟外，表层壁画全为西夏所绘，龛内塑像全为清代重修，无任何隋代画塑痕迹。

　　梁银景列出43个洞窟："第三期洞窟年代为隋大业九年至唐初武德年间，即613～626年。属于本期的洞窟有第56、58、59、62、63、64、244、255、276、277、278、279、280、281、282、283、284、298、311、313、314、317、318、362（此为五代窟，沿袭《莫高窟隋代石窟分期》之第62窟的误笔）、379、380、383、388、389、390、391、392、393、394、395、396、397、398、399、400、401、426、429窟。"[①] 其中第362窟是沿袭樊氏分期的笔误；第429窟樊氏分期在第二期、第三期均提到，梁银景归于第三期；新增了第62、282、311、380、426窟（第282、380、426窟在樊氏分期中是提到的，只是列表时遗漏），第311窟是个较为完整的隋窟，绘塑较为完整，风格与第401窟较为一致，樊氏分期遗漏，梁银景归入第三期。总体上看，梁银景专著《隋代佛教窟龛研究》第二章《莫高窟隋代洞窟的分期与特点》几乎完全沿袭了樊氏分期的观点。

四　隋窟研究的几个问题

（一）莫高窟隋窟总数问题

　　莫高窟未列入分期的隋窟还有20个左右，少数属于遗漏，多数因不完整，如：

　　第408、409窟的窟形、崖面位置等与第400窟类似，可考虑纳入分期。

　　第243窟龛内壁画均为隋画，龛内西壁隋画火焰纹背光，龛顶火焰纹两侧各画飞天四身，南侧与南壁画弟子四身、菩萨一身，北侧与北壁画弟子四身、菩萨一身。

　　第415窟窟顶底层露出隋代藻井、千佛。

　　第424窟实际上是第423窟前室一龛，存若干隋画（已见前述）。

　　第306、307、308窟为一组，第307窟北壁、东壁门北存隋画供养人，北壁存隋画千佛一角。第

---

① ［韩］梁银景：《隋代佛教窟龛研究》，北京：文物出版社，2004年，第98页。

306、308 窟则没有隋代痕迹，估计也是隋窟；

　　第 289、310、376、408、415、451、453、455、456、457 窟仅残存或从晚期覆盖壁画层下露出少量壁画，可作为分期参考。

　　这些残破洞窟虽然难以用作排年，但应该列出窟号，体现隋窟的规模，作为分期的一个背景材料。

（二）周边隋代石窟应纳入隋窟分期

　　敦煌石窟中，对莫高窟的早期、隋代、唐前期洞窟进行了分期，存在的共同问题是，没有把周边相关联的石窟一并进行分期，如西千佛洞有北朝、隋、唐前期洞窟，榆林窟有唐前期洞窟，这些洞窟艺术风格是相同的，应该合并进行分期。

　　西千佛洞有 6 个洞窟存有隋代画塑：H4（C3、D3）、H9（C6、D7）、H10（C7、D8）、H11（C8、D9）、H12（C9、D10）、H15（C12、D15）等窟还存有隋画痕迹，但数量很少，其中 H9 窟东壁南侧隋画说法图比较完整、H10 窟正壁（北壁）龛内倚坐佛是此石窟中保存下来的唯一隋代塑像。①

（三）敦煌以外地区的隋代造像是研究敦煌隋代造像的重要参考

　　在现存佛教造像方面，收藏在各博物馆的隋代佛教造像很多②。在各石窟中，庆阳北石窟寺 295 个洞窟中，学者比定的隋窟有 63 个，但都没有纪年③。这些隋代造像是敦煌隋窟研究的重要参考，应进行比较研究，这项工作需要进一步加强。

①　H 指霍熙亮先生编号，为现在普遍使用编号，霍熙亮《西千佛洞内容总录》，载《中国石窟·安西榆林窟》，北京：文物出版社，1997 年。C 指张大千编号；D 指敦煌研究院早年内部洞窟档案编号（未发表）。樊锦诗、蔡伟堂《敦煌西千佛洞各家编号说明》，《敦煌研究》2007 年第 4 期。

②　李冠戡：《隋代单体佛教造像研究》，台北艺术大学硕士论文，2006 年；阮丽：《隋代佛像的分类与造型》，中央民族大学硕士论文，2006 年。

③　甘肃省文物工作队、庆阳北石窟寺文管所：《庆阳北石窟寺》，北京：文物出版社，1985 年，第 49 页。

试探民乐县童子寺石窟艺术的题材内容

胡同庆*

内容提要： 本文对民乐县童子寺石窟艺术的题材内容进行了全面的梳理、介绍和初步分析，认为童子寺石窟中的壁画内容颇为丰富，有助于了解河西走廊乃至甘肃地区的宗教及宗教艺术的传播情况，值得学界关注；童子寺石窟中的造像内容虽然很少，且多为当代所作，但对于了解当代人的审美意识和宗教信仰，也具有一定的参考价值。

关键词： 民乐县 童子寺石窟 石窟艺术 藏传佛教 汉传佛教

甘肃省民乐县童子寺石窟始凿于北魏时期，唐、宋、明、清等时期均有营修、重绘。由于岩体、地震等诸多原因，大部分洞窟曾遭遇崩塌，毁坏严重。南北长 400 多米的崖壁间，分布有十多个洞窟，从南向北依次有 9 个编号。另外有数个洞窟因残毁、窟内无物或改建而尚未编号。

在残存的洞窟中，第 1、8、9 窟的形制均为中心塔柱式，且规模较大，是典型的北朝石窟形制；其他洞窟的形制均属于佛殿窟（第 7 窟是在正壁开一佛龛，大多是在正壁前筑台塑像）。窟顶多为平顶或四角略带弧形，平面为正方形、长方形或不规则形状。洞窟中的塑像多为当代新作，也有个别为原作重妆。窟中壁画大多自下而上叠加覆盖，有的地方多达五层，表层主要为明清时期所绘制，底层有色彩鲜艳的北朝时期作品。

童子寺石窟艺术的题材广泛，既有佛教、道教内容，也有民间神话故事。既有汉传佛教艺术，也有藏传佛教艺术。从表现形式来看，既有造像，也有壁画，下面本文将从这两方面分别介绍。

一　造　像

童子寺石窟中的造像很少，几乎被毁殆尽。只有少数几身佛像可能是原塑重妆，多为当代所作，其题材内容也只有寥寥几种。

1. 佛像

仅见于第 8 窟和第 9 窟的中心柱佛龛内。值得注意的是，第 8 窟中心柱西向面（正面）龛内所塑的佛像

---

* 作者简介：胡同庆（1954 年~　），男，四川省乐山市人，敦煌研究院副研究员，主要研究方向为敦煌石窟艺术、敦煌具象美学和古代社会生活史。

为今人新塑，但北向面、东向面、南向面龛内的佛像则可能是原塑重妆（图1）。另外，这几身坐佛均结跏趺坐于仰莲座上，但手印有所不同。西向面、东向面龛内坐佛均为左手托钵，右手膝前结触地印；而北向面、南向面龛内坐佛则均为双手结智慧印。

图1　第8窟中心柱北向面
龛内坐佛

本文之所以认为第8窟中心柱西向面龛内佛像为今人所塑，而北、东、南三面龛内的佛像可能是原塑重妆，主要是西向面龛内原绘佛像的头光和背光俱存，但头光、背光部位与塑像的位置、比例不搭配，由此明显可见塑、绘时代不同；而北、东、南三面龛内亦都残存有原绘的佛像头光和背光，但头光、背光和塑像的位置、比例都很吻合，且佛像造型饱满，手姿、神情自然，似有唐宋风韵。

第9窟只有中心柱东向面和南向面下层龛内各塑有一身坐佛，均双手结禅定印，结跏趺坐于莲座上，似原塑重妆和手脚等处有修补（图2、3）。

2. 胁侍菩萨像

仅见于第8窟，均为今人新塑。第8窟西向面、东向面的龛外两侧各塑有一身胁侍菩萨，而北向面、南向面除了龛外两侧各塑有一身胁侍菩萨外，其龛内两侧各塑有一身胁侍菩萨（图4），为此共塑有胁侍菩萨12身。

西向面龛外北侧的胁侍菩萨头戴宝冠，项佩璎珞，肩披红色帔子，下穿湖蓝色长裙，外罩绿色短裙，左手曲肘上托一珠，右手下垂提巾；龛外南侧胁侍菩萨的衣饰与此相同，只是改为右手曲肘上托一珠，左手下垂提巾，呈现两侧完全对称状，略有不同的是北侧胁侍菩萨右手提的巾带处多了一朵红花。东向面龛外两侧胁侍菩萨的衣饰和西向面类似，但下身没有外罩绿色短裙，两身胁侍菩萨的手姿均为双手合十，亦呈两侧完全对称状。

图2　第9窟中心柱东向面龛内坐佛

图3　第9窟中心柱南向面龛内坐佛

图 4　第 8 窟中心柱南向面下层佛龛

北向面与南向面龛外两侧胁侍菩萨的衣饰色彩有所变化，肩披绿色帔子，下穿土黄色长裙，均为双手在胸前捧一碗；龛内两侧的胁侍菩萨的衣饰为肩披紫红色帔子，上身穿大红色内衣，下穿蓝色长裙，均为双手合十。另外，北向面龛外两侧的胁侍菩萨头戴蓝色宝冠，龛内两侧的胁侍菩萨头戴大红色宝冠；南向面龛外两侧的胁侍菩萨头戴大红色色宝冠，龛内两侧的胁侍菩萨头戴蓝色宝冠。

简言之，工匠在塑造这些胁侍菩萨时，有意识地在衣饰、色彩、手姿上尽量有所变化，但同时特别注意各龛两侧的完全对称性。

3. 布袋和尚像

第 7 窟东壁（正壁）龛内所供奉的布袋和尚像为今人所塑，形象为袒胸露腹，笑口大开露舌露齿，两眼含笑往左上侧斜视，犹如翻白眼，不知是否工匠故意为之。该造像形体较小，与佛龛大小比例显然不匹配。

4. 高僧、弟子、老者像

第 4 窟北壁（正壁）壁前面坛台上的高僧和两侧的弟子、老者像均为

图 5　第 4 窟北壁（正壁）造像

今人所塑，高僧头戴五佛冠，金面金身，双手捧一珠于胸前，结跏趺坐在莲座上；高僧左侧的弟子，身穿袈裟，左手于胸前似捏一物，右手在胸前立掌，作单手合十状；高僧右侧一老者白眉白须，头戴蓝色冠帽，身穿蓝色长袍，双手于胸前作合十状。不知老者究竟是什么人物，待考（图 5）。

虽然童子寺石窟造像的题材内容很少，并且多为今人新塑，但从审美意识、宗教信仰等角度进行比较研究，也具有不可忽略的重要意义。

二　壁　画

童子寺石窟的壁画题材内容则颇为丰富多彩，但绘制时代目前所知主要是北朝时期和明清时期，因为其年代跨度很远，风格差距很大，故有必要分开介绍。

（一）北朝时期

目前童子寺石窟发现的北朝壁画主要是剥落处所见的一些残存壁画，题材包括佛、菩萨、比丘、供养人、千佛像，数量不多。

第1窟北壁外侧下方剥落处露出的底层壁画和榜题，所绘佛、菩萨、比丘像等系北朝的艺术风格特征，部分榜题可辨识。此残画中部绘一立佛像，身着通肩袈裟，双手置于胸前，目视前下方。佛像前面有两人一跪一立（脸部残），均双手合十于胸前。佛像与两人之间有一竖长方形题记："□□之人□持戒□德□□莲华见佛合掌往生时"（图6）。立佛西侧（右侧）绘有一身比丘像，身着袈裟，在他的右上方（面前）绘有一竖长方形榜题，从上往下书写："诸佛菩萨持金刚□□□行人前……"；比丘的左下方也有一竖长方形榜题，从上往下书写："上品□□修行□……"。立佛东侧（左侧）

图6　第1窟北壁外侧下方底层残画立佛

绘一站立菩萨像，桃形头光，耳垂环，帽两侧璎带垂至两肩，戴手镯，右手置于胸前，左手托盘。前有一榜题："遇善 知 识 教 令……"（图7）。另外，残画东侧上方剥落处露出一残像，似一站立菩萨，白脸、白手。其右手下方残存蓝、绿相间犹如衣裙的竖条状（图8）。

图7　第1窟北壁外侧下方底层残画菩萨

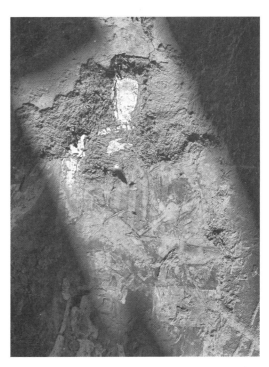

图8　第1窟北壁外侧下方底层残画菩萨

　　第8窟门洞甬道北壁剥落处的底层壁画也残存有北朝时期的菩萨像。其东侧剥脱处露出的底层人像，略为侧面，其眉、眼、耳、鼻、嘴都清晰可见，白脸红唇，身穿红衣，脖颈处有下垂的项链痕迹，左手弯曲呈握状，眼睛向右侧方向看，隐约可见桃形头光的痕迹，为一菩萨像（图9）。残画中部剥落处也露出一个底层的残存小头像，亦似菩萨头像（图10），风格均属于北朝时期。

图9　第8窟门洞甬道北壁东侧
底层残画菩萨

图10　第8窟门洞甬道北壁中部
底层残画菩萨头像

图11　第9窟南壁甬道口上方底层残画

　　第1窟北壁残画中部所绘立佛前面一跪一立的两人，头梳发髻，身穿红色长袍，双手合十。根据佛像与两人之间的题记"□□之人□持戒□德□□莲华见佛合掌往生时"，可知此二人应该是供养人像。

　　另外，第9窟南壁甬道口上方剥落处露出的最底层残画：可见绘有三栏千佛画像，千佛均有头光、背光，皆为跏趺坐，结禅定印，穿红衣或绿色通肩袈裟，面颊、眉眼、鼻梁及眉间白毫全部染成白色，其绘制时代也在北朝时期（图11）。

（二）明清时期

　　明清时期所绘制的壁画相对较多，故这里将其题材内容分别介绍：

1. 佛像

　　第1窟北壁外侧上方和窟顶处表层隐约可见残存有几身坐佛像，均绘在圆圈内，袈裟残存红、绿色，大概是明清时期所绘制，但无法辨识这几身坐佛像是属于汉传佛教艺术还是属于藏传佛教艺术（图12）。

　　第8窟和第9窟的壁画主要是藏传佛教艺术，如第8窟中心柱四周的上层中间均绘一坐佛，两侧各有一身头戴黄色僧帽的格鲁派僧人；坐佛形象均为肉髻，红衣，身后有头光、背光，左手托钵于怀中，右手膝前结触地印，结跏趺坐于仰莲座上，只是西、东向面的头光为黄色，北、南向面的头光为红色（图13）。

　　第8窟北壁整幅壁面以墨线与红色作框，绘藏传佛教诸佛及菩萨、明王像等。画面中央并排两身主佛结跏趺坐于莲台上，均为左手托钵于怀中，右手置于膝前结触地印，只是身体、头光、背光等色彩有所不同，另外西侧主佛的背光为红、白、绿等色相间，东侧主佛的背光为赭色（图14）。

　　第8窟北壁两身主佛的上方和两侧绘有不少小坐佛，或稍小或稍大，有的双手合十，有的双手结禅定印，有的一手托钵于怀、一手作触地印，均结跏趺坐于莲座上。

图12　第1窟北壁外侧上方和窟顶表层残画坐佛

图13　第8窟中心柱西向面上方坐佛与侍者

　　第8窟南壁整幅壁面也是以墨线和红色作框，绘藏传佛教诸佛及菩萨、明王像等。画面中央亦绘并排两身主佛结跏趺坐于莲台上（东侧主佛的右侧残），均为右手托钵于怀中，左手置于膝前结触地印，只是身体、头光、背光等色彩有所不同，另外西侧主佛的背光为红、白、绿等色相间，东侧主佛的背光为赭色，与北壁几乎完全对称。

　　第8窟南壁两身主佛的上方和两侧也绘有不少小坐佛，也是或稍小或稍大，有的双手合十，有的双手结禅定印，有的一手托钵于怀、一手作触地印，均结跏趺坐于莲座上（图15）。

第9窟中心柱北向面上层绘有坐佛两身。一身绘在东侧壁面上，另一身绘在西侧靠崖壁处的龛内。东侧壁面墨线框内所绘的坐佛，身穿红色袈裟，右手托钵于胸前，左手于膝前结触地印，结跏趺坐于莲座上（图16）。西侧龛内所绘的坐佛身穿绿色袈裟，双手作转法轮印，结跏趺坐于莲座上（图17）。

图14　第8窟北壁西侧主佛

图15　第8窟南壁上方小坐佛

图16　第9窟中心柱北向面上层东侧坐佛

图17　第9窟中心柱北向面上层西侧龛内坐佛

第9窟中心柱东向面上层绘有五身坐佛像，居中的一身坐佛，身穿黄衣红袍，灰白色头光，藏蓝色背光，背屏四周有黄色火焰纹，右手托钵于怀，左手膝前结触地印，结跏趺坐于莲座上。南侧的两身坐佛，均为土黄色头光，其中一位身穿红衣黄袍，朱红色背光，背屏四周有黄色火焰纹，双手置胸前结转法轮印，赤脚结跏趺坐于莲座上。另一位坐佛身穿红衣红袍，深蓝、淡蓝相间色背光，右手托钵于怀，

左手膝前结触地印，侧身面向中央坐佛（图18）。北侧的两身坐佛，均为土黄色头光，其中一位身穿红衣黄袍，朱红色背光，背屏四周有黄色火焰纹，双手置胸前结转法轮印，赤脚结跏趺坐于莲座上。另一位坐佛身穿黄衣红袍，深蓝、淡蓝相间色背光，左手托钵与怀，右手膝前结触地印，侧身面向中央坐佛。两侧坐佛形象几乎呈完全对称状。

图18　第9窟中心柱东向面上层南侧坐佛两身

第9窟中心柱南向面上层绘有坐佛两身。一身绘在东侧壁面上，另一身绘在西侧靠崖壁处的龛内。东侧墨线框内所绘的坐佛，身穿红色袈裟，袒左肩及胸，右手置于胸前结说法印，左手抚腹部（图19）。西侧龛内所绘的坐佛，身穿红色袈裟，双手结转法轮印，坐佛下部已剥落（图20）。

图19　第9窟中心柱南向面上层东侧坐佛

图20　第9窟中心柱南向面上层西侧坐佛

第9窟南壁西侧上层墨线框内绘一身坐佛，身穿绿边黄衣裙，佩戴项饰，袒左肩及胸，右手胸前结说法印，左手抚腹部，结跏趺坐于莲座上（图21）。

第9窟东壁（正壁）的壁面大部分残毁，但东壁中段残存一坐佛的下半部，可见残毁的背光，坐佛

图21 第9窟南壁西侧上层坐佛

左手于膝前作触地印、右手托钵，结跏趺坐在莲座上。另外东壁南侧宗喀巴大师像的头部上方绘有四身小坐佛，或双手合十，或左手于膝前作触地印、右手托钵，或双手结禅定印，均结跏趺坐在莲座上。

2. 菩萨像

主要见于第8窟和第9窟，如第8窟北壁西侧主佛右侧所绘的两身立姿菩萨像，一身头光为赭色，一身头光为灰白色。两身菩萨皆垂耳环，项戴佩饰，戴手镯，右手握住前胸的巾带，左手下垂手掌向外（图22）。第8窟南壁西侧主佛左侧亦绘有两身立姿菩萨像，一身头光为赭色，一身头光为灰白色。两身菩萨皆垂耳环，项戴佩饰，戴手镯，左手握住前胸的巾带，右手下垂手掌向外。

第9窟北壁一竖长方形墨框内绘一菩萨像。菩萨四头六臂，倚坐于莲座上，圆形头光为淡紫色，背光为赭黑色，周围绘朱红色云纹。菩萨为肉色身，身穿褐黑、白色裙，左前臂下垂握一海螺形器物，右前臂持一面镜子于胸前。镜中绘出人的右眼及眼眶，从镜子中蜿蜒折射出一缕光线，投向菩萨右上方的空白处，光线中映射出一串左眼及眼眶；右中臂手掌摊开，掌中绘一目；右后臂手掌摊开，掌心绘一目（残）。左中臂与左后臂的手掌残毁。菩萨倚坐的莲座盛开于浪花汹涌的波涛中（图23）。有学者认为此菩萨像可能是千手千眼观音，也有学者认为可能是启目观音。

图22 第8窟北壁西侧主佛右侧立姿菩萨

图23 第9窟北壁菩萨

第9窟东壁南侧上方残存一菩萨的头光和部分头部，头部左侧绘一圆圈，内有"日"字，字下方绘红色云朵。画面中部残画中可见有一左手臂，和一赤脚似结跏趺坐在莲座上，应为一坐佛；坐佛左侧残存两身立姿菩萨的下半身衣裙。画面下方残存一明王像。

3. 明王像

第8窟和第9窟中的明王像非常引人注目。如第8窟北壁西侧主佛下方的两身明王像，其中一身明王，绿色身，头发上竖，有头光，垂耳环，右手持矛，左手持绳索，腰系虎皮裙，脚踏一象头人身（图24）。明王脚下所踩踏的一具象头人身，呈俯卧状趴在地，露出两颗上翘的象牙，大睁眼睛，半裸上身，下穿红色镶蓝边裤，裤子上卷至膝盖处，露出两只光腿。另外一身明王，土灰色身，头部漫漶残毁，但可看到在其头部左右耳朵处还各绘有一白色侧脸人头，头部上方还绘有一人头。身有六臂，其右侧上面一手持一只小鼓，第二手持绿色拘鬼牌，下面一手摊开置于胸前；左侧则是上面一手持一张弓，第二手毁坏，下面一手作握拳状。腰间系虎皮裙，腰带上挂一串人头，脚下踩一仰面裸身人体（图25）。

图24　第8窟北壁西侧下方明王　　　　　图25　第8窟北壁西侧主佛下方明王

第8窟北壁东侧主佛下方的另一身明王，青绿色身，头发上竖，头上一对黑色长角，前额上方有一镶蓝宝石的箍带束发，眉毛上竖，耳垂吊一果核状耳坠，右手持棒槌，左手握红色绳索，左肩斜挂一串骷髅人头于腹前，下穿兽皮裙，跨骑一头黑牛，牛蹄下踩一仰面裸身人体（图26）。第8窟北壁东侧还残存一身明王像，仅存其身体右侧上半部分，上面一手握有一物，第二手似持一矛，下面一手只存手臂（残）。

第8窟南壁西侧主佛下方的一身明王像，头部残毁，蓝绿色身，赭色头光，红发上竖，脖颈戴一白色项圈，手戴镯，两手向外伸展紧紧抓着一条蟒蛇的首尾，蟒蛇缠绕手臂绕过前胸，腰系兽皮裙，脚踩一俯卧状的黄褐色人体（头部残毁）（图27）。第8窟南壁西侧下方的另外一身明王像，蓝色头光，头发上竖，脸部残。左手执一面三角红旗，右手执红色飘带，身穿兽皮裙，脚踩一只大象。

第8窟南壁东侧下层残存的两身明王像，其中一身明王像，绿色身，有头光，右手持拘鬼牌，左手于胸前托噶巴拉碗，身穿虎皮裙，骑于马背上（图28）。另外一身明王残像，只残存明王的左半部分，明王头发上竖，身穿兽皮裙，左手戴手镯，手中握一鼓，其指甲尖好似鸟爪尖。

图 26　第 8 窟北壁东侧主佛下方明王　　　图 27　第 8 窟南壁西侧主佛下方明王

第 9 窟东壁（正壁）北侧下方残存墨线框内可见一身明王的上竖头发、握成拳头的手臂等。

第 9 窟东壁南侧画面下方残存一明王像，蓝色身，存左手左脚，红头发上竖，身穿红色兽皮裙（残）。

4. 白度母

此画像仅见于第 9 窟南壁东侧一大墨线框内，画面中的白度母，白色身，头戴云纹箍冠，冠上镶有蓝宝石银饰，脑后两条红色束发绸带向两边飘飞，耳垂下吊一大环套小红心型的耳坠，戴项饰。头光为灰白色，背光为赭红色，周围绘朱红色云气纹。左手于胸前拈一支绿叶白牡丹，右手垂于膝前拈一支白牡丹花，舒相坐于莲座上，莲座下绘出莲茎，下部为波浪翻滚的大海（图 29）。

图 28　第 8 窟南壁东侧明王残像　　　　图 29　第 9 窟南壁东侧白度母

5. 宗喀巴像

第9窟东壁南侧残存宗喀巴大师像，现仅存头部和右手在膝前作触地印。宗喀巴大师头戴黄色尖帽，绿色身，佩戴项饰，浅紫红色头光，赭红色背光，还绘有许多小圆白花点缀在背光中。右手在膝前作触地印。似结跏趺坐（残存一光脚指头）（图30）。

第8窟中心柱四周（西向面、北向面、东向面、南向面）的上方均为居中绘一坐佛，两侧各绘一侍者。侍者均戴黄色尖帽，身穿红色袈裟，双手作拱手状置于胸前，结跏趺坐于蒲团上，与宗喀巴大师的形象相似。

6. 金刚力士像

第8窟门洞甬道南壁表层残画绘一红发金刚力士，蓝色飘带翻飞向上，头稍侧，戴手镯，双手合十于胸前，怒目向下看，画像仅存上半身（图31）。第8窟门洞甬道北壁西侧表层也残存一金刚力士的上半身像，头的顶部已毁，仅见鼻子、嘴巴、下巴以及左眼左耳。脖子处系有围巾，在下巴处留有围巾的交叉打结；右手五指伸开作向前推状。

图30　第9窟东壁南侧宗喀巴　　　　图31　第8窟门洞甬道南壁表层残画金刚

7. 僧侣像

第9窟中心柱北向面下层佛龛东侧墨线框内绘一宽袍大袖僧人，肉色身，两手上举，左手五指伸张，右手攥中指和无名指，衣袍上下翻飞，动作夸张，龇牙竖目，似要追赶抓住什么，头部前上方空中有一金刚杵（图32）。

第9窟中心柱东向面下层开一龛，龛外南侧绘有两位僧人，一高一矮，近龛者较高，年龄较长，穿红绿长袍，两手笼于袖中，回头低首看身后之人。较矮者身穿蓝色袈裟，左手于背后握一长杆（长杆过肩直至较高者的头顶），仰头望向较高者（图33）。

第9窟中心柱南向面下层龛外东侧画一僧人，身穿灰白绿色大袖长袍，身体略向前倾，左手托钵，右手抚左臂，作乞食状（图34）。

8. 俗人像

第9窟中心柱东向面下层龛外北侧墨线框内绘一高一矮两位俗人（或居士），较高之人头部前额光亮后面蓄发。面朝北，穿绿色长袍，左手捧一本翻开的书，右手食指正指着书中内容，向对面较矮之人讲解。较矮之人头部前额光亮后面蓄发，穿灰白色宽袖长袍，双手高捧一本书呈递往较高之人面前，态度恭敬（图35）。书页中显示的文字似为满文或蒙文。

图32　第9窟中心柱北向面下层东侧僧人　　　图33　第9窟中心柱东向面龛外南侧二僧人

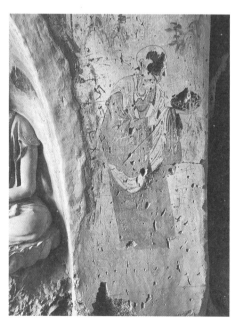

图34　第9窟中心柱南向面下层龛外东侧僧人　　图35　第9窟中心柱东向面下层龛外北侧二俗人

9. 达摩祖师

第 8 窟中心柱西向面龛内南侧残存的壁画，绘达摩祖师身穿连帽灰黑色长衣，虬髯，右手扛一竹杖于肩上（脑后），竹杖另一端挂一草鞋（残）。达摩的面部大面积被抠掉，前身遭涂抹（图 36）。龛内北侧残存的壁画，则绘一短发老者，身穿灰黑色长袍，面部等处遭到涂抹难以辨识，不知此像与达摩祖师像有什么关系。

10. 真武大帝和悟杵成针故事

第 4 窟东壁甬道北侧底层残画的画面上部北侧绘真武大帝长发长须，衣带飘飞，手持宝剑立于云头（图 37）。画面下部绘真武大帝"悟杵成针"的故事，画面中山崖斜立、奇峰高耸、云海环绕、松枝飘曳。寻山问道的真武大帝赤脚短袄，身背宝剑，拱手面向老妪；老妪双手拿一根似木棒物放在一块已被磨平的石头上，正在用力磨推铁棒（图 38）。另外靠甬道边绘有五人（残）身穿长袍，袖手站立，似作听法状，不知这几人和真武大帝是什么关系。

图 36　第 8 窟中心柱西向面
龛内南侧达摩祖师

图 37　第 4 窟东壁甬道北侧
底层残画真武大帝

图 38　第 4 窟东壁甬道北侧底层残画悟杵成针图

11. 西游记故事画

第 1 窟东、南、北壁及中心柱东向面绘制《西游记》故事画共 43 幅（东壁 27 幅，南、北壁各 6 幅，中心柱东向面 4 幅）（图 39、40），另外第 8 窟西壁两侧（门南、门北）亦绘制《西游记》故事画（图 41），画面中人物、动物、家具、殿宇、山石、树木各异，人物特征突出，表情、动作生动，色彩艳丽，可谓丰富多彩，特别引人关注。

图39 第1窟北壁和东壁西游记故事画

图40 第1窟中心柱东向面佛龛上方
西游记故事画

图41 第8窟西壁南侧西游记
故事画（局部）

图42 第2窟窟顶八卦图和南壁山水风景画

12. 八卦图、山水画

第2窟窟顶中央残存一幅墨色八卦图，南、北壁残存山水风景画（图42）。

三 结 语

以上，我们比较全面地梳理了童子寺石窟艺术的题材内容，可以看到：

1. 童子寺石窟中的造像很少，只有少数几身佛像可能是原塑重妆，多为当代所作，主要有佛像、胁侍菩萨像、布袋和尚像、高僧像、弟子像等寥寥几种。虽然多为今人新塑，但从审美意识、宗教信仰等角度进行比较性研究，了解当代人的审美意识和宗教信仰，也具有不可忽略的现实意义和深远意义。

2. 童子寺石窟中的壁画内容则颇为丰富，值得学界重视。

一些底层壁画剥落处发现的北朝时期壁画，数量虽然不多，但分布较广，如第1、8、9窟中均有发现；题材内容既有佛、菩萨像，又有比丘、供养人、千佛像等，还残存有墨书题记。这些不仅有利于探讨童子寺石窟的历史渊源，同时结合附近的金塔寺石窟、马蹄寺石窟以及天梯山石窟、文殊山石窟等，有利于进一步深入探讨佛教石窟艺术在河西走廊的发展情况。

童子寺石窟晚期的藏传佛教艺术，内容较为丰富，不仅有利于了解这一带藏传佛教艺术与汉传佛教艺术的关系，同时将其与马蹄寺石窟和上、下观音洞以及炳灵寺石窟、红塔寺石窟等石窟中的藏传佛教艺术联系在一起探讨，对于了解河西走廊上的藏传佛教艺术也会有所帮助。

第8窟和第9窟中的佛像都属于藏传佛教艺术系统，由于笔者对藏传佛教艺术了解甚少，故不敢妄加定名，只是尽可能介绍有关情况，供有关专家学者参考。关于第8窟和第9窟中的明王像，有学者认为是金刚像，为此笔者曾请教从事藏传佛教艺术研究的赖天兵先生，他认为明王的可能性较大，故笔者暂且以明王介绍。

第9窟中心柱北向面、南向面佛龛东侧各绘的一身僧人，和第9窟中心柱东向面佛龛南侧所绘的两位僧人，以及第9窟中心柱东向面佛龛北侧所绘的一高一矮两位俗人，都颇具特色，在其他石窟中尚未见到这类形象，值得关注和研究。

第8窟中心柱西向面龛内南侧所绘的达摩祖师像，也是其他石窟很少见到的题材，颇为珍贵，值得关注。

第4窟东壁甬道北侧底层残画中所绘的真武大帝和悟杵成针故事，是河西走廊目前所见唯一有故事情节的石窟壁画，在一定程度上反映了真武信仰在河西走廊的发展、流布情况。

第1窟和第8窟中所绘制的《西游记》故事画，是童子寺石窟中最为引人关注的内容，已有于硕、丁得天、杜斗城、魏文斌、张利明等专家学者对此进行了颇为深入全面的研究。

第1窟和第8窟绘制的《西游记》故事画，第4窟东壁绘制的真武大帝和悟杵成针故事，第8、9窟中残存的明王、白度母、宗喀巴等藏传佛教壁画，都是清代所绘制，大抵为同一时期。有的内容属于佛教题材，有的属于道教题材。不同宗教、不同题材在同一时期、同一处石窟群中出现，反映了当时该地区人们思想文化的包容性。

以上对民乐县童子寺石窟艺术题材内容的梳理、介绍和初步分析，由于笔者才疏学浅，难免有遗漏和定名不确切等问题，为此敬请有关专家学者不吝指正。

甘肃华亭出土的北朝造像题材内容
及相关问题探讨

孙晓峰*

内容提要：甘肃华亭所处的泾河上游和关山一带是古代丝绸之路北线的交通要道，也是南北朝时期氐、匈奴、鲜卑、屠各等少数民族内迁聚居的重要地区，所属泾州也是北魏境内佛教文化兴盛的主要地区之一。这里发现和出土的北魏至北周时期的佛教造像塔、造像碑、单体造像等在题材内容、表现形式、佛装样式、雕刻技法等方面呈现出强烈的地域风格和特点，其中四面体多层造像塔最具有代表性，是研究和探讨中国北朝时期多元文化和文明和谐共存、融合创新的珍贵历史遗存。

关键词：甘肃华亭　佛造像　南北朝　窖藏

甘肃陇东是中国内地较早接受佛教传播的地区之一，与魏晋南北朝时期这一带是丝绸之路北线的必经之地，以及陇山南北大量聚居着从事农牧业的氐、羌、屠各、卢水胡等少数民族有着密切关系。特别是北魏统一中国北方后，先后在泾水流域设置泾州和豳州，对包括平凉、庆阳和陕西咸阳北部山区在内的子午岭和关山周边地区实行有效控制。虽然通过裁撤护军、设置郡县等方法加强对域内少数民族管理，以期加快民族融合，缓和民族矛盾。但从区域内存世和发现的相关造像碑等所承载的历史信息来看，依然存在着强烈的地方文化特色，其中有许多值得探讨和研究的问题，特别是以华亭为代表的泾河上游关山一带出土和发现的北朝晚期造像塔和造像碑最具代表性。

一　华亭造像碑和造像塔概述

华亭市境内是北朝时期佛教遗存保存较多的地区之一。其中 20 世纪 90 年代在南川乡出土的窖藏佛教造像是新中国成立以来该县境内最重要的发现。这处遗址位于华亭县西南约 10 千米的南川乡谢家庙村北侧的一处台地之上（图 1），原为一片缓坡状耕地。窖藏地点为山坡上一个直径约 1.5 米见方的土窑

* 作者简介：孙晓峰（1969 年～　　），男，汉族，辽宁清原人，1992 年毕业于吉林大学考古系文博专业，2014 年获兰州大学敦煌学博士学位。现任麦积山石窟艺术研究所学委会秘书长，敦煌研究院学委会委员，研究馆员。主要从事佛教石窟考古及相关美术图像研究工作。

洞，地理坐标北纬 35°10′59″，东经 106°42′
59″。历史上佛像及造像碑被人为封存于此后，
再未经过扰动。山脚下为东西走向由华亭城区
通往安口镇的县际公路，路南侧为汭河支流南
川河，从南川乡武村铺附近沿公路南下约 20 千
米即为上关乡石拱寺石窟。

　　1990 年冬天，当地村民在平整梯田时，在
将缓坡削平取直时无意间发现了这处佛教造像
窖藏地点，经华亭县博物馆工作人员清理，当
时共清理出土各种造像碑、造像塔、单体造像
及残块等共计 24 件。1994 年，当地村民在后续
平整梯田时，再次发现 4 件造像残块，上述文
物一并移交华亭县博物馆保存。华亭县文物部
门随即以窖藏地点为中心，划定了边长 30 米的
文物保护范围及建设控制地带，并在佛像出土
地点新建了一座三间式庙宇。这批造像数量集

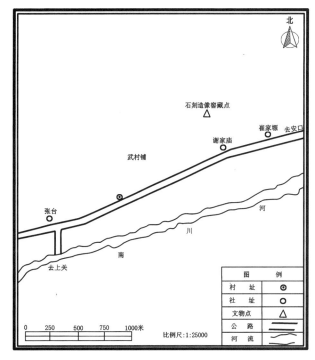

图 1　华亭北朝造像窖藏位置图

中、保存完整，具有很高的历史、艺术和学术价值。但长期以来，除部分造像内容有个案性研究外①，
整体情况尚不为学界所知。笔者因主持甘肃东部地区中小石窟调查工作，在华亭县博物馆杨庆宁、王怀
宥先生等同仁支持和帮助下，与参与此项工作的同事一起，较为详细地调查了这批出土文物，现略述如
下，以飨读者。

　　南川乡谢家庙村②出土的这批佛教造像遗存一共 24 件，其中造像碑 10 件，四面式造像塔 8 件，背屏式
造像 4 件，单体菩萨像 1 身，另 1 件为造像塔顶盖。石质为青灰色或褐黄色细砂岩，材质较为柔软细腻。整
体保存状况较好，部分造像碑残损较为严重，造像塔龛内部分浮雕风化、脱落，细部情节模糊不清。

（一）造像碑

　　数量最多，共计 10 件。其中方额造像碑 2 件，圆额造像碑 4 件，圭形造像碑 1 件，残碑 3 件。其中
双面雕刻内容的仅 1 件，即编号 0019 的北周保定四年（564 年）造像碑（图 2），碑正面分上、中、下
三栏，上栏内浮雕释迦、多宝，中栏内浮雕释迦本尊及二胁侍菩萨，下栏内浮雕交脚弥勒和释迦坐像，
形象、直观地表现出代表过去、现在和未来的法华三世佛造像思想。碑背面阴刻的宝帐之下尖拱龛内，
正中一禅定高僧形象，两侧各一胁侍弟子，下侧为阴刻发愿文，表达出功德主张丑奴愿逝者早日摆脱地

---

① 王怀宥：《平凉出土北魏佛教石刻造像探析》，《丝绸之路》2015 年第 4 期；王怀宥：《甘肃华亭县出土北朝佛教石刻造
　　像供养人族属考》，《敦煌学辑刊》2016 年第 2 期；陈汭：《甘肃华亭县谢家庙北朝佛教石刻造像窖藏性质分析》，《文
　　物鉴定与欣赏》2017 年第 11 期。
② 2007 年，华亭县乡镇行政建置调整，南川乡现已并入安口镇，为尊重历史和叙述方便，本文仍沿用旧称。

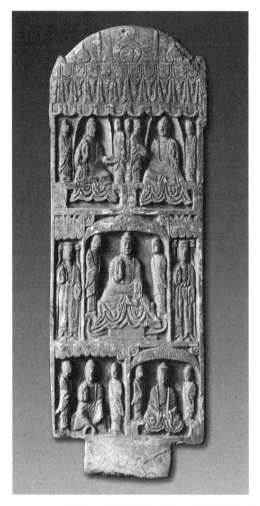 

图 2　北周保定四年（564 年）张丑奴造像碑（0019 号）及线描图

狱轮回之苦，往生佛国世界的愿望；与这块造像碑题材类似的还有 0323 号造像碑，该碑残毁严重，仅存圆形碑额部分，雕刻内容为宝帐之下释迦、多宝对坐说法，中间部分可见尖拱形龛楣，推测龛内主尊当为释迦佛，故该碑原表现的依然是法华三世佛造像。

雕刻内容相对复杂的造像碑有 4 块，其基本形式均为一佛二胁侍的三尊式造像，但具体样式、内容方面略有差异。

1.0014 号造像碑（图 3）

圭形碑额，正中开一圆拱形浅龛，内雕一坐佛，龛楣上方并列雕 5 身坐佛，龛外两侧各雕一胁侍菩萨，其上方各对称雕 1 身飞天。龛沿下方浮雕一排中心对称排列的供养人像，男左女右，各 4 身，构成一幅完整的佛说法图。

2.0786 号造像碑（图 4）

方形碑额，整体保存状况一般，断为两截，雕刻内容残损风化现象严重，但主要内容尚基本清晰。碑阳开一方形龛，内中间雕一坐佛，两侧壁各浮雕一胁侍菩萨，龛外上方凿一横长方形龛，内雕维摩、文殊对坐说法，龛外两侧各浮雕 1 身飞天，其中右侧已模糊不清。

图 3　华亭博物馆 0014 号造像碑

图 4　华亭博物馆 0786 号造像碑

3. 0328 号造像碑（图 5）

圆形碑额，底端有方形榫口，表明其原有底座。碑阳约四分之三处开一圆拱形龛，内浮雕一尊褒衣博带装坐佛，说法印，结跏趺坐于束腰方形须弥座上。龛内两侧壁各浮雕一胁侍菩萨像。龛楣上浅浮雕升腾的火焰纹，龛内佛座下方对称浮雕力士和狮子。碑阴上方阴刻供养人题名，下方残存发愿文：

> 大统十六年（550 年）岁丙午四月……/佛弟子郡平里张□□……/割□□财物为亡弟……贵造石碑一区愿上生……/上□过弥勒□□成佛……

该碑现断为两截，但保存情况较好。

4. 0325 号造像碑（图 6）

仅存原碑的下半部分，约三分之二。碑石材质细腻，雕刻精美。龛内正壁雕一尊褒衣博带装坐佛，说法印，两侧各浮雕一胁侍弟子立于佛座生出的莲台之上，龛柱外侧各浮雕一胁侍菩萨。下方分为两格，对称浮雕力士驯狮。

另外 4 件造像碑雕刻内容相对简单，均为龛内雕刻一铺三身式佛说法图。其中 0324 号保存较完整，龛楣两侧还浮雕有精美的忍冬纹装饰图案，龛缘上阴刻有原愿文题记，依稀可辨有"永熙二年（533 年）"字样；其余编号分别为 0339、

图 5　西魏大统十六年
（550 年）造像碑（0328 号）

图 6　华亭博物馆藏 0325 号造像残碑

图 7　北周明帝二年（558 年）
路为夫造像塔（0017 号）

0340、0342 号的造像碑均残损较多，仅存下半部分少许，但大致可辨龛内造像均为一佛二菩萨或一佛二弟子组合。

（二）造像塔

共计 8 件，其中多层式造像塔 3 件，单件造像塔 5 件，整体保存情况较差。后者多为造像塔残件，部分残毁严重，从其形制分析，多数仍属于多层式造像塔的组成构件；而多层式造像塔题材相对单一，主要以一佛二菩萨的一铺三身式组合为主，兼有少量其他题材。如 0017 号造像塔（图 7），分上、中、下三层，除 B 面底层龛内浮雕释迦、多宝对坐说法外，其余各面龛内均浮雕一铺三身式造像，但在具体佛装样式、佛龛装饰技法等方面略有差异和不同。在二佛并坐龛外两侧有阴刻发愿文：

> 二年岁次戊寅六月癸寅朔十七日己卯清／信佛弟子路为夫长功曹□之辅□□／中敬造石像一躯愿三途地□□□□□／愿一切众生龙华三会得成佛道所□所愿从心／佛弟子均安家口大小常住三宝。

据考证，文中的"二年"为北周明帝二年，既公元558 年①。

0018 号造像塔顶层三面龛内各雕 1 身坐佛，背面阴刻有北魏永熙三年（534 年）发愿文。中层与底层四面龛内造像均为一佛二菩萨的一铺三身组合，但在佛装、装饰技法等方面略有差异。如果仔细观察，会发现该塔第二、三层在造像风格、题材等方面差异较大，应不是同一时期作品，后文将加以详述（图 8）；0028 号造像塔也分三层，上层龛顶尚存有外凸方形榫口，表明原作不止三层。这组造像塔雕刻题材组合相对复杂，其中 A 面龛内均为一佛二菩萨的一铺三身式组合，上层龛缘阴刻有北魏熙平元年（516 年）发愿文；B 面龛内均为一佛二菩萨的一铺三身式组合，但主尊样式有所不同，其中上层龛内主尊为立佛，中层龛内主尊为禅定坐佛，下层龛内主尊为说法坐佛。C 面龛内均为一铺三身式组合，其中上层龛内主尊为交脚弥勒，中层龛内主尊为禅定坐佛，下层龛内主尊为说法坐佛。D面顶层龛雕一立佛右手平置托钵，左下侧雕刻内容模糊不清，应为阿育王授土。中、下层龛内造像均为一铺三身式组合，主尊分别为禅定坐佛和说法佛。

单件造像塔中有两件上下均有榫口，表明其原为成组作品。其中0013号造像塔四面开龛，各龛内造像内容不同，依次为禅定坐佛及二胁侍菩萨、倚坐佛及二胁侍菩萨、乘象入胎，以及释迦多宝对坐说法；0032号造像塔四面龛内题材相同，均为禅定坐佛及二胁侍造像；其余三件造像塔中，0012号保存完好，四壁浮雕内容也不同，其中A面为树下思惟，其余三面均主要均浮雕各种伎乐飞天形象。其中0031号造像塔残较多，四壁龛内造像题材基本相近，均为一佛二菩萨的一铺三身式组合。0341号残毁严重，造像多已模糊不清，四壁龛内除一面为一佛二菩萨的一铺三身组合外，其余三面龛内均雕一禅定坐佛。

（三）背屏式造像

共计4件，其中3件保存基本完整，1件背光部分略有残毁，题材组合均为一坐佛二胁侍菩萨，但在细部上又略有差异。0016号造像碑主尊佛背光呈多重莲瓣形，菩萨浮雕桃形头光，佛座正面浮雕一头大象，佛左侧菩萨左手提净瓶，右手置于胸前。右侧菩萨双手合十于胸前（图9）；0029号造像碑雕刻精美，主尊两侧胁侍菩萨装束各异，背光上缘两侧各浮雕一身伎乐飞天，佛坛基正面浮雕一小龛，龛内一倚坐佛像，龛外两侧各浮雕1身菩萨像，其中左侧菩萨左手持桃形玉环，右手持莲蕾。右侧菩萨双手笼于腹前。碑背屏侧面阴刻发愿文：

> 熙平二年（517年）太岁次申七月三日平凉郡郭熙张妃七世父母/造像供养愿□张妃合门大小当得□□

0030号造像碑尖桃形背光，正中佛做说法印，左侧一胁侍菩萨，右侧一胁侍弟子，碑整体雕刻简朴（图10）；0338号造像碑背光残毁，造像基本完整，正中一坐佛，两侧各一胁侍菩萨，碑体表现黏连多处泥块，人物体态古拙、敦厚，部分躯体已残损。

图8　华亭博物馆藏0018号造像塔第二节

图9　华亭博物馆0016号背屏式造像

图10　华亭博物馆0030号背屏式造像

图 11　华亭博物馆藏北周
观音造像（0011 号）

（四）单体造像

仅有 1 件，即 0011 号菩萨立像。青灰岩，通体圆雕，手、足等部位残损，整体保存基本完好。束发高髻，头戴三瓣式花冠，正面花瓣内浮雕化佛，周身佩饰璎珞，帔帛搭肩绕臂下垂，装束华丽，左手自然下垂，微曲于腹前，持一净瓶。右手上举齐肩，已毁，手势不明，跣足立于仰莲台上，观音图像特征明显（图 11）。

二　窖藏造像的形制、题材与内容分析

（一）样式与类型

如前所述，从类型上看，造像碑最多，共计 10 件，占全部窖藏的 41.7%。造像塔次之，共 8 件，占 37.5%。背屏式造像 4 件，占 16.7%。单体造像 1 件，占 4.1%。这种统计分析方法虽然不能代表当时华亭境内各类造像碑样式的真实状况，但在一定程度上仍然体现出当时佛教信众最喜欢选择的造像样式。

造像碑和造像塔是佛教传入中国后受石窟寺影响而产生的一种新的造像样式，这与石质造像碑材料易得、制作成本较低有一定关系。根据文献记载，最早的造像碑出现于十六国前赵时期，如北宋学者赵明诚《金石录》中就记述了前赵光初五年（322 年）高僧佛图澄造释迦像碑一事。现存世最早的当属陕西耀县药王山博物馆藏的北魏始光元年（424 年）魏文朗佛道造像碑，长方体形，高 131、宽 66～72、厚 29.5～31 厘米，碑四面上方开龛造像，佛道各占两面，下方为阴刻发愿文、供养人像和榜题等①。日本书道博物馆收藏的北魏延兴二年（472 年）"黄口相造像碑"也是一件较好的纯佛教实物例证，由方形碑座、方柱体和四阿式屋顶组成②。关于这种四面塔式造像碑的样式来源可以追溯到甘肃河西酒泉和敦煌地区公元 5 世纪初流行的圆柱形龛式造像塔，如北凉承玄元年（428 年）高善穆造像塔，上方雕七层相轮，其下环雕八个覆莲瓣式小龛，内分别雕七佛一菩萨像。下方圆形塔身竖向阴刻经文，底部呈八棱形，每面细线阴刻一供养菩萨立像，旁方阴刻表示方向的八卦符号（图 12）；台北故宫博物院藏的北魏天安元年（466 年）造像塔更是其中的代表，塔分九层，遍刻千佛、比丘、供养狮子，以及发愿文等。据研究，这种方形单层或多层塔式造像碑是受印度支提窟影响的结果，如甘肃敦煌、酒泉文殊山、张掖

---

① 李淞：《佛教美术全集 8：陕西佛教艺术》，北京：文物出版社，2008 年，第 30～33 页；关于这块造像碑的年代，有学者也认为其雕造时间为 500～514 年之间，详见石松日奈子、刘永增：《关于陕西耀县药王山博物馆藏"魏文朗"造像碑的年代——始光元年铭年代新论》，《敦煌研究》1999 年第 4 期。

② 金申：《中国历代纪年佛像图典》，北京：文物出版社，1994 年，图 23，第 34 页。

金塔寺、武威天梯山、山西云冈等北魏时期的石窟寺中均大量出现带有佛塔性质的中心柱窟。上述窟内供僧侣、信众绕行参拜的中心塔柱在进入中国内陆后，信徒们为单独供养和礼拜方便，将其改造成石质的、可移动的方柱形单层或多层塔形样式，虽然继承了塔的某些特征，但却没有塔刹和塔基，并融入了中国古代建筑楼阁的某些因素。这种新的造像形式一出现，就受到那些既对佛祖有虔诚之心，却又没有雄厚经济实力开窟造像的信徒们欢迎，迅速在中原北方地区风靡起来①。在此后的传播和发展过程中，四面塔式造像碑开始衍生出新的样式，即扁平化造像碑，使其综合性功能属性得到进一步体现，主题思想更为鲜明。造像内容得以集中展示在碑的正面，碑的两侧和龛内主尊四周也可以更好地安排辅助性题材和内容，而发愿文等集中刻在碑身下部或背面。此类造像塔和造像碑在中国北朝晚期的传播和流行过程中，呈现出强烈的地域文化特征。如受中原传统文化影响最深的洛阳、长安一带，大量融入了魏晋时期螭首记事碑的特征，这一特征随着北魏版图的扩张，也被来自洛阳等地的地方大吏带到了北魏全境，成为鲜卑贵族汉化的重要身份标志之一。相比之下，受其影响下的普通信众和僧侣制作的扁平式造像碑，无论是材质，还是装饰都没有如此繁缛和华丽。一方面是受自身财

图 12　酒泉出土北凉高善穆造像塔

力所限，但更多的可能还是社会地位、阶层差异和封建长幼尊卑等级观念的一种体现。而方形造像塔则更多地出现在信奉佛教的氐、羌、休官、屠各、鲜卑、稽胡、卢水胡等北方游牧民族聚居的北方地区。

　　在华亭境内，上述两类造像形式合计占比79.2%更是说明了这一问题。造像碑样式来源应该是受附近泾州地区造像碑影响的结果。在当时泾州所属的平凉、泾川一带出土和发现有大量此类样式的北朝晚期造像碑，如平凉禅佛寺就保存有多件北魏造像塔残件，时间从景明四年到神龟元年（503～518 年）作品②。多层式造像塔不仅见于华亭和泾川，在同属关山地区的庄浪、崇信等县内也有发现，其样式、形制基本相同，属于同一类型。而在毗邻的长武、镇原、宁县、合水等佛教石窟寺和造像碑较为流行的县区却很少发现，应该另有来源，有待再论。

　　华亭的背屏式造像和单体造像较少，仅占比20.8%。前者应直接源于背屏式青铜造像，十六国北朝时期，小型青铜造像由于易于携带而迅速在中国境内流行起来，现存最早的佛像以此类最多，在中国北方各地多有发现，陇东一带也有出土。相较于青铜材质珍贵、铸造工艺复杂，石质背屏式造像在制作成本、材料获取等方面具有巨大优势，很快成为造像碑的主流风尚。存世的背屏式造像碑中，较早者有日本个人收藏的北魏太平真君三年（442 年）半跏思惟像、日本京都藤井有邻馆收藏的北魏太安元年（455 年）张永造石佛坐像、日本个人收藏的北魏太安三年（457 年）宋德兴造石佛坐像、西安碑林博物

---

①　王景荃：《试论北朝佛教造像碑》，《中原文物》2000 年第 6 期，第 36～37 页。
②　张宝玺：《甘肃佛教石刻造像》，甘肃人民出版社，2001 年，图 91～109。

图 13　西安北周贴金彩
绘观音像

馆藏北魏皇兴五年（471 年）石雕交脚弥勒像、日本书道博物馆收藏的张伯□造释迦坐像、美国波士顿美术馆收藏的北魏延兴六年（476 年）石雕释迦佛坐像等①。华亭境内的背屏式造像在泾州一带也有出土，如北魏正始四年（507 年）的平凉吕太远造像碑、泾川玉都造像碑等。在毗邻的甘肃宁县、陕西长武等地②也发现和出土有诸多此类样式背屏式造像碑，可见主要是以长安为中心的关中地区影响的结果。

　　华亭的这尊单体造像为菩萨像，具有明显的观音图像特征，系单独以主尊样式存在，这与北朝晚期以来观音信仰的盛行有密切关系。而单体造像本身制作历史悠久，不再赘述。在泾州北朝造像中就有大量发现，如泾川大云寺窖藏中单尊或组合式单体造像就十分普遍③。而单尊观音像在北周时期关中地区十分流行，其制作也十分精美。如西安博物院就收藏有数尊装饰华丽精美的北周白石观音单体造像，均出土于西安及周边地区（图 13）。

（二）题材和内容

　　华亭出土的北朝造像碑体量相对较小。从题材和内容上看，大致可分为两类，一类是单尊式造像碑，即碑面正中浮雕一尊佛像，两侧各雕一胁侍造像，构成一铺三身式组合，如第 0339、0340、0342 号造像碑等均属于此类，虽然残损较严重，但其组合样式和造像题材均相对清晰，个别碑的附属内容已变得比较丰富，如第 0014 号碑的龛外两侧浮雕有飞天，上方并列 5 身坐佛，下方有对称侍立的男女供养人等。第 0786 号碑的龛上方雕维摩、文殊并坐说法，龛内佛座底部有镂空雕的立柱，以示当时常见的胡床。

　　另一类为分栏式造像碑，画面内容丰富。如第 0019、0325、0328 号造像碑，其数量较少，雕刻精美，碑面构图、布局等十分协调美观。能比较充分、清晰地反映佛教造像思想和理念，如 0019 号造像碑，高 84、宽 29、厚 8 厘米，碑正面分上、中、下三栏，中栏正中浮雕一尖拱形龛，两侧雕龛柱，龛楣阴刻竖向波折纹以示火焰纹。龛内正中一坐佛，磨光高肉髻，面形方圆，弯眉细目，直鼻阔口，短颈端肩，挺胸敛腹，袒胸，身穿领式裹右臂袈裟，衣裾垂覆于座前，左手施与愿印，右手施无畏印，半跏趺坐于束腰叠涩须弥座上。莲台两侧各生出一枝莲台，其上各立一胁侍弟子。龛外左右各雕一菩萨立像，

①　金申：《中国历代纪年佛像图典》，北京：文物出版社，1994 年，图 8、13、14、21、22、28。

②　于祖培、张陇宁：《甘肃宁县出土北朝石造像》，《文物》2005 年第 1 期；张燕、赵景普：《陕西长武县出土一批佛教造像碑》，《文物》1987 年第 3 期；刘双智：《陕西长武出土一批北魏佛教石造像》，《文物》2006 年第 1 期；长武县博物馆：《长武北朝造像石刻录》（内部资料），2009 年。

③　吴荭等：《甘肃泾川佛教遗址 2013 年发掘简报》，《文物》2016 年第 4 期；吴荭、孙明霞：《新发现泾川窖藏佛教造像的初步认识》，《文物》2016 年第 4 期。

束发带冠，宝缯下垂，帔帛垂膝搭臂下垂，均做说法印。上方各置一莲花宝盖。下栏并列开两个小龛，左侧为帷帐式龛，内一菩萨装交脚佛坐于方形座上，说法印，两侧各一弟子立像。右侧为尖拱形龛，一褒衣博带装佛结跏趺坐于胡床之上，禅定印。两侧各一弟子立像。整幅画面依据《法华经》雕刻，上栏释迦、多宝说法代表过去佛，中栏释迦说法代表现在佛，下栏左侧交脚佛代表弥勒下生成佛，帔帛十字交叉系代表弥勒菩萨的候补身份，以示未来佛。右侧佛坐胡床说法，则表示所说不虚，有弥勒已下生成佛说法之意，很有地域特点。背面的发愿文正是希望亡者免受地狱之苦，早日往生兜率净土世界。生者在佛祖保佑下长命百岁（见图2）。

华亭发现的造像塔情况略复杂一些，北魏、西魏、北周各个时期都有，且多为残件，多层式造像塔有的各层之间在雕刻技法、艺术风格等方面反差很大，可能非同一时期或同一作品。

从组合方式看，主要有两种：一种是单层之间为平顶和平底，下大上小，截面略呈梯形，逐层垒叠而成。如0012、0017、0018、0028、0031、0341号等六件造像塔均为这种样式。另一种单层之间上下均凿有方形榫口，诸层之间铆合垒叠而成，彼此间结合紧密，稳定性更好，如第0013、0032号造像塔。前者占比达75%，可见其流行性更广。类似的造像塔在毗邻的庄浪县，以及天水市秦安县境内也多有发现，其中最著名的当首推庄浪县良邑乡宝泉寺遗址出土的卜氏造像塔，由五层逐层内敛的方形石塔组成，四面开龛浮雕，内容涉及佛传、本生、经变，以及伎乐飞天、瑞禽、祥云等各种装饰图案（图14）。

从题材内容看，大部分造像塔四面均浮雕方形龛或拱形龛，内雕一佛二菩萨或一佛二弟子的一铺三身式佛说法图，个别造像塔四面浮雕各种佛传故事，如树下思惟、燃灯授戒、腋下诞生、乘象入胎等与释迦有关的事迹或传奇，但在表现形式上，却并非严格依据佛典，而是更多地融入创作者或者当地信众对这些佛传故事的认识和理解，充满着浓郁的地域文化特色。

背屏式造像碑一般体量较小，雕刻题材和内容相对简单，主要以一佛二菩萨的一铺三身式组合，辅助性图案主要有飞天，其目的则在于强调佛说法，被作为供养的功能性更强烈和突出一些。由于信众群体的差异，其制作精美程度也有所不同。如北魏熙平二年（517年）制作的0029号背屏式造像碑，高41.5、宽21.5、厚7厘米，莲瓣形背光，正中雕一坐佛，低平磨光肉髻，面形方正圆润，弯眉细长目，悬鼻小口，面容恬静含笑。端肩挺胸，内穿偏衫，外穿褒衣博带式垂领佛装，左手施与愿印，右手施无畏印，半跏趺坐于龛内。佛头光圆形，阴刻莲瓣纹，背光莲瓣形，阴刻升腾的火焰纹。佛装下摆三层，呈波折纹状，垂覆于座前，服饰线条简洁流畅。佛两侧各雕一胁侍造像，左侧为菩萨立像，束发髻，眉目清秀，上身袒露，下着长裙，帔帛胸前十字交叉后，上绕搭肘后扬，左手微曲于膝前，持一净瓶，右手齐肩，似持一长茎莲蕾，体姿纤细修长，侧身

图14　庄浪北魏卜氏造像塔

向佛虔恭侍立。右侧为世俗女性立像，束发高髻，上穿交领齐彩短襦，下着曳地长裙，双手笼于胸前袖中，衣衫一角自腹前外露，斜披而下，侧身向佛而立。背光顶端对称浮雕两朵祥云，两侧各对称雕一身飞天，束发高髻，飘带搭肩绕臂向后飞舞，一双手于胸前弹奏琵琶，一身体向下，做俯冲飞翔状。其下各浮雕一朵托举式祥云，以增加画图动感。

（三）碑刻人物服饰

相较于北魏中期以来中国北方各地发现的此类造像碑、造像塔和背屏式造像，华亭此类佛教遗存上的造像形象、服饰等方面呈现出浓郁的地域特色，主要表现在以下两个方面：一是相对严格地遵循佛教服饰仪轨，二是透出浓郁的地域佛教人物服饰特色。考虑到不同时代因素变化，文中主要以有明确纪年的造像举例说明。

这批窖藏造像中，时代最早的当属0028号北魏熙平元年（516年）三层式造像塔和0029号北魏熙平二年（517年）背屏式造像碑。前者发愿文刻于上层方塔两个相邻面的龛沿上，龛内造像服饰残损风化较为严重，但依稀可辨佛圆柱形磨光高肉髻，面形长圆清秀，身穿垂领式宽袖袈裟。菩萨束发高髻，下着宽薄衣裙；后者背屏内坐佛更是具有秀骨清像气韵，面容清秀，身姿挺拔，身穿宽博式袈裟，衣裙做多重垂覆于佛座前，衣纹简洁流畅。佛右侧的胁侍菩萨束发高髻，身姿细长，下着长裙，帔帛胸前十字交叉后再上绕搭双肘下垂；此外，0014号圭形造像碑尽管没有文字信息，但从其形制、造像服饰特点等综合分析，其时间也大致在北魏中期前后。更重要的是，这块造像碑图像信息相对丰富，龛内坐佛磨光高肉髻，双耳垂肩，头部较大，体态魁梧。佛装线条较为粗略，但依稀可辨表现的是身穿袒右裹肩袈裟，衣裙较短，堆叠于龛前。龛外两侧胁侍菩萨束发高髻，帔帛没有刻意表现，而是在肩和衣裙表现刻划几道飘带式线条，以示其身份不同。龛下方的男女供养人对称而立，男性上穿交领窄袖齐膝袍，下穿裤褶。女性上衣下裳，初具中原女性服饰特点。龛外上方两侧的飞天则衣裙蔽体，双手上扬，呈现出更多的世俗特征。龛上方并列浮雕的五身坐佛均高肉髻，穿垂领宽袖佛装，禅定印，结跏趺坐。这种现象说明，北魏中期时华亭一带的佛教造像在样式和风格上仍处于懵懂状态，在佛装服饰上虽然有其样本，但更多地吸纳了当地居民的日常服饰因素。在华亭出土的无纪年的北魏造像塔中，这种现象也十分普遍，不再赘述。

上述造像服饰在特点和风格上已完全具备了北魏孝文帝迁都洛阳后大力推行的褒衣博带样式，与泾川南石窟北魏永平三年（510年）开凿的1号窟以及永平二年（509年）开凿的庆阳北石窟第165窟内七佛造像有较多相似性（图15），由于功德主社会地位差异等因素，

图15　庆阳北石窟165窟南壁北魏立佛

其在精美程度远逊于这两座窟内的佛像。但所表现出的时代特征表明其深受当时陇东佛教艺术中心泾州的影响，同时，仍然体现出自身特色，如 0029 号背屏式造像碑佛右侧的菩萨立像，亦束高发髻，但服饰却与传统样式上的菩萨装有较大差异：内穿圆领衫，外穿低通肩式紧身齐膝袍，下着贴体长裙，衣袖一角自腹前甩出下垂，具有浓郁的世俗人物服饰特点。0028 号造像塔内佛、菩萨像由于下半部风化严重，无法识别。其中值得注意的是，交脚菩萨龛内主尊两侧弟子均头戴风帽，大氅贴体裹身，似高僧形象，这在同类造像题材中也十分罕见。

有趣的是，这种现象到北魏晚期不但没有消失，而且更加普遍，如 0324 号北魏永熙二年（533 年）造像碑，主尊佛低圆领通肩袈裟，袈裟下摆呈双层三片式垂覆于座前。但两侧的胁侍菩萨立像，均束发髻，一穿圆领通肩袈裟，一上穿半圆形垂覆式紧身袄，下着长裙，没有任何菩萨装束特征，甚至主尊佛还饰有桃形项圈；0018 号造像塔第二节龛内佛像除一尊具有较标准的佛衣装束外，其他二身佛装均为垂领裹右肩，衣领交汇于腹前，下摆较为简略，袈裟一角自腹部外甩下覆（见图 8）。

北周时这种现象有所改观，如张丑奴造像碑中，无论是释迦本尊、释迦多宝，还是交脚佛，均为标准的褒衣博带式佛装，正中栏内释迦两侧的胁侍菩萨也是宝缯下垂，帔帛自膝前上绕搭肘。另外两块大致也制作于这一时期前后的造像残碑中，佛装也是相同的褒衣博带式（见图 6）。但在 0019 号上、下栏内佛两侧的胁侍造像依然采用交领袍服，衣袖一角从腹部外甩下覆的传统样式，该现象也同样见于 0323 号和 0325 号造像残碑中佛像两侧的胁侍造像中。

上述现象表明，北魏晚期以来，华亭一带的功德主或信徒并非全部理解相关的佛装穿着规范。出现这种情况有两种可能：一是功德主系北魏晚期新外迁至此的北方胡族信众，因为他们尚未完全受到泾州佛教造像艺术影响，在造像过程依然按自身的理解和认识来制作。二是产生这类造像的地方，佛教信徒尽管十分虔诚，但由于交通不便、信息不畅等因素，使他们没有及时接受或吸纳外来的造像佛装样式。某种意义上讲，也是北魏政权在陇东胡族聚居区内推行的郡县改制政策落实并不彻底的一种表现。

（四）装饰图案与雕刻技法

华亭出土的这批北朝窖藏造像碑和造像塔在装饰图案和雕刻技法方面体现出浓郁的地方特色。与南北朝时期中国北方地区的敦煌、长安、洛阳、平城、邺城、凉州、秦州、青州等区域性佛教文化中心不同，这一带的佛教文化传播由于受交通、地理环境等客观条件限制，外来的一些宗教文化因素始终很难完全融合进来。因此，出现了一些本地所固有的佛教艺术图案，其中很多应该是在信徒或供养者通过主观想象世界中产生和创造出来的，很有意趣。如无论是造像塔，还是造像碑中，龛楣内的火焰纹均采用竖向蛇形阴刻线条来表示，以示火焰升腾。龛楣末端一般直接收尾，极少数做上翘状。和我们常见的石窟寺或造像碑、造像塔龛楣多做忍冬、祥云或龙首卷尾的方式大相径庭。而且，这一传统从北魏到西魏，甚至到造像碑制作样式已非常规范的北周时期，在龛楣装饰中依然盛行，体现出强烈的地域文化特色，透出一种质朴的民间装饰艺术风格。

佛背项光装饰图案中也是如此，绝大部分造像塔龛内主尊佛身后并不雕刻背项光，造像碑主尊佛身后虽然雕刻背项光，但样式和内容一般相对简单，有的仅阴刻竖向蛇形纹以示火焰。有的则随意刻划斜线纹、弦纹、折线纹等，如 0016 号背屏式造像碑。显然，制作者并不明白或者不在意佛背项光的真正含义。但个别造像碑上背项光图案并非如此，如北魏熙平二年（517 年）造像碑主尊头光浮雕圆莲图案，背光浮雕升腾的火焰纹。该碑通高41、宽20.5、厚6厘米，制作精良，雕工细腻，体量较小。功德主属地为平凉郡，该郡最早设置于前秦，郡治在宁夏固原。北魏时迁至今平凉市西四十里铺一带，下辖鹑阴、阴密、阴槃三县。今华亭市辖区多在当时的鹑阴县境内，故这件造像碑是由本地制作还是外来作品尚无法确定，但与本地域内多数造像碑、塔的背项光装饰图案相比，别具一格，是一件相对成熟的佛教造像艺术品，外来可能性大一些。

佛说法图中的另一个重要文化符号飞天在华亭造像碑和造像塔中不仅运用少，而且很有地方特色。现存的24 件造像碑和造像塔中，出现飞天图像的仅有4 件，占全部总量的16.7%。在形象上与我们常见的衣裙贴身、体姿婀娜、飘带飞舞的北朝飞天也有很大差别，如熙平二年造像碑上佛背光两侧的飞天束发高髻，弓身屈膝，身体倾斜，飘带短宽且僵直，远没有北朝飞天潇洒灵逸的动感。0014 号造像碑上的飞天更是袍服宽大、长裙下垂，双臂上扬，飘带搭肩绕臂下垂，不仅没有飞翔之感，反而犹如绳索坠住了飞天沉重的躯体。此类伎乐天人的表现手法上也大致如此，体现出一种质朴、古拙的图像理念。仿佛是为了体现飞天或伎乐天人在空中飞翔的特性，绝大部分此类图像下方都浮雕有呈三角形飘浮的祥云，既是为了表示空中之意，也有托举飞天的寓意，很有地方特色。

在雕刻技法上，工匠们已掌握的十分纯熟，能灵活地采用高浮雕、浅浮雕、半圆雕、圆雕等各种技法来表现相应的主题思想和造像题材。而且因材而宜，面对质地坚硬的花岗岩，多运用线雕和浅浮雕技法，以减少雕刻难度，画面内容也相对简单。面对质地柔软细腻的灰砂岩，多采用半圆雕、高浮雕技法，并加以抛光润色，造像题材和内容也尽量丰富多变。

三 相关问题讨论与分析

（一）造像塔组合及渊源初探

首先，华亭出土的北朝窖藏造像中，最值得关注的就是四方体形多层造像碑。从雕刻技法、材质、题材组合等方面综合分析，现存的 8 件造像塔中，仅0017 号北周明帝二年（558 年）三层式造像塔是一件相对完整的作品，其余两组编号0018 和0028 号的三层式造像塔均非同一件作品。0018 号北魏永熙三年（534 年）三层式造像塔应分属三个不同时期，刻有发愿文的底层下宽上窄，剖面梯形坡度较大，与其他二层在形制上反差太大，龛内佛像均为单尊式，与二、三层的一佛二菩萨组合式明显不同，而且佛体形颀长，不似后者敦厚，彼此之间没有关系。第二层与第三层造像组合样式虽然相同，但其造像风格、特点上仍有很大差异，前者龛内主尊佛身后阴刻背项光，并饰有蛇形竖纹，以似火焰纹。后者主尊则均无背光装饰，其佛装服饰较前者也明显成熟，时间上要略晚一些。

0028 号三层式造像塔虽然外观上比较协调，但仔细分析，刻有熙平元年（516 年）的顶层截面呈竖长方体形，顶部又凿有方形榫口，故原造像塔应为榫卯结构。但这件造像塔第二、三层不仅截面呈梯形，且上、下面平整，系叠堆式造像塔。从造像题材、特点与风格方面分析，顶层塔四面分别雕立佛、交脚菩萨、坐佛和燃灯授戒，表现的是佛传或本生故事。而二、三层每面龛内均为一坐佛二胁侍菩萨，两者间题材有所不同。顶层龛内的佛体态清秀、身姿挺拔，服饰衣纹线细密精壮。二、三层龛内的佛肉髻低平，面形方圆，褒衣博带式佛装舒展流畅，两侧菩萨挺胸鼓腹，体姿略呈反"C"形，立于莲蕾之上，具有较强的装饰意味，应是西魏、北周时期作品，时间上略晚于顶层造像塔。

故从这两件造像塔可知，它们本身是由5件不同造像塔拼接而成，而非完整作品，这对于我们认识和研究这批造像塔和造像碑的埋葬性质具有重要意义。

其次，华亭出土的这批佛教遗存中，造像碑与背屏式造像与南北朝时期佛教传统文化之间存在着密切关系，其样式来源也较为清晰，应该是关中长安和洛阳地区影响的结果。但多层式方形或梯形造像塔则很有地域特色，从局部上看，这种造像塔样式广泛见于陇东地区的关山及附近的华亭、庄浪、泾川、秦安一带，其制作工艺、人物造型、服饰特点、雕刻技法等均带有浓厚的民间工艺特色。而同类造像塔在毗邻的长安、关中地区却鲜有发现，个别出土的北朝时期造像塔也多为多层楼阁式造像塔，雕工亦十分精美。

有趣的是，类似的多层方形或梯形北朝造像塔在山西沁县南涅水一带却十分盛行，其多为五至七层（图16），每层四面小龛内雕刻亦十分精美，内容包括佛单尊像、佛说法图、佛传、本生等题材（图17）。石刻塔构件总计344个，涉及画面1373幅，制作时间主要在北魏延昌二年（513年）、孝昌三年（527年）和北齐天保四年（553年）①，其规模可谓十分宏大，在单体高度上也明显超过华亭、庄浪一带的同类造像塔。总的看来，这种四方体式多层佛塔并不多见于北方其他地区。北魏中晚期以来，无论是云冈石窟，还是龙门石窟，窟内所见的造像塔样式均为楼阁式多层方塔，如云冈第6窟后室中心柱四

图16　山西沁县南涅水造像塔　　图17　山西沁县南涅水造像塔（局部）

① 高蒙：《图塔与礼佛——南涅水石刻佛塔的调查与研究》，中国美术学院2012级博士论文（内部资料），第1页。

图18 西安出土北魏
楼阁式造像塔

角的楼阁式多层塔，第7、8窟内壁面主尊佛两侧浮雕的多层楼阁式塔①，龙门石窟药方洞北壁浮雕的多层楼阁式塔等②。与华亭毗邻的泾川王母宫中心柱窟四角大象顶托的佛塔亦为多层四方形楼阁式塔③，显然是同时云冈石窟影响的结果。在陕西关中北部一带，虽然发现有类似截面呈梯形的造像碑④，如耀县药王山博物馆收藏的北魏神龟年间（518～520年）张安世佛道造像碑，截面呈梯形，为一个整体，碑阳及碑阴两面各开上、下两个小龛，阴刻龛楣，内高浮雕佛、道单尊像。虽然近似四方体，但两侧面相对较窄，没有雕刻内容。西安博物院收藏的一件北魏多层造像塔，其样式也为楼阁式（图18）。而在山西东部毗邻太行山的盂县境内发现的造像碑，被雕成高1.33米的四方体样式，分上、中、下三层，每层雕坛台，塔四面并不开龛，而是采取减地阳刻技法高浮雕出佛、菩萨尊像，底座还做成圆形宝装覆莲瓣台状，很有特色，其时代大致在北魏晚期至东魏初年⑤。通过以上相关介绍与分析，我们可以看出，多层式四方塔主要有三种形式：一是在云冈、龙门和长安等北朝时期佛教文化艺术中心地区出现的这类造像塔均为楼阁式，具有鲜明的中土化特征。二是整体截面成梯形、再分层开龛浮雕造像的多层式四方形塔，其整体数量较少，装饰技法灵活。三是由多层四方塔垒叠而成造像塔，仅见于陇东关山一带和山西太行山西麓南涅水一带，两地流行的时间大体相近，均在北朝中后期，既北魏、西魏、北周和北魏、东魏、北齐这一时间段内。虽然两者之间在雕刻技法、装饰图案、艺术风格、精美程度等方面有所差异，但就其表现的内容和题材而言，基本是一致的，具有时代共性。这种现象十分令人感兴趣，它表明两地之间应该有某种内在联系，受文章篇幅及掌握的相关材料所限，拟另文讨论。

（二）造像题材及人物服饰所蕴含的功德主信息

综合南川乡谢家庙村窖藏的四种佛教造像遗存，可以看出当地流行的佛教造像形式以造像碑和造像塔居多，兼有少量单体造像。从造像题材上看，以表现一佛二菩萨的一铺三身式组合为说，主尊造像多为说法印或禅定印佛像，少量雕刻精美的造像碑上亦附属有五佛、伎乐飞天、供养人、力士、狮子等内容。造像塔上的浮雕题材除上述三尊式造像外，还兼有表现法华思想的释迦、多宝佛，维摩诘思想的维摩、文殊像，以及表现释迦崇拜的乘象入胎、阿育王授土、树下思惟等佛传故事内容。如北魏熙平元年（516年）造像塔顶层龛内浮雕的立佛、坐佛、交脚菩萨。0013号单体造像塔上、下均有榫卯突槽，表

① 云冈石窟文物保管所：《中国石窟·云冈石窟》（一），北京：文物出版社，1994年，图89～91、141、174、175。
② 龙门文物保管所、北京大学考古系：《中国石窟·龙门石窟》（一），北京：文物出版社，1991年，图104。
③ 甘肃省博物馆：《甘肃泾川王母宫石窟调查报告》，《考古》1984年第7期。
④ 陕西省耀县药王山博物馆等：《北朝佛道造像碑精选》，天津古籍出版社，1996年，图69、70、73。
⑤ 李裕群：《山西盂县博物馆收藏的北朝石塔》，《文物季刊》1996年第4期。

明其原件最少由三层组成，其龛内主尊涉及结跏趺坐佛、倚坐佛、释迦多宝和乘象入胎等诸多内容，而同样结构的 0032 号单体造像塔四面龛均浮雕一佛二菩萨像，这些迹象表明功德主已十分深悉《佛说阿弥陀经》《妙法莲华经》以及《佛说弥勒菩萨上升兜率天经》《思惟略要法》等相关大乘佛典，说明至少在 6 世纪初期，佛教已经在华亭境内广泛传播。实际上佛教传入陇东的时间要远早于此，如甘肃省博物馆收藏的泾川县出土带华盖的青铜佛坐像①，其铸造时间普遍被认为是十六国后秦时期。毗邻的庆阳市宁县成丑儿背屏式造像发愿文题记为北魏太和十二年（488 年）②，合水县平定川张家沟门石窟 2 号佛龛内亦有明确北魏太和十五年（491 年）开窟题记。著名的泾川王母宫石窟经考证其开凿时间为北魏太和十九年（495 年）③，与其结构、规模、造像规模等大体一致的北石窟楼底沟 1 号窟也应开凿于这一时期。北魏泾州刺史奚康生主持开凿的南北石窟寺则开凿于略晚一点的公元 508～509 年。这些有明确纪年的造像和石窟寺表明泾河流域是中国内陆佛教较早传入的地区之一，这对华亭境内佛教的传播与弘扬均产生了一定影响，但其准确传入时间尚待进一步研究和探讨。

另外，通过相关学者的努力，可以肯定，泾河流域的石窟寺、造像塔、造像碑等遗存的功德主，特别是偏远山区的此类遗存都与魏晋以来大量迁徙至此的氐、羌、鲜卑、屠各、卢水胡等部族佛教信有密切关系④，其中华亭一带则以屠各族和氐族居多⑤。这些部族在北魏统一中原北方以后，逐渐从原来的分散杂居转变为郡县制度下编户居民，各民族间的融合也得以进一步加强，汉文化因素也日渐融入，但其本民族的许多特性依然保留，这些在当地佛教造像碑和塔上均得到充分体现，也为我们认识当地丰富多彩的多元民族文化提供了一个很好的平台和窗口。

四　结　论

华亭出土和发现的北朝佛教石刻遗存是陇东地区单体造像的重要组成部分，其碑刻样式、造像题材、装饰技法等呈现出浓郁的地域文化特征，在服装样式、造型特点等方面表现得尤为突出。其佛教文化来源也呈现出多样化趋势，特别是四方体式多层造像塔鲜见于中国北方其他地区，可能与当时本地区佛教信仰群体的族属性质有密切关系，应该与同样大量运用这种样式礼佛塔的山西沁县南涅水一带北朝佛教信仰者之间存在某种联系，有待进一步研究和探讨。同时，华亭北朝造像碑和造像塔在不同历史时期的发展与演变也充分体现出外来佛教艺术的民族化、本土化和中国化进程，是古代丝绸之路古道上多元文明彼此碰撞、交融与创新的历史见证，也是中国历史上多民族国家形成与发展的重要表现。

①　甘肃省文物局：《甘肃文物菁华》，北京：文物出版社，2006 年，图 268。

②　于祖培、张陇宁：《甘肃宁县出土北朝石造像》，《文物》2005 年第 1 期。

③　杨晓春：《从〈金石录〉的一则题跋推测甘肃泾川王母宫石窟的开凿者与开凿时代》，《敦煌研究》2008 年第 1 期。

④　暨远志、宋文玉：《北朝陇宁地区部族石窟的分期与思考》，《2005 年云冈国际学术研讨会论文集·研究卷》，北京：文物出版社，2006 年，第 78～85 页。

⑤　王怀宥：《甘肃华亭县出土北朝佛教石刻造像供养人族属考》，《敦煌学辑刊》2016 年第 2 期。

陕西富县庙沟罗汉堂第1窟调查与初步研究*

石建刚　杨　军　白小龙**

内容提要： 庙沟罗汉堂第1窟开凿于北宋政和三年（1113年），是陕北宋金石窟中唯一一座背屏式中央佛坛窟，洞窟造像主要有释迦佛、十六罗汉、佛陀涅槃和供养人像。洞窟是由功德主萧隐出资兴建，造像工匠介子用、介广系陕北地区宋金时期开窟造像方面最为著名的介氏工匠家族成员。洞窟造像，一方面强调了十六罗汉在释迦涅槃后住世护法传法、引导众生趋向理想世界的意涵，另一方面也表达出强烈的孝道思想，具有家窟的性质。

关键词： 陕北宋金石窟　十六罗汉　涅槃造像　介子用

庙沟罗汉堂石窟，位于陕西省富县张家湾镇水磨坪行政村老庄河自然村西北1000米的庙山山麓（图1），葫芦河支流捻沟小河自北向南从石窟东侧流过。1号窟前1米处测得地理坐标为北纬36°11′22″、东经108°54′13″，海拔1184米。石窟坐北朝南，分上下两层，开凿于天然的红黄砂石崖壁上（图2）。《陕西石窟内容总录·延安卷》①（以下简称《延安卷》）共收录3窟（龛），下层主窟编为第1窟，上层两窟（龛）自西向东编为第2窟、第3龛②。另在第1窟西侧7米处有空窟一座，现将其编为第4窟③。其中，第1窟造像保存较好，且有开窟题记明确记录了石窟开凿年代、功德主和造像工匠等信息，是陕北宋金石窟中的代表性洞窟之一，具有重要的研究价值；第2窟无造像；第3龛内浮雕一佛二弟子共三尊像，风化残损严重，《延安卷》将其判定为明清时期开窟，但从窟龛形制和造像风格来看，该龛造像

---

* 基金项目：本文为国家社科基金青年项目"陕北宋金石窟多元文化特性研究"（19CZJ011）、西北工业大学中央高校基本科研业务费资助项目"陕北石窟调查与研究"（31020190QD028）阶段性成果。

** 作者简介：石建刚（1984年~　），男，陕西富平人，西北工业大学文化遗产研究院副教授，主要从事石窟考古与石窟艺术研究；杨军（1978年~　），男，陕西洛川人，洛川县博物馆馆员，主要从事陕北地区考古与历史文化研究；白小龙（1977年~　）男，陕西延安市人，延安市文物研究所副所长，文博馆员，主要从事陕北地区考古与历史文化研究。

① 陕西石窟内容总录编撰委员会编：《陕西石窟内容总录·延安卷》，西安：陕西新华出版传媒集团、陕西人民出版社，2017年，第132~134页。

② 《延安卷》将第3龛定为窟，该龛规模较小（横宽80、进深54、高65厘米），且为敞口，我们认为将其认定为龛较为妥当。

③ 第4窟，距地面高3米。洞窟平面呈横长方形，横宽165、进深125、高80厘米。方形窟口，宽85、高75、厚40厘米。窟室内无造像。约开凿于明清时期。

与陕北地区北朝晚期的龛像颇为一致，故我们认为其应开凿于北周时期。鉴于庙沟罗汉堂第 1 窟的重要学术价值，2020 年 5 月我们对其进行了实地调查，对洞窟内容做了全面的文字记录、测绘、拍照和拓印等工作，现将相关调查情况介绍如下。

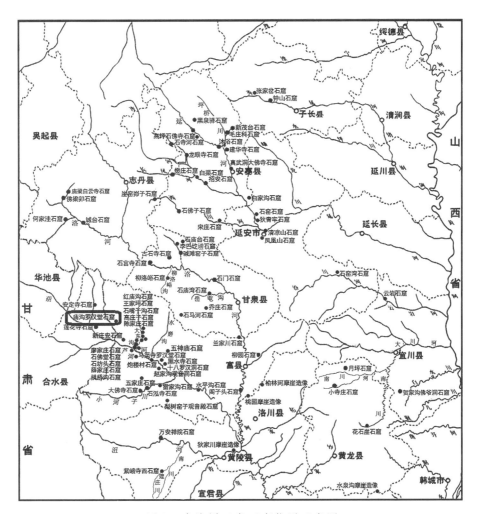

图 1　庙沟罗汉堂石窟位置示意图

图 2　庙沟罗汉堂石窟外景

一 石窟内容调查

（一）洞窟形制

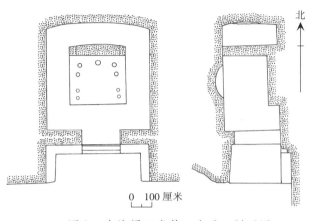

图 3 庙沟罗汉堂第 1 窟平、剖面图

第 1 窟由前廊和主室组成（图 3）。

前廊为横长方形，横宽 468、进深 190、高 280 厘米，平顶。后壁中央辟为主室窟口；窟口前有两级石踏步，均横宽 200 厘米，第一层高 20、进深 23 厘米；二层高 10、进深 31 厘米。左右壁前设通壁台基，台基高 50、进深 45 厘米；后壁左右两侧前设台基，两侧台基均长 150、进深 45、高 50 厘米。壁面和廊顶以白灰粉刷，现残损脱落严重，裸露出部分底层石壁，底层石壁风化严重，说明白灰层为后代重修时留下的。20 世纪 80 年代当地村民为石窟安置了木质窟门。

主室为背屏式中央佛坛窟。主室平面呈方形，横宽 480、进深 470、高 270 厘米。中央佛坛，横长 260、纵宽 260、高 50 厘米。中央佛坛后部设直通窟顶的屏壁，屏壁宽 220、厚 35、高 270 厘米。窟口为方形，宽 180、高 225、厚 68 厘米。主室窟顶风化残损严重，中央佛坛上方有圆形覆钵式藻井，井心浮雕覆莲，周围分为内为三层，每层均为规整的密集阴刻线，藻井风化剥落严重，直径 150、深 50 厘米。

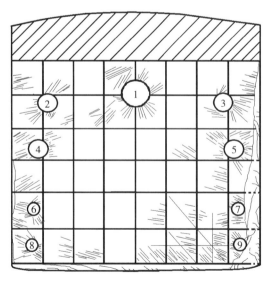

图 4 中央佛坛卯孔和棋格线分布示意图

（二）主室中央佛坛

主室中央佛坛造像无存，现仅见 9 个圆形柱洞（图 4），应是安置圆雕像留下的卯孔，其中位于后侧正中的 1 号卯孔最大，直径 22、深 21 厘米；后部两侧的 2、3、4、5 号卯孔略小，直径 15～17、深 18～20 厘米；前部的 6、7、8、9 号卯孔最小，直径 12～14、深 18～20 厘米。坛基上有阴刻棋格式图案和规整的原始凿痕。坛基后部为通顶背屏，背屏正面附泥皮和石灰，残损严重，裸露出规整的原始凿痕。背屏正面局部残留有彩绘痕迹，应为后代重修时留下的，时间大约在明清以后。

（三）主室四壁

1. 后壁（北壁）

壁面左右两侧各有一龛造像，由西向东编为1、2号龛（图5），造像均风化残损严重，仅存轮廓。壁面中部未造像。

1号龛：位于北壁西侧，圆拱形龛，龛宽163、高165、深15厘米。龛内雕一佛二胁侍，主尊佛像残损严重，仅存轮廓，可辨识造像结跏趺坐于"工"字形须弥台承托的仰莲座，佛像残高约80、膝宽48厘米，造像台座高61、宽60厘米。左侧胁侍为菩萨像，保存较好，高发髻，发辫垂肩，面部圆润饱满，嘴唇微凸，颈部饰两道纹，上身着圆领长袍，下身着裙，广袖，双臂屈肘，双手做供奉状，着靸鞋，像身残高107厘米。右侧胁侍造像，残损严重，具体形象不可辨识。

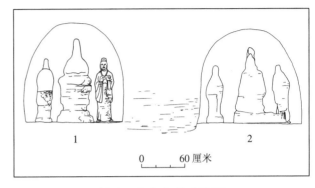

图5　主室北壁正视图

2号龛：位于北壁东侧，圆拱形龛，龛宽160、高145、深8厘米。龛内雕一铺三尊像，造像风化严重，具体形象不可辨识，疑为一佛二菩萨。主尊造像残高约130厘米；左侧胁侍，下身着裙，露足，像高约1米，右侧胁侍，高约102厘米。

2. 右壁（西壁）

壁面以浮雕竖刻线式山石图案为背景，分上下两层开龛造像（图6），上层3龛，下层4龛，造像龛由北向南依次编号，上层为3~5号龛、下层为6~9号龛。造像龛之间另有一组牵驴过桥图和6棵蘑菇形树。造像大多风化残损严重。

图6　主室西壁正视图

图 7　主室西壁 3 号龛罗汉造像

3 号龛（图 7）：圆拱形龛，龛宽 100、高 87、深 10 厘米。龛内浮雕罗汉像两尊。左侧罗汉造像，头部残损严重，内着右衽交领衣，外着袒右肩袈裟，左手半握抚搭于左膝上，右手持宝珠置于右腿上，左腿曲起足踩座面，右腿盘曲于座面上，坐于山石台座上，可见左足穿靸鞋。罗汉像高 39 厘米，座高 30、宽 45 厘米。

右侧罗汉造像，头部残损严重，内着右衽交领衣，外着袒右肩系带式袈裟，左手伏掌撑于左膝上，右手仰掌置于胸前（手残），左腿自然下垂足踩山石，右腿盘曲平置于座面上，足穿靸鞋，坐于山石座上。罗汉像高 67 厘米，座高 32、宽 37 厘米。

龛外北侧刻蘑菇形树一棵，通高 110 厘米，树冠宽 50 厘米。

龛外南侧上部与 4 号龛之间刻有一人牵驴过桥图。山石间横亘一座拱形小桥，桥下刻山石流水。牵驴人在右，头梳双髻，高鼻深目，身着圆领窄袖衣，左手握缰绳用力牵引，右手持棍棒举于肩前，人物下半身残损不可辨识。驴子在左，双耳竖立，前肢直立，后肢弯曲，尾巴后摆，背负鞍鞯，驻足不前。整幅图宽 47、高 37 厘米。人物身高 25 厘米，马身长 32、高 22 厘米，拱桥长 50、高 18 厘米。

4 号龛：圆拱形龛，龛宽 93、高 62、深 10 厘米。龛内雕罗汉像一尊，头部残失，内着右衽交领衣，外着袒右肩袈裟，左手伏掌平置于左膝上，右臂屈肘置于右膝上，右手持念珠，左腿盘曲于座面上，右腿曲起足踩座面，足穿靸鞋，坐于山石座上，台座左下侧残损。罗汉像高 39 厘米，座高 34、宽 53 厘米。

5 号龛：圆拱形龛，龛宽 62、高 100、深 11 厘米。龛内雕罗汉像一尊，头部残失，内着右衽交领衣，外着覆头袈裟，双手置于袈裟内，结跏趺坐于束腰山石座上。罗汉像高 46 厘米，座高 40、宽 54 厘米。

龛外南侧刻蘑菇形树一棵，通高 64 厘米，树冠宽 41 厘米。

6 号龛：圆拱形龛，龛宽 70、高 80、深 12 厘米。龛内雕罗汉像一尊，风化残损严重，可见罗汉左手伏掌置于左膝上，右臂屈肘搭于右膝上，手残损，左腿盘曲平置于座面上，右腿曲起足踩座面，坐于束腰山石座上。罗汉像高 45 厘米，座高 41、宽 50 厘米。

龛外南侧浮雕蘑菇形树一棵，风化残损严重，通高 64 厘米，树冠宽 31 厘米。

7 号龛：圆拱形龛，上部残损严重，龛宽 75、残高 80、深 10 厘米。龛内雕罗汉造像一尊，残损严重，仅存轮廓，可见结跏趺坐于"工"字形山石座上。罗汉像高 50 厘米，座高 28、宽 54 厘米。

龛外南侧浮雕蘑菇形树一棵，通高 65 厘米，树冠宽 30 厘米。

8 号龛：圆拱形龛，龛宽 81、高 86、深 10 厘米。龛内雕罗汉像一尊，头部残失，内着右衽交领衣，外着袒右肩袈裟，左手伏掌置于左膝上（手残），右臂屈肘，右手伏掌置于胸前，结跏趺坐于"工"字形山石座上，台座风化严重。罗汉像高 63 厘米，座高 25、宽 57 厘米。

龛外南侧刻有两棵蘑菇形树。左侧一棵位置偏上，树干向左倾斜，树冠位于 6 号龛正上方，通高 82

厘米，树冠宽 43 厘米。右侧树位置偏下，双杈树干，
通高 65 厘米，树冠宽 43 厘米。

9 号龛（图 8）：圆拱形龛，龛宽 63、高 85、深 10
厘米。龛内雕罗汉像一尊，内着右衽交领衣，外着袒
右肩袈裟，左手握拳置于左膝上，右手于胸前持法铃
（法铃下部残），左腿盘曲平置于座面上，右腿自然下
垂足踩山石，露足，坐于山石座上。罗汉像高 62 厘
米，座高 27、宽 53 厘米。

龛外南侧上部浮雕飞龙一条，龙首上昂，嘴启吐
舌，龙发笔直，似无龙角，脖颈细长，身体蜷曲，四
肢强劲有力，三爪，爪子锋利，肘毛硬直，尾若虎尾，
尾巴缠绕左后腿，围绕龙身一周刻出光焰，两后爪下
方各有一朵阴线刻云朵。龙身高 57 厘米、宽 41 厘米。

龛外南侧下方浮雕一身人物，背向龛内罗汉，弯
腰，双手抱头，表现出恐惧状，着窄袖长袍，腰间系
带，身高 17 厘米。

3. 左壁（东壁）

图 8　主室西壁 9 号龛罗汉造像

壁面以浅浮雕竖刻线式山石图案为背景，分上下两层开龛造像（图 9），每层 4 龛，造像龛由北向南
依次编号，上层为 10～13 号龛、下层为 14～17 号龛，造像龛之间另有 3 棵蘑菇形树。造像大多风化残
损严重。

10 号龛：圆拱形龛，左下侧残损，龛宽 70、高 93、深 12 厘米。龛内雕罗汉一尊，双目略突，鼻、
口残损，大耳下垂，内着右衽交领衣，外着袒右肩袈裟，袖手，双足覆于衣内，结跏趺坐于"工"字形
山石座上，台座左下部残。罗汉像高 43 厘米，座高 40、宽 50 厘米。

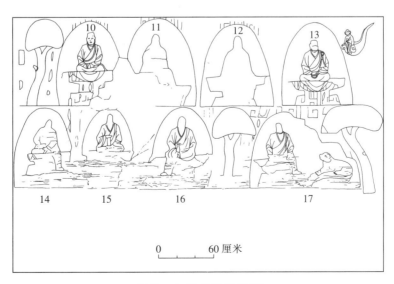

0　　　60 厘米

图 9　主室东壁正视图

龛外北侧浮雕蘑菇形树一棵，通高97厘米，树冠宽50厘米。

11号龛：圆拱形龛，龛宽72、高88、深11厘米。龛内浮雕造像一尊，残损严重，仅可见坐于山石座上，应为罗汉。造像连台座通高83厘米。

图10　主室东壁13号龛罗汉造像

12号龛：圆拱形龛，龛宽80、高85、深11厘米。内雕浮雕造像一尊，残损严重，仅存轮廓，坐于"工"字形山石座上，应为罗汉。罗汉像高43厘米，座高32、宽48厘米。

13号龛（图10）：圆拱形龛，龛宽79、高85、深12厘米。内雕罗汉像一尊，罗汉头部残损严重，内着右衽交领衣，外披袒右肩袈裟，袈裟左肩部有圆环和系带，双手置于腹前，左手持念珠，右手置于左手上，结跏趺坐于工字型山石座上。罗汉像高43厘米，座高25、宽55厘米。

龛外左上方刻一身乘云人物，应为女性侍从，头面残损，两耳垂髻，着宽袖长袍，上身前倾，双手持物向前，持物为卷轴状。造像通高35、宽33厘米。

14号龛：圆拱形龛，龛宽70、高80、深12厘米。内雕罗汉像一尊，风化残损严重，仅可见罗汉双手置于腹前（似双手禅定），左腿自然下垂足踩山石，足穿靸鞋，右腿弯曲平置于台座上，台座为"工"字形山石座。罗汉像高39厘米，座高23、宽50厘米。

15号龛：圆拱形龛，龛宽58、高75、深12厘米。内雕罗汉像一尊，造像风化残损严重，可见罗汉内着右衽交领衣，外着袒右肩袈裟，右手在上，左手在下，于胸腹前持经夹状物，结跏趺坐，台座形制不可辨识。罗汉像高43厘米。

图11　主室东壁17号龛罗汉造像

16号龛：圆拱形龛，龛宽61、高75、深12厘米。内雕罗汉像一尊，风化残损严重，可见罗汉内着右衽交领衣，外着袒右肩袈裟，右手于腹前持净瓶，左手置于膝上，结跏趺坐，台座风化严重。罗汉像高47厘米。

龛外南侧浮雕一棵蘑菇形树，通高78厘米，树冠宽48厘米。

17号龛（图11）：略呈圆拱形，龛宽125、高75、深12厘米。龛内浮雕一身罗汉和一只卧虎。罗汉位于龛内右侧，头部残失，内着右衽交领衣，外着袒右肩袈裟，双手分别置于膝上，手势和持物不可辨识，左腿自然下垂足踩于平台上，右腿盘曲平置于台座上，台座具体形制不详。

罗汉像高 59 厘米，台座残高 22、宽 50 厘米。

老虎位于龛内左侧，头微仰，目视罗汉，前肢前伸，后肢弯曲，匍匐于地。虎身高 20、长 38 厘米。

龛外南侧浮雕一棵蘑菇形树，通高 80 厘米，树冠宽 60 厘米。

4. 前壁（南壁）

整个壁面大致可分为东、中、西三部分（图 12），东侧壁面浮雕启棺说法造像，编为 18 号龛；中部下方为窟门，窟门上方有一方题记和一组供养人造像，编为 19 号龛；西侧壁面有上下两组造像，上部为一龛释迦佛入涅槃造像，编为 20 号龛；下方现存一尖拱形空龛，龛两侧有造像，这组造像编为 21 号龛。

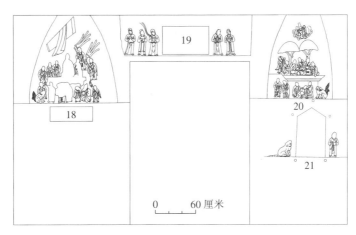

图 12　主室南壁正视图

18 号龛（图 13）：圆拱形龛，龛宽 112、高 108、深 7 厘米。龛内浮雕启棺说法造像，造像残损严重。释迦佛居中，造像已毁，仅存轮廓，可见其坐于棺底承托的莲花座上，造像连莲座通高 35 厘米。佛陀左右两侧各有三身弟子像。左侧第 1 身，头及身体左半部残失，仅可见身着袈裟，双手似为合十，站姿；第 2 身，位置略偏上，面部略残，内着右衽交领衣，外着袒右肩袈裟，左手置于腹前，右手置于右肩前，双手持挂幡长杖，足穿靸鞋；第 3 身，头残失，双手持挂幡长杖，身体略向右侧倾斜，形象与第 2 身基本一致。右侧第 1 身，头部和腿部以下残失，内着右衽交领衣，外着袒右肩袈裟，双手合十；

图 13　主室南壁 18 号龛启棺说法造像

第 2 身，头部和腿部以下残失，衣着同第 1 身，双手持钹；第 3 身，头部残失，衣着同第 1 身，左手腹前持鼓，右手胸前持鼓槌，足穿靸鞋。

佛陀上方雕刻悬空而起的棺盖，棺盖前挡较大，位置偏上，后挡较小，位置偏下，绶带斜搭在棺盖上，棺盖长 50、高 48 厘米。

佛陀下方雕刻一排造像，由七人一狮组成。自右向左，第1身人物，头部残失，头略向左上方侧转，双手于胸前做供奉状，身穿袈裟，应为弟子像；第1身人物身前雕刻一只蹲踞状狮子，头部残失，昂首朝向佛陀，两前腿直立，两后腿匍匐于地；第2身人物，残损严重，仅存双足，着靴鞋，疑为弟子像；第3身人物，残损严重，仅存双膝以下部分，着僧裙、靴鞋，疑为弟子像；第4身人物，残损严重，仅残存双足，着靴鞋，疑为弟子像；第5身人物，为女性侍从，身体略转向左侧人物，面部残损，两耳垂髻，上着宽袖襦袍，下着裙，腰间系带，左手举于左肩前，右手举于腹前，双手持长柄物，持物上部残失，疑为长柄羽扇，站姿；第6身人物，面右双膝跪地，疑为佛母摩耶夫人，头部残失，着宽袖袍服，双手做供奉状；第7身人物，头部残损严重，身着袈裟，双手持长柄羽扇，足穿靴鞋，应为侍从弟子像。该龛所雕小造像身高均在18～26厘米之间。狮子高20、宽18厘米。

该龛下方另有一横长方形龛，无造像，疑为后代开凿，用途不详。龛宽58、高20、进深20厘米。

19号龛：较浅的横长方形龛，龛宽157、高37、深1厘米。中央为一方政和三年题记，题记两侧有5身供养人立像（图14、15），右侧（东侧）3身，左侧（西侧）2身。自东向西，第1身，男性供养人，头扎巾，头向左侧转，着圆领窄袖袍服，腰间系带，双手抱拳，脚穿靴鞋；2号身，女性供养人，头梳发戴冠，向左侧转，右耳饰耳环，面目残，上身仅见外披的窄袖对襟衣，下身着裙，双手于胸前捧长方形函状物，脚穿靴鞋；第3身，男性供养人，头扎巾，向左侧转，着圆领窄袖袍服，腰间系带，双手于胸前捧长方形函状物，捧物向右上方发出两条光束（或为飘带），脚穿靴鞋；第4身，男性供养人，头部残失，面向右侧转，身着圆领窄袖袍服，双手于胸前捧小坐佛像（小坐像头部残失，身着宽袖大衣，双手于衣内禅定，结跏趺坐，高5厘米），脚穿靴鞋；第5身，女性供养人，头梳发戴冠，向右侧转，上身仅见外披的窄袖对襟衣，下身着裙，双手于胸前捧长方形函状物，脚穿靴鞋。供养人像高均在28～31厘米间。

图14 主室南壁政和三年题记右侧供养人像

图15 主室南壁政和三年题记左侧供养人像

政和三年题记（图16），横长方形字幅，宽70、高37厘米，阴刻楷书竖排，共16行，满行11字。题记上部剥落残损严重，题记内容为：

图16　政和三年题记拓片

　　□（萧）隐法（发）願在心頭，/□□善緣不肯休。/□有釋迦并九士，/□（十）□（六）羅漢在裏頭。/□（净）財敕（舍）了伍仟貫，/人工□（納）費二十秋。/□有子孫護持者，/因緣元（原）是累刼脩。/伏□（愿）：/□（皇）帝萬歲，重臣千秋，/□□民安。萧隱願子孫/□□□善業長存，世/□□□菩提堅固。/萧□□、妻惠氏、萧隱、曹氏，/助緣人萧喚、男萧道。延安府同處塑/造羅漢人鄜州介子用、介廣、馮瞻。/一家。①/政和三年十一月初六日記。

　　20号龛（图17）：位于窟口西侧壁面上部。圆拱形龛，龛宽90、高100、深7厘米。龛内浮雕释迦佛入涅槃图。中央娑罗双树下，释迦佛右胁卧于须弥台尸床上。娑罗双树均呈蘑菇状，两树均高30厘米。佛像头部残损，身着袒右肩袈裟，胸部和右臂袒露，头枕于右手和臂上，左臂搭于左身侧，跣足，像身长30、高10，床长60厘米。释迦佛身后浮雕一排6身人物造像，自东向西依次为：第1身，位于佛头一侧，为哀悼弟子像，光头，内着右衽交领衣，外着袒右肩袈裟，左手抚额，右手下垂，立姿，作哀悼痛苦状；第2身，跪于佛头一侧，头残失，身着交领袈裟，双手做供奉状，向左侧身，面向释迦佛，双膝跪地，作跪拜状，应为弟子像；第3身，位于释迦佛头后，

图17　主室南壁20号龛释迦入涅槃造像

头肩略向左侧倾斜，仅露出上半身，头部残失，着宽袖袍服，左臂下垂，右手衣袖掩面，右手残失，疑

---

① "一家"二字较小，字迹略显潦草，且语义不通，疑为后人所刻。

为哀悼弟子像；第 4 身，位于释迦佛后部，仅露出上半身，头部残失，内着右衽交领衣，外着袒右肩袈裟，左手握拳举于胸前，右手抚佛臂，身体略向右侧倾斜，应为捶胸哀悼的弟子；第 5 身，位于释迦佛身后，仅露出上半身，头部残损严重，头略向左斜，着交领覆头衣，双手于胸前拱手，应为弟子像；第 6 身，位于佛足前，头部残损严重，头梳高发髻，着交领宽袖袍服，左手抚佛足，右臂下垂，跪坐姿，应是佛陀的医生耆婆；这组人物身高在 13～23 厘米间。

娑罗双树上方有一组乘云人物，由一主二从三身人物组成，造像风化严重。中央主尊造像，头部风化无存，着宽袖袍服，双手似作掩面状，站姿，应为佛母摩耶夫人；左侧造像，发髻垂肩，表情凝重，着宽袖衣，双手搀扶摩耶夫人；右侧造像上半部风化严重，可见着宽袖袍服，站姿，双手搀扶摩耶夫人。造像整体高 20、宽 30 厘米，主尊像高 16 厘米。

尸床前亦有一排造像，由五人一狮组成。自东向西依次为：第 1 身，头部残损严重，内着交领衣，外着袒右肩袈裟，双手抱拳，着鞋，立姿，应为弟子像；第 2 身，头部残损严重，面向左上方释迦佛，内着交领衣，外着袒右肩袈裟，左手下垂（手残失），右手抚胸，着鞋，立姿，应为弟子像；第 3、4、5 身为一组造像，第 3 身，头部残失，面朝第 4 身造像，内着交领衣，外着袒右肩袈裟，左手拽第 4 身造像衣领，右手于胸前持物（持物残失），右膝跪地，应为向阿难喷水的弟子阿那律像；第 4 身，头部残损严重，身着宽袖大衣，袒胸露腹，瘫坐于地，左手于身侧撑地，应是晕厥于地的弟子阿难像；第 5 身，头部残损严重，身着袈裟，面朝第 4 身造像，左手抚于第 4 身造像左肩，着鞋，站姿，应为搀扶阿难的弟子像；第 6 身造像为蹲踞状狮子，头部残损，昂首望向释迦佛，口微启，前肢直立，后肢弯曲，尾巴竖起。弟子像身高均在 15～23 厘米间；狮子像高 20、宽 19 厘米。

21 号龛（图 18）：尖拱形龛，龛高 66、宽 45、深 30 厘米。龛内无造像。龛上有 3 个圆形柱洞，龛下 2 个柱洞。龛外东侧雕一只头西尾东蹲踞状老虎，头部残，昂首，前肢直立，后肢弯曲，尾巴拖地，身高 22、宽 38 厘米。龛外西侧雕一身侍从像，头部残失，着圆领长袍，腰系带，双手举于胸前，双手残损，似为抱拳，右小臂搭长巾，着鞋，像高 38 厘米。

图 18　主室南壁 21 号龛造像

二　造像题材与造像思想

根据题记记载，庙沟罗汉堂第 1 窟开凿完成于北宋政和三年（1113 年），时间明确，整个工程前后历时 20 年，耗资五千贯。开窟造像工匠为"延安府同处塑造罗汉人鄜州介子用、介广、冯瞻"，其中介子用和介广均出自宋金时期鄜延地区重要的石匠家族——介氏工匠家族，该工匠家族成员的开窟造像活动见于北宋中晚期至金代初期，主要活动于鄜延及周边地区。介子用是该工匠家族后期最为重要的成员，明确记载由他主持或参与开凿的洞窟共 10 座，足见他在陕北宋金石窟造像中的重要地位。有关介氏工匠家族及介子用开窟造像的详细考证可参见石建刚《延安宋金石窟调查与研究》第三章"延安宋金石窟工匠及其开窟造像活动"的相关内容，此处不再赘述①。

在明确了洞窟基本内容、开凿时间和造像工匠等基本情况之后，我们有必要对庙沟罗汉堂第 1 窟的造像题材和造像思想等问题做进一步考察。

（一）中央佛坛造像题材

洞窟主室四壁造像保存较好，题材明确，主要有左右壁的十六罗汉和前壁的释迦涅槃造像，唯现已无存的中央佛坛造像身份不甚清楚，有必要略加考察。从佛坛上固定造像的卯孔来看，应有九身造像，佛坛后部中央的 1 号卯孔最大，应是佛坛主尊造像；佛坛左右两侧后部的 2、3、4、5 号卯孔，左右对称，略小于 1 号卯孔；佛坛前部的 6、7、8、9 号卯孔体例最小，亦左右对称。开窟题记记述，"□有释迦并九士，□（十）□（六）罗汉在里头"，这正是对洞窟主要造像题材的说明，从其表述顺序来看，"释迦并九士"应是洞窟最为重要的造像，所指当为中央佛坛造像，也就是说中央佛坛造像应是释迦等九身像。类似的题记表达还见于同为介子用参与开凿的阁子头石窟，"圣佛殿内有释迦九□（士）、十方佛、十地菩萨、泗州（中略）又打造石空一所，亦有释迦九士、五百罗汉"，根据学者以往调查，仅知阁子头石窟内主尊造像为陕北宋金石窟中流行的三佛造像，而具体组合和侍从造像不能详知②。陕北宋金石窟常见的洞窟主尊造像组合分为三佛组合和一佛组合两种。三佛造像组合中，三佛或呈"一"字形排列，或呈"品"字形配置，体型大小基本一致，在三佛之间和两侧位置对称配置弟子、菩萨等侍从造像。从卯孔的排列和大小来看，庙沟罗汉堂第 1 窟佛坛造像并不符合三佛造像组合的特点，故我们推测其应是一佛造像组合。然而，陕北宋金石窟所见一佛造像组合最多只有一铺七尊像（一佛二弟子二菩萨二天王组合），尚未见到一铺九尊像组合，且庙沟罗汉堂第 1 窟佛坛前部的 6、7、8、9 号卯孔体例明显小于后部的 2、3、4、5 号卯孔，所以我们推测 1、2、3、4、5 号卯孔原有造像应是一佛二弟子二菩萨五尊像，前部的 6、7、8、9 号卯孔原有造像应是较小的供养菩萨或供养人造像，类似的实例见于钟山第 10 窟中央佛坛上的供养菩萨和供养人造像。至此，我们大致明晰了中央佛坛上的圆雕造像身份。

（二）洞窟造像思想

纵观庙沟罗汉堂第 1 窟主要造像，以中央佛坛圆雕释迦佛造像和左右壁十六罗汉造像为主，另外还有前壁的释迦涅槃图像，均是陕北宋金石窟中极为流行的造像题材。其中，类似庙沟罗汉堂第 1 窟这样，以释迦佛为洞窟主尊，左右壁面（或左右壁与后壁左右两侧）配置十六罗汉的洞窟就多达十余座。有关释迦佛与十六罗汉组合的宗教意涵，《大阿罗汉难提蜜多罗所说法住记》中有一段非常经典的记载：

佛薄伽梵般涅槃时，以无上法付嘱十六大阿罗汉并眷属等，令其护持使不灭没。（中略）如是十六大阿罗汉，一切皆具三明、六通、八解脱等无量功德，离三界染，诵持三藏博通外典。承佛勅

---

① 石建刚：《延安宋金石窟调查与研究》，兰州：甘肃教育出版社，2020 年，第 161～182 页。
② 陕西省博物馆、陕西省文管会：《鄜县石泓寺、阁子头寺石窟调查简报》，《文物》1959 年第 12 期；贠安智：《陕西富县石窟寺勘察报告》，《文博》1986 年第 6 期。

故，以神通力延自寿量，乃至世尊正法应住，常随护持，及与施主作真福田，令彼施者得大果报。（中略）如是十六大阿罗汉护持正法饶益有情。至此南赡部洲人寿极短至于十岁，刀兵劫起互相诛戮，佛法尔时当暂灭没。刀兵劫后人寿渐增至百岁，位此洲人等厌前刀兵残害苦恼，复乐修善，时此十六大阿罗汉与诸眷属复来人中，称扬显说无上正法，度无量众令其出家，为诸有情作饶益事。如是乃至此洲人寿六万岁时，无上正法流行世间炽然无息。后至人寿七万岁时，无上正法方永灭没，时此十六大阿罗汉与诸眷属于此洲地俱来集会。（中略）一时俱入无余涅槃。（中略）至人寿量八万岁时。（中略）弥勒如来应正等觉出现世间。①

可见，释迦与十六罗汉组合，旨在强调释迦佛涅槃之后弥勒佛出世之前，十六罗汉受佛嘱托住世护持并传承正法。在庙沟罗汉堂第1窟和石佛堂第6窟题记中造像工匠介子用等人自称为"塑造罗汉人""打造罗汉人"，或也说明了造像人对罗汉思想的强调。

在陕北宋金石窟中还有大量三佛（释迦佛与阿弥陀佛、弥勒佛组合）与十六罗汉的组合造像，李静杰认为："'三佛'与十六罗汉组合，可以视为释迦佛与十六罗汉组合的移植形式。十六罗汉'三佛'之中尊释迦佛呼应，内涵继释迦佛之后护法、传法的用意。然而，'三佛'作为一个整体存在，要义在于从秽土进入净土，十六罗汉恰好为秽土与净土之间的救世主，而且自身具有趋向理想世界意涵。大概基于罗汉的这两种功能使得十六罗汉与'三佛'有机地结合起来。这种组合的逻辑思维，或可解释为释迦佛教化的娑婆世界众生，经由罗汉住世的趋向理想世界阶段，将来往生净土世界。"② 我们非常赞同李氏的观点。庙沟罗汉堂第1窟后壁左右两侧各有一龛一佛二菩萨造像，若将其与佛坛造像联系，或亦正是陕北宋金石窟中流行的释迦佛与弥陀佛、弥勒佛组合。

庙沟罗汉堂第1窟在释迦佛与十六罗汉造像之外，还特别在前壁雕刻了释迦涅槃的内容，显然是进一步凸显了十六罗汉的护法和传法思想。同时，涅槃图像中还呈现出浓郁的孝道思想。涅槃图像由"佛陀入涅槃"和"启棺说法"两个情节组成，而这两个情节有一个显著的共同特点就是均强调了佛母摩耶夫人的出场。佛陀入涅槃故事图中，图像大致分为上中下三部分，其中在最上部单独雕刻了乘云而下的摩耶夫人，表现佛母摩耶夫人从忉利天降下的情形，就构图而言明显具有强调之意。同时，我们可以看到在北宋境内的佛陀入涅槃图像中，表现佛母摩耶夫人乘云而下的内容几乎成了一种固定模式，但这一图像特点在宋以前以及与宋大致同时期的辽、西夏等民族政权辖境内并不流行。起棺说法图像描写的正是释迦佛"为后不孝诸众生故"从金棺出为摩耶夫人说法的情节，出自《摩诃摩耶经》，这一图像产生于唐代，宋辽时期较为流行。在这两个涅槃故事情节中对佛母摩耶夫人的表现，应是当时社会重视孝道观念在佛教思想和佛教艺术中的反映。

从政和三年题记内容可知，该窟是由功德主萧隐出资创建的，题记第14行的功德主提名中，在功德主萧隐和妻子曹氏之前还增加了"萧□□、妻惠氏"，应是萧隐的父母。虽在萧隐之外还有助缘人萧唤、萧道父子参与，但并不影响该窟具有家窟的性质，且从姓氏来看他们本身可能就来自同一家庭。再看政

① ［唐］玄奘译：《大阿罗汉难提蜜多罗所说法住记》，《大正藏》第49册，第13页。
② 李静杰：《陕北宋金石窟佛教图像的类型与组合分析》，《故宫学刊》2014年第1期。

和三年题记两侧的供养人像，左侧两身供养人像由一男一女组成，男像手托佛像，女像手托方盒状供物，这尊男像是五尊供养人像中唯一托佛像者（其余均为形状类似的方盒状物），女像所托方盒也略大于右侧两身供养人所托方盒，加之宋代以左为尊的习俗，我们认为这两身供养人身份最为尊贵，应是功德主萧隐的父母。题记右侧共有三身供养人像，第1身为男像，手托方盒状供物，供物右侧有向上飘扬的带子，应同样具有突出供养人身份之意，推测其应正是萧隐本人；第2身为女像，手托方盒状供物，应是萧隐之妻曹氏；第3身为男像，双手抱拳，身份不详，或是萧隐之子。萧隐在供养人像和题记中均突出表现了其父母的存在，这与涅槃图像中突出佛母摩耶夫人形成呼应，进一步强调了孝道，这也是该窟造像的核心思想之一。

结　语

综上所述，庙沟罗汉堂第1窟是陕北宋金石窟中目前所知唯一一座背屏式中央佛坛窟，题记明确记载石窟开凿过程中"□（净）财敕（舍）了伍仟贯，人工□（纳）费二十秋"，最终于北宋政和三年（1113年）开凿完成。洞窟是由功德主萧隐出资兴建，另有助缘人萧唤父子参与。造像主要是由当时陕北地区最为著名的造像工匠家族——鄜州介氏工匠家族晚期最为重要的成员介子用，及其合作者介广、冯瞻共同完成。洞窟造像主要由中央佛坛上以释迦佛为主尊的九尊圆雕像、左右壁的十六罗汉、前壁的释迦涅槃与供养人像组成，一方面强调了十六罗汉在释迦涅槃后住世护法传法、引导众生趋向理想世界的意涵，另一方面也表达出强烈的孝道思想，具有家窟的性质。

洛阳龙门与彬县大佛寺石窟初盛唐
地藏菩萨像及相关文献分析

王德路[*]

内容提要：地藏菩萨像率先于初盛唐时期有规模地出现在洛阳龙门石窟、彬县大佛寺石窟，成为影响深远的佛教物质文化遗存。本稿利用考古类型学和美术史图像学、样式论方法，具体分析龙门与彬县大佛寺石窟初盛唐地藏菩萨像，力图理清其发展脉络与规律。现存造像常见主尊地藏菩萨，地藏、观世音菩萨组合，地藏（或地藏并观世音）、佛陀组合三种尊像组合形式，基本流行于唐高宗朝后期至武周朝前后，造型变化不甚显著，施主以平民和中下级官员为主，造像题记多表述一般化菩萨救济思想。文献所载地藏菩萨像，在造型、组合、材质、体量等方面与现存造像联系密切，也纳入本稿讨论范畴。

关键词：地藏菩萨像　洛阳龙门石窟造像　彬县大佛寺石窟造像　初盛唐造像

地藏菩萨是初唐以来备受崇奉的大菩萨，一度与观世音菩萨信仰比肩。受唐永徽年间玄奘译《大乘大集地藏十轮经》等经典影响，地藏菩萨像率先于初盛唐时期有规模地出现在洛阳与关中两京地区，尤以洛阳龙门石窟（以下简称龙门）、彬县大佛寺石窟（以下简称彬县）造像数量为多，是影响深远的佛教遗存。相关文献也可证实初唐地藏图像风行情况。

学界有关地藏图像与信仰的研究大致可分为两个阶段。1998 年及以前为第一阶段，主要披露敦煌地藏画像资料并做初步分析①，常青另介绍了龙门、彬县等处地藏像情况②。1999 年至今为第二阶段，一些学者关注地藏信仰发展史，注重经典文本分析，图像研究则较为薄弱③。另一些学者关注四川、敦煌

---

* 作者简介：王德路（1995 年～　），男，山东枣庄人，清华大学艺术史论系博士，主要从事佛教物质文化研究。

① ［日］松本荣一著，林保尧、赵声良、李梅译：《敦煌画研究》，杭州：浙江大学出版社，2019 年，第 215～241 页（原著出版于 1937 年）；［日］河原由雄：《敦煌画地藏图资料》，《佛教藝術》1974 年总第 97 号，第 99～123 页；罗华庆：《敦煌地藏图像和"地藏十王厅"研究》，《敦煌研究》1993 年第 2 期，第 5～14 页。

② 常青：《龙门石窟地藏菩萨及其有关问题》，《中原文物》1993 年第 4 期，第 27～34 页；常青：《彬县大佛寺造像艺术》，北京：现代出版社，1998 年。

③ 庄明兴：《中国中古的地藏信仰》，台北：台湾大学出版委员会，1999 年；［美］Zhiru Ng（智如）：*The Formation and Development of the Dizang Cult in Medieval China*，Ph. D. the University of Arizona，2000；张总：《地藏信仰研究》，北京：宗教文化出版社，2003 年；尹富：《中国地藏信仰研究》，成都：巴蜀书社，2009 年。

等处地藏像，注重探究地藏图像组合成因等问题①，久野美树就龙门地藏像做了进一步梳理②。

　　整体来看，学界关注焦点为敦煌、四川等处中晚唐及以后地藏像，对洛阳、关中地区初盛唐时期地藏像着力相对较少。前述常青、久野美树就龙门地藏像的研究，重点关注具有尊格题记的地藏像造型与组合情况，研究对象不足总数四分之一，研究视角亦有限。常青对彬县大佛寺石窟做了整体考察，但没有详细解读此处地藏像内涵，学界也没有细致比较龙门、彬县地藏造像异同。亦未见地藏像相关文献专题研究。有鉴于此，本稿在实地考察基础上，利用考古类型学、美术史图像学、样式论方法具体分析龙门、彬县初盛唐地藏造像，并进一步梳理相关文献。

一　洛阳龙门与彬县大佛寺石窟初盛唐地藏菩萨像

　　在龙门，笔者收集到47龛刊刻有地藏菩萨尊格题记的初盛唐造像，其中6龛造像残失，其余诸龛地藏像均作菩萨装扮，但姿势有别，7龛像为立姿，34龛像为垂一腿坐姿，后者数量最多。已知龙门初盛唐时期不见垂一腿坐的其他尊格菩萨像，以此为据并综合考量造像具体情况，将龙门具备一定体量且保存较好的142龛初盛唐无尊格题记、垂一腿坐菩萨及其组合像纳入考察范围③，合计189龛像。在彬县，采用同样原则，统合考察24龛初盛唐地藏菩萨及其组合像，地藏像均垂一腿坐、身穿袈裟④，其中3龛像刊刻有地藏菩萨尊格题记⑤（见附表）。

　　这些地藏像常常与其他尊像同龛组合开凿，本稿依据造像组合形式分类梳理，并留意龙门、彬县两处造像地域特征。地藏像部分造型特征较为稳定，不受造像组合形式影响，应预先说明。

（一）地藏菩萨像造型

1. 姿势

　　龙门见有少量立姿地藏像，与观世音像造型几无差别，可能开凿于地藏造型特征尚未确立的早期阶

---

① 姚崇新：《广元的地藏造像及其组合》，《艺术史研究》2002年总第4辑，第305～323页；王惠民：《唐前期敦煌地藏图像考察》，《敦煌研究》2005年第3期，第18～25页；王惠民：《中唐以后敦煌地藏图像考察》，《敦煌研究》2007年第1期，第24～33页；[日]肥田路美：《关于四川地区的地藏、观音并列像》，黎方银主编《2005年重庆大足石刻国际学术研讨会论文集》，北京：文物出版社，2007年，第519～539页；姚崇新：《中古艺术宗教与西域历史论稿》，北京：商务印书馆，2011年，第63～108页。

② [日]久野美树：《唐代龍門石窟の地藏菩薩像》，《女子美术大学研究纪要》2003年总第33号，第13～20页。

③ 龙门一些垂一腿坐菩萨像体量小、残损甚，未列入考察范围。如543号窟前庭后壁2号龛像、543号前庭后壁11号下方龛像、868号龛像、1625号龛像、1913号窟窟门左壁龛像等。龙门另有一些垂一腿坐菩萨像，尊像组合情况杂乱，其类组合造像中没有见到地藏尊格题记，不宜将其作为地藏组合像看待。如315号窟左壁龛像、676号窟右壁龛像、712号窟右壁61号龛像、976号龛像、1321号龛像、1364号窟窟门上方龛像、1508号窟右壁左侧龛像、1592号窟前庭后壁右上方龛像、1628号窟前庭后壁龛像、1931号窟前庭南壁龛像、1945号龛像、2065号龛像、2141号窟左壁龛像、2154号龛像等。

④ 彬县垂一腿坐菩萨装扮，及垂一腿坐不明装扮像，未列入考察范围。如大佛洞10、13、25、39号龛像，千佛洞33、96、103号龛像等。罗汉洞36号龛主尊为垂一腿坐穿袈裟像，但其尊格应为佛陀，亦不属本稿探讨范畴。

⑤ 彬县大佛寺千佛洞东门柱右壁123号龛题记称造像为"出家菩萨"，应是"地藏菩萨"别称，本稿将其计入具地藏菩萨尊格题记造像实例之中。

段。而176龛中189尊地藏像呈垂一腿坐姿势，借此与别种尊格菩萨像区别开来，其中124尊地藏像垂左腿坐（本稿以窟龛或物象自身为基准确定前后左右方位），为惯常表现形式。垂一腿坐地藏往往一手置膝，另一手侧举或持物，上抬手与下垂腿基本处在身体异侧。大概模拟现实中人们以右手作业的常态，同时平衡造型视觉效果，故常将地藏像表现为右手侧举或持物、左手置膝、右腿盘起、左腿垂下的姿势（图1）。

彬县24龛，合35尊地藏像均为垂一腿坐姿，其中20尊像垂右腿坐，多于垂左腿坐的15尊像，与龙门情况相反。彬县地藏像也往往一手上举、一手置膝，但与龙门不同的是，大多数菩萨像上抬手臂与下垂腿处在身体同侧（图2）。

图1　洛阳龙门543号窟前庭左壁29号龛像（笔者摄）　　　图2　彬县大佛寺千佛洞中心柱左壁14号龛像（李静杰摄）

2. 肌体与服饰

龙门大多数地藏像肌体形态刻画比较充分，胸腹部肌肉具有张力，形体虽小而体量感突出，服饰表现简单（图3）。另有一些实例在着力肌体形态塑造时，兼重服饰表现，如部分地藏像刻画有"X"形璎珞（见图1），些许地藏像帔帛自其身体一侧垂下台座，或腰间束带从台座正面悬垂而下；1192号窟后壁46号龛像帔帛、束带具备上述二特征（图4），形成鲜明的帛带悬垂风格，大概承袭南北朝佛像悬裳造型遗风。注重肌体刻画和兼顾服饰表现两种造型倾向并存，没有明确的时代先后关系，但以前者为主流，符合龙门初唐菩萨像造型重心由服饰转向肌体形态的发展趋势。

彬县地藏像穿袈裟，作僧人装束，符合十轮经记述，迥然有别于龙门作菩萨装扮的地藏像。个别实例头顶残存凸起痕迹，与邯郸、广元、巴中、敦煌等地所见穿着袈裟的光头地藏形象又不相同，形成彬县特色。彬县地藏像肌体刻画风格与穿着袈裟形式有关。千佛洞窟室右壁115、116、118、119号龛，西门柱后壁162、163号龛，东门柱后壁131号龛等7龛穿通肩式袈裟的地藏像（图5），着意表现袈裟褶

图 3　洛阳龙门 1443 号窟左壁
206 号龛像（笔者摄）

图 4　洛阳龙门 1192 号窟后壁
46 号龛像（笔者摄）

图 5　彬县大佛寺千佛洞东门柱
后壁 131 号龛像（李静杰摄）

图 6　彬县大佛寺千佛洞中心柱
右壁 35 号龛像（李静杰摄）

皱，菩萨肌体形态刻画则较为模糊。千佛洞中心柱右壁 35 号龛（图 6）、窟室左壁 59 号龛、东门柱后壁 135 号龛、西门柱后壁 155 号龛、东门柱后壁 133 号（图 7）、东门柱右壁 127 号龛等 6 龛穿裹身垂领式袈裟的地藏像，则呈现腹部渐趋隆起、腰部逐渐收束、手臂与躯体有所分离的表现趋势。穿袒右肩式袈裟的地藏像亦呈现这种造型倾向（见图 2）。造像还往往拉长腿部比例，使得形体显得修长。另外，彬县东门柱后壁 133 号等龛像（见图 7），与曲阳修德寺遗址出土唐代白石地藏像造型类似（图 8），只是肌体量感性较后者有所不足，表明中原北方有相近粉本流传。

图7　彬县大佛寺千佛洞东门柱　　　　图8　河北博物院藏曲阳修德寺遗址出土唐代
　　后壁133号龛像（李静杰摄）　　　　　　　郝思□造白石地藏菩萨像（笔者摄）

3. 持物与台座

　　龙门48尊地藏像持物可以识别，见有持水瓶者8尊（图9）、持拂尘者10尊、持宝珠者12尊（见图1），持莲蕾者16尊。其中，1496号窟左壁右下方龛菩萨像所持莲蕾从地长出（图10），应该借鉴自印度笈多朝菩萨像因素。另外，1193号窟左壁龛内右胁侍地藏像持香炉，用以供养主尊佛陀，2155号龛内右胁侍地藏像持蔓草。这些持物并非地藏特有，但宝珠关联地藏相关经典内容①。彬县地藏像手臂残损严重，手印或持物难以辨别。

　　龙门地藏像台座以圆形或方形束腰座为主，刻画简洁。此外，部分地藏组合像台座为同根莲茎座，

图9　洛阳龙门578号右侧龛像（笔者摄）　　图10　洛阳龙门1496号窟左壁
　　　　　　　　　　　　　　　　　　　　　　　右下方龛像（笔者摄）

① ［唐］玄奘译：《大乘大集地藏十轮经》卷一《序品》："尔时一切诸来大众，……又各自见两手掌中持如意珠，从是一一如意珠中雨种种宝，复从一一如意珠中放诸光明。……是地藏菩萨摩诃萨具如是等无量无数、不可思议殊胜功德，与诸眷属欲来至此，先现如是神通之相。"《大正藏》第13册，第721页。类似内容见于失译者附北凉录《大方广十轮经》卷一《序品》，《大正藏》第13册，第681页。

这种台座形式在初盛唐龙门一带较为流行。承托地藏下垂腿的足踏台大致可分为两种形式，其中约20龛像为带茎莲蓬台，莲蓬台面基本水平，使得菩萨下垂腿常作竖直状态，菩萨整体姿态因此显得庄重（图11）。余下造像足踏台与台座黏连，踏台下方不表现莲茎，踏台平面多作椭圆形，且多向左右外侧倾斜，便于展现菩萨足面形态，同时使得菩萨下垂腿可与地面形成自由夹角，整体姿态更显闲适（图12），成为足踏台的主流表现形式。

图11　洛阳龙门543号窟前庭　　　　　图12　洛阳龙门557号窟前庭
右壁23号龛像（笔者摄）　　　　　　　右壁6号龛像（笔者摄）

彬县地藏像台座基本为圆形或多边形叠涩束腰座，足踏台与台座黏连，不见带茎莲蓬式足踏台，菩萨下垂腿与地面往往形成较大夹角，姿态较龙门造像更为生动（见图7）。

（二）主尊地藏菩萨像

龙门以地藏为主尊的造像共85龛，占总数二分之一弱，刊刻题记26则。其中4龛造像残失，由题记内容知其应为主尊地藏像。彬县此类造像共22龛，占绝大多数，见有全部6则题记。这些造像可细分为大多数单身地藏像和少量复数身地藏像两种形式，在尊像数量以外的诸多方面均无本质差异，故一并探讨。

1. 基本情况

龙门大多数主尊地藏像龛高在40厘米以下，体量较小，彬县则大多龛高在50~80厘米之间，体量稍大。但龙门山体为质地坚硬的石灰岩，彬县则为质地松散的砂岩，龙门造像难度更高。龙门7龛像在主尊地藏两侧雕刻二胁侍立菩萨像，1龛像雕刻二胁侍弟子并二胁侍立菩萨像，彬县则无胁侍表现。

龙门大多数主尊地藏像处在西山669号窟（老龙洞）以北区域，尤其543号窟（万佛洞）及其附近分布密集，1069号窟（破窑）至1443号窟（古阳洞）之间亦分布有一定数量，其余位置分布稀疏（图13）①。

---

① 龙门石窟研究所、中央美术学院美术史系：《龙门石窟窟龛编号图册》，北京：人民美术出版社，1994年。709号下方龛像，732号、747号、748号下方、751号下方、755号、757号左侧、760号左侧龛像，1244号龛像，1445号下方龛像，实际分别开凿于669号窟前庭、712号窟前庭、1280号奉先寺摩崖像龛前庭、1443号窟前庭，在分布图中与所在窟室造像合并表示。

图 13　洛阳龙门西山初盛唐地藏菩萨及其组合像分布图（据《龙门窟龛编号图册》绘制）

图 14　洛阳龙门 853 号瘗穴及其　　　　　　图 15　洛阳龙门 1850 号瘗窟及其
　　　　右侧龛像（笔者摄）　　　　　　　　　　　　窟门右侧龛像（笔者摄）

853 号瘗穴右侧（图 14）、1850 号瘗窟窟门右侧（图 15），各开凿 1 龛单身地藏像。前者地藏像与瘗穴所在壁面经过统一平整，且所在位置较高，与瘗穴无关施主不太可能在此处开龛造像，后者整体规划齐整，瘗窟（穴）与地藏像组合关系明确。另外，543 号窟前庭左壁二方形瘗穴周围开凿有颇多地藏像，可能也存在组合关系。这应说明地藏菩萨已可在死后世界发挥作用。彬县主尊地藏像除 1 龛开凿在罗汉洞门柱右壁以外，其余均开凿在千佛洞中（图 16）①。其中单身地藏像多数位于千佛洞东、西门柱后壁上，复数身地藏像基本位于千佛洞窟室壁面及中心柱侧壁上，这种造像分布情况应该与洞窟形制有关。千佛洞东、西门柱壁面呈纵长方形，窟室壁面及中心柱侧壁面为横长方形，分别较适合规划开凿单身、复数身地藏像。另外，东、西门柱后壁均在中间位置开凿有高大的立佛像，周围规整排布地藏和立菩萨像，显示统一规划迹象。

　　龙门纪年造像 10 龛，其中 1387 号窟前庭后壁 10 号残龛像刊刻有洛阳、关中地区现存纪年最早的地藏像题记②，知该龛开凿于唐高宗朝前期（650～666 年）麟德元年（664 年），余下 8 龛像集中开凿于高宗朝后期（667～683 年）乾封二年（667 年）至睿宗朝垂拱三年（687 年），还有 1 龛像晚到玄宗朝开元二年（714 年）。另有 6 龛像题记使用别字“埊”，应造于武周朝，而使用旧字“地”的无纪年造像，由所在位置推断大多应开凿于高宗朝。可知龙门主尊地藏像至晚出现于高宗朝前期，高宗朝后期至武周朝较为流行。彬县 3 龛纪年造像均开凿于武周朝，由窟室整体情况判断，其他无纪年像也应造于武周朝前后，造像流行时间稍晚于龙门。

①　前引常青：《彬县大佛寺造像艺术》，插图 59、63、43、69、65。

②　其他地区现存纪年最早的地藏菩萨像题记见于河北隆尧宣务山第 3 号崖：“龙朔□年□月十五日，比丘尼真□□□地藏菩萨。”稍早于洛阳、关中地区造像，但为孤例，不成规模。参见张稼农：《隆尧县宣务山文物古迹介绍》，《文物参考资料》1957 年第 12 期，第 56 页。按隆尧为唐皇祖陵所在地，宣务山摩崖造像可能与当时长安佛教思想信仰情况有所关联。

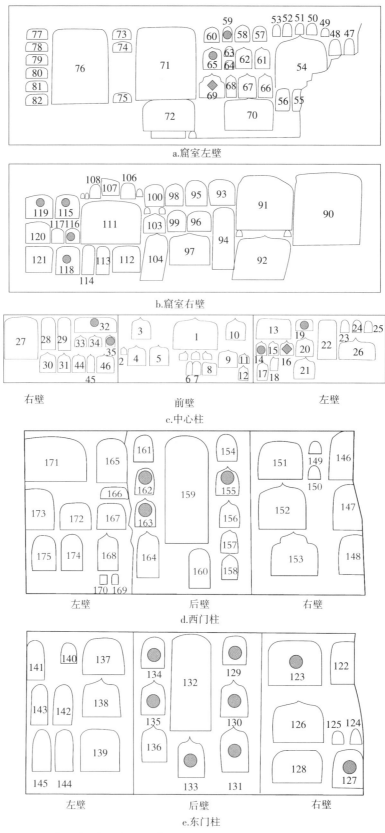

图 16　彬县大佛寺千佛洞初盛唐地藏菩萨及其组合像分布图
（据《彬县大佛寺造像艺术》插图 59、63、43、69、65 绘制）

2. 造型特征

复数身地藏像数量相对较少，龙门见有 8 龛双身地藏像（图 17），彬县见有 1 龛六身和 6 龛双身地藏像（图 18）。除龙门 557 号窟（清明寺洞）后壁 11 号龛两身地藏像均垂左腿，举右手之外，龙门、彬县其余复数身地藏像均呈两两中轴对称造型，可能仿效之前流行的定州系白石双思惟菩萨像。另外，彬县千佛洞中心柱左壁 19 号龛（图 19）、窟室左壁 65 号龛，龛内中部留有大面积空白，两菩萨处在龛内两侧，上身作向内转动姿势，龛像布局、造型别具一格。

图 17　洛阳龙门 543 号窟窟门右壁 1 号龛像（笔者摄）

图 18　彬县大佛寺千佛洞东门柱右壁
123 号龛像（李静杰摄）

图 19　彬县大佛寺千佛洞中心柱左壁
19 号龛像（李静杰摄）

3. 施主身份

龙门 25 则题记见有 26 名施主信息，平民施主 19 名，占绝大多数，4 名施主为官员或其家属，另有 3 名僧尼施主。其中两名施主情况及关联文化信息值得关注。

其一，159 号窟后壁 2 号龛咸亨四年（673 年）四月八日地藏像施主将作监丞牛懿德。其人造像还见于 159 号窟右壁 101 号龛麟德二年（665 年）九月残像、159 号窟左壁 100 号龛乾封元年（666 年）四月八日阿弥陀佛像，以及 104 号窟右壁上方龛咸亨四年（673 年）四月八日阿弥陀佛并观世音菩萨像，均为填空式造像①。可见牛懿德同时信奉阿弥陀佛、地藏和观世音菩萨，如后文所述，这三种尊像常常同龛表现，可知当时信奉此三尊的信众数量应该不少。麟德二年（665 年）和乾封元年（666 年）二题

---

① 此三龛像题记分别参见刘景龙、李玉坤：《龙门石窟碑刻题记汇录》，北京：中国大百科全书出版社，1998 年，第 42、29、9 页。

记显示牛懿德时任东台主书，即门下省录事。咸亨四年（673 年）二题记显示牛懿德时已擢升为将作监丞，主管国家营建事宜。其人此时以将作监官员身份居处洛阳，可能参与了龙门奉先寺摩崖龛像或洛阳地区上阳宫、恭陵等宫室、皇陵营造。另外，牛懿德三龛造像开凿于四月八日，说明此人对佛诞日较为重视。

其二，304 号窟左壁右侧龛像施主僧人知道，为"入辽兄"造此龛像，可知其兄应参与了征伐辽东的战役。初唐多次出兵辽东，以太宗朝贞观十九年（645 年）伐高丽战役规模最大，高宗朝前期屡与高丽、百济有战，终于显庆五年（660 年）破百济国，置五都督府，总章元年（668 年）拔高丽平壤城，置安东都护府。推测该龛像造于总章元年（668 年）以前。另外，僧人知道造像还见于 404 号窟前庭右壁中部，题记"沙门知道为孃敬造"，龛内造像残失。僧知道两龛像分别为其兄、母所造，表明其人仍遵循孝亲敬长的儒家伦理传统，这种情况在龙门初盛唐僧尼造像记中屡有所见，可能与当时帝王频颁诏书制令僧尼礼敬父母有关①。

彬县 3 龛复数身地藏像刊刻 6 则题记，其中 2 龛像分别由 2 人、4 人捐资开凿。见有 6 名官员施主和 1 名僧人施主。官员施主均有文散官职称，分别为从四品下中大夫、正六品朝议郎、从六品通直郎、正七品宣德郎、从七品朝散郎、正八品给事郎，职务分别为从五品下幽州司马、两位从七品下幽州司户参军事、从七品下幽州司法参军事、从八品下幽州新平县丞、从九品上幽州参军事。因职事官低于散官阶位，故在职事官称前加"行"。按幽州为大州，六曹参军事各设一人，此处见有两位司户参军事，有可能是前后两任官员。人物具体身份信息均难考证。千佛洞东门柱右壁 123 号龛双身地藏像（见图18），分别由比丘神智和中大夫行幽州司马李乘基前后开凿完成，可以想见当时出家与在家信众之间不乏密切联系。

4. 造像目的

龙门 7 龛像题记见有造像目的内容，其中 3 龛为求出家修道造，2 龛为求合家平安造，1 龛为求病愈造，1 龛为资助亡者入冥之路造。另外，543 号窟窟门左壁 8 号龛地藏、观世音组合像由多位施主捐资开凿，分别刊刻题记，也见有造地藏像祈求出家的内容。祈求出家修道偶见于龙门佛陀像题记②，不见于

---

① ［唐］吴兢撰，谢保成辑校：《贞观政要集校》卷七《论礼乐》："贞观五年（631 年）太宗谓侍臣曰，'佛道设教，本行善事，岂遣僧、尼、道士等妄自尊崇，坐受父母之拜，损害风俗，悖乱礼经，宜即禁断，仍令致拜于父母。'"北京：中华书局，2009 年，第 395 页；［宋］王溥：《唐会要》卷四十七《议释教》："显庆二年（657 年）诏曰，'……圣人之心主于慈孝，父子君臣之际，长幼仁义之序，与夫周孔之教异辙同归，弃礼悖德朕所不取。……自今已后僧尼不得受父母及尊者礼拜，所司明为法制，即宜禁断。'"北京：中华书局，1960 年，第 836 页；［宋］司马光：《资治通鉴》卷二〇〇《高宗天皇大圣大弘孝皇帝》："（龙朔二年〔662 年〕）六月乙丑，初令僧、尼、道士、女官致敬父母。"北京：中华书局，1956 年，第 6329 页；［后晋］刘昫：《旧唐书》卷八《玄宗本纪》："（开元二年〔714 年〕闰月（闰正月）癸亥，令道士、女冠、僧尼致拜父母。"北京：中华书局，1975 年，第 172 页。

② 如 522 号窟前庭后壁 7 号龛药师佛像、543 号窟窟门右壁 2 号龛五百弥勒佛像、669 号窟 178 号龛七佛等像、1504 号窟左壁龛释迦佛像题记。参见刘景龙、杨超杰：《龙门石窟总录：文字著录》，北京：中国大百科全书出版社，1999 年，第 3 卷第 56、80 页，第 4 卷第 99 页，第 10 卷第 26 页。

龙门其他尊格菩萨像题记，大概反映地藏信仰特质，契合十轮经宣扬出家功德内容①。

彬县题记引经据典，但主要为称颂地藏菩萨，有关造像目的和受益人内容较少且程式化。其中千佛洞中心柱右壁 32 号龛元海等造像题记祈求充实来生福田，千佛洞东门柱右壁 123 号龛李乘基造像题记祈求成就三明四果，同龛比丘神智造像题记祈求众生共成佛果，比丘神智称为皇帝、师僧父母、一切善神、法界有情造像，均为一般化说辞。龙门、彬县其他题记反映祈求菩萨救济思想，难以看出地藏菩萨与其他尊格菩萨信仰的实质区别。

（三）地藏、观世音菩萨组合像

龙门见有 43 龛地藏、观世音组合像，刊刻题记 13 则，彬县则没有相关遗存，故仅述及龙门情况。

1. 基本情况

龙门大多数龛高在 40 厘米以下，与主尊地藏像一样为小体量造像。龙门西山 543 号窟及其附近、712 号窟（莲花洞）及其附近为此种组合像聚集区，1280 号奉先寺摩崖龛像附近也分布有部分实例，其他区域仅个别存在（见图13）。4 龛纪年造像开凿于唐高宗朝末永隆二年（681 年）至中宗朝神龙二年（706 年），另有 1 龛像题记使用武周别字"埊"。1896 号窟（西方净土堂）前庭左壁 2 号上方龛内右壁龛像，上方残存"东京"二字题记（图20）。洛阳称东京始于天宝元年（742 年），终于唐肃宗朝上元元年（760 年），该龛像应开凿于这一时段。可知此类组合像流行于唐高宗朝末至武周朝前后，玄宗朝仍然存在，出现时间晚于主尊地藏像。

图 20　洛阳龙门 1896 号窟前庭左壁 2 号上方龛内右壁龛像（笔者摄）

2. 造型特征

二菩萨像造型往往追求均衡的视觉效果，表现在菩萨位置、通高、姿势、持物等方面。41 龛单身地藏、观世音组合像中，21 龛地藏像处在龛内左侧（见图20），20 龛地藏像处在龛内右侧（图21），二菩萨没有左右尊卑之分。绝大多数地藏像有意提升台座高度或台座立足面，拉大菩萨上身比例，使得坐姿地藏与立姿观世音像通高趋于一致。1 龛地藏像作立姿表现，与同龛观世音像姿势、装扮一致，旨在形成对称效果（图22）。在持物方面，观世音像通常手持水瓶，地藏像也见有捧水瓶者，二菩萨持物可以通用。这些特征显示供养人或工匠同等对待二菩萨的信仰心理。

①　前引玄奘译：《大乘大集地藏十轮经》卷六《有依行品》："此剃须发、被赤袈裟出家威仪，是诸贤圣解脱幢相，亦是一切声闻乘人受用解脱法味幢相，亦是一切独觉乘人受用解脱法味幢相，亦是一切大乘之人受用解脱法味幢相。……以是义故求解脱者，应当亲近、恭敬、供养诸归我法、剃除须发、被赤袈裟出家之人，应先信敬声闻乘法。……是故三乘皆应修学，不应憍傲妄号大乘，谤毁声闻、独觉乘法。"《大正藏》第 13 册，第 752 页。类似内容见于前引失译者《大方广十轮经》卷五《众善相品》，《大正藏》第 13 册，第 705 页。另见前引庄明兴：《中国中古的地藏信仰》，第 100 页。

图21　洛阳龙门543号窟前庭左壁
12号龛像（笔者摄）

图22　洛阳龙门404号窟前庭右壁
右侧龛像（笔者摄）

图23　洛阳龙门555号窟前庭后壁18号
右下方龛像（笔者摄）

3. 施主身份

共见有16名施主信息，包括13名平民、2名僧尼、1名官员施主。其中，555号窟前庭后壁18号龛像施主为景福寺比丘尼九娘（图23）①。景福寺为一所尼寺，《唐会要》记载其位于洛阳郭城敦（教）业坊内，建于贞观九年（635年），武太后更其名为天女寺②。景福寺尼造像造型较保守，位于初唐造像集中区域，且称寺名为景福，故可能开凿于唐高宗朝。

1086号龛像施主为兰州司户参军。按兰州为下州，户数不足两千，置从八品下司仓、司户、司法三曹参军事，各一人任职。兰州距东都洛阳两千余里，其司户参军为何远来洛

---

① 题记显示比丘尼九娘开凿了两龛像，由题记位置和造像内容推断，两龛像应分别为555号窟前庭后壁18号龛阿弥陀佛并二胁侍立菩萨像，为亡母所造；以及其右下方地藏、观世音菩萨组合像，为求自身病愈所造。二龛龛形、造像风格基本一致。

② 前引王溥：《唐会要》卷四十八《寺》，第847页。或因《唐会要》舛误不少，学界对景福寺改名天女寺的时间产生了异议。王振国发现唐玄宗朝此寺仍名作景福寺，如龙门887号窟刊刻开元二十六年（738年）"大唐都景福寺威仪和上灵觉塔铭"、龙门后山一带出土天宝八载（749年）"东京大圣善寺律师比丘虚心、景福寺尼净意造经幢"等，并以为天女寺名最早见于洛阳关林藏宪宗朝元和八年（813年）"唐故天女寺尼胜藏律师坟所尊胜石幢"。据此推断景福寺改称天女寺应该在玄宗朝之后、宪宗朝以前，可能在代宗朝时期，田玉娥等学者沿用此说。参见王振国：《龙门石窟与洛阳佛教文化》，郑州：中州古籍出版社，2006年，第207、208页。田玉娥：《浅议隋唐时期东都洛阳城之佛寺》，《丝绸之路》2012年第2期，第15页。实际上，天女寺名早已见于洛阳市盘龙冢村北出土中宗朝景龙三年（709年）"唐故天女寺尼韦氏爱道墓志铭"，故可推测此寺在唐太宗、高宗朝名景福寺，至晚在中宗朝景龙年间改称天女寺，玄宗朝复称景福寺，至晚到宪宗朝又称天女寺。

阳造像，尚不明了。另外，543 号窟前壁 13 号龛像施主为北齐兰陵王高长恭之孙高元简，可补兰陵王族系史传之缺①。

404 号窟前庭右壁右侧龛像（见图 22）、543 号窟前庭左壁 12 号龛像各由两位施主开凿（见图 21），543 号窟窟门左壁 8 号龛像由四位施主开凿（图 24）。多人共同造像在龙门、彬县屡见不鲜。比起分别开凿龛像，同龛雕刻二菩萨组合像应该节省财力。

4. 造像目的

4 龛像题记见有造像目的内容，均为求病愈造，反映一般化菩萨救济思想。地藏、观世音组合像虽无直接经典依据，但流行地域广泛，时代绵延长久，备受崇奉。龙门造像开凿于此种组合像的早期发展阶段，

图 24　洛阳龙门 543 号窟窟门左壁
8 号龛像（笔者摄）

信众希望两菩萨一并发挥救济作用，以求得利益最大化，没有见到晚唐以后观世音救济现世苦难、地藏救度死者灵魂的职能划分。

（四）地藏（或地藏并观世音）、佛陀组合像

佛经没有记载地藏为某佛陀胁侍菩萨，但在实际造像活动中，将地藏作为某些佛陀胁侍菩萨表现并不少见，且往往与观世音像组合出现。龙门、彬县分别开凿 55 龛、2 龛此类组合像，分别刊刻 16 则、1 则题记。此外，龙门 543 号窟前庭右壁 23、24、25 号三龛内分别为苏鋗造地藏菩萨、唐州觉意寺比丘尼好因造跏趺坐禅定印佛陀、苏鋗造观世音菩萨像（图 25），排列规整，各龛下方见有字迹一致的题记，开凿时间均为永淳二年（683 年）九月八日，应为统一规划。本稿将其视作 1 例组合像，与上述龙门 55 龛此类组合像一并考虑。

图 25　洛阳龙门 543 号窟前庭右壁 23、24、25 号龛像（笔者摄）

---

① 　前引王振国：《龙门石窟与洛阳佛教文化》，第 61 ~ 74 页。

1. 基本情况

龙门 17 龛地藏、佛陀组合像龛高或宽大于 50 厘米，体量较大。西山 522 号窟（双窑南洞）至 712 号窟为此类组合像的密集分布区，1034 号窟（普泰洞）至 1610 号龛为次要分布区，其他位置见有零星个例（见图 13）。7 龛纪年像开凿于唐高宗朝上元二年（675 年）至睿宗朝景云二年（711 年），另有 1 龛像题记使用"壄"。可知龙门此类组合像流行时间与地藏、观世音组合像大体一致，稍晚于主尊地藏像。彬县 2 龛像龛高、宽均在 70 ~ 80 厘米左右，开凿于千佛洞窟室及中心柱左壁（见图 16），其中 1 龛像纪年为中宗朝景龙二年（708 年）（图 26），另一龛像造型与之基本一致（图 27），也应开凿于 8 世纪初，晚于彬县主尊地藏像。

图 26　彬县大佛寺千佛洞窟室左壁 　　　　图 27　彬县大佛寺千佛洞中心柱左壁
　　　69 号龛像（李静杰摄）　　　　　　　　　　16 号龛像（李静杰摄）

据主尊佛陀尊格可将此类组合像细分为几种形式。就龙门初盛唐佛像而言，跏趺坐施触地印者基本为阿弥陀佛[1]，托钵者基本为药师佛。此外，唐代倚坐佛像基本为弥勒佛，龙门初盛唐造像也不例外。其他施说法印、禅定印等佛像则难以判定尊格。故可将龙门地藏（或地藏并观世音）、佛陀组合像细分为以施触地印阿弥陀佛（图 28）、托钵药师佛（图 29）、倚坐弥勒佛（图 30），以及其他不明尊格佛陀

图 28　洛阳龙门 732 号窟后壁 　　　　　图 29　洛阳龙门 543 号窟左壁
　　　右侧龛像（笔者摄）　　　　　　　　　　5 号龛像（笔者摄）

---

① ［日］久野美树：《唐代龍門石窟の研究：造形の思想的背景について》，东京：中央公论美术出版社，2011 年。

为主尊等几种形式①，各见有 18、9、7、15 龛。还有以二佛（图 31）、三佛、五佛、七佛等复数身佛陀为主尊的造像（图 32），共见有 7 龛。主尊阿弥陀佛像数量最多，与龙门唐代造像尊格整体情况一致。彬县 1 龛主尊立佛像具药师佛尊格题记（见图 26），推测同样造型的另 1 龛主尊像也是药师佛。当时在位的中宗皇帝热衷药师佛信仰，又大力支持义净新译《药师琉璃光七佛本愿功德经》②，上行下效，当时流行造作药师佛像在情理之中。

图 30　洛阳龙门 543 号窟左壁 11 号　　　　　图 31　洛阳龙门 1070 号窟后壁右侧
龛像（笔者摄）　　　　　　　　　　　　龛像（笔者摄）

2. 造型特征

此类组合像流行时间较晚，龙门地藏像胸腹部肌肉刻画往往更有张力，躯体更具动感，彬县地藏像身体扭动，凸显身段。在地藏、观世音作为佛陀胁侍表现的造像中，二菩萨像刻画仍然追求均衡效果。龙门以地藏像为左胁侍的共 18 龛，为右胁侍的共 23 龛，数量大抵相当。彬县左、右胁侍地藏像各 1 龛。龙门 1034 号窟前庭后壁 4 号龛地藏与观世音像均作立姿表现（图 33）。绝大多数地藏像通高与观世音像

图 32　洛阳龙门 565 号窟右壁　　　　　　图 33　洛阳龙门 1034 号窟前庭
中部龛像（笔者摄）　　　　　　　　　　后壁 4 号龛像（笔者摄）

---

① 刘景龙：《龙门石窟造像全集》第 2 卷，北京：文物出版社，2002 年，图 294。
② ［唐］智昇：《开元释教录》卷 9《总括群经录》："帝（唐中宗）以昔居房部，幽厄无归，祈念药师，遂蒙降祉，贺兹往泽，重阐洪猷，因命法徒（义净等）更令翻译，于大佛光殿译成二卷，名药师瑠璃光七佛本愿功德经，帝御法筵手自笔受。"《大正藏》第 55 册，第 568 页。

一致。龙门 578 号窟右侧龛地藏捧水瓶，观世音捧宝珠，原初对应二菩萨身份的持物被调换过来（见图 9）。可见在当时信众眼中，作为佛陀胁侍的地藏、观世音菩萨应该没有地位差别。

3. 施主身份

龙门见有 14 名施主信息，包括 12 名平民和 2 名比丘尼施主。其中 543 号窟前庭左壁 29 号龛像施主神祯，在 543 号窟后壁左下方、前庭左壁还开凿有 2 龛主尊地藏像，可见其人地藏信仰热情。1445 号下方龛像施主王非城，在 1443 号窟内另开凿有三世佛像。彬县题记文字残泐甚多，不见施主信息。

4. 造像目的

龙门 6 龛像题记述及造像目的，相关内容往往脱离现世诉求，而以往生净土、成就佛果为主要企盼，与主尊阿弥陀佛、药师佛、弥勒佛等净土世界佛陀身份有关，反映流行于时的净土信仰。地藏和观世音菩萨则作为救济者表现。12 龛像题记见有受益人信息，多为亲属、师僧造，并往往回向一切众生。其中 1445 号下方龛像施主王非城，为父母、师僧、天王、地王、仁王造像，融合了儒家祭拜天、地、君、亲、师的传统。彬县题记则难以释读造像目的内容。

（五）地藏菩萨其他组合像

图 34　洛阳龙门 1931 号窟前庭
后壁 1 号龛像（笔者摄）

龙门还见有以下几种地藏组合造像。

其一，1931 号窟前庭后壁 1 号龛比丘尼恩恩神龙三年（707 年）造双身地藏与七业道组合像（图 34）。二地藏均垂外侧腿坐，内侧手上举捧宝珠，二菩萨体量、装身具刻画有明显区别。左侧地藏像体量较小，上身仅饰有项圈与帔帛，由下方题记知此尊像应是尼恩恩于亡母忌日所造。右侧地藏像体量较大，除项圈、帔帛外还装饰有于腹前交叉的 "X" 形璎珞，由下方题记知此尊像应是尼恩恩于亡父忌日所造。两菩萨造型上的差异可能是为了区分两尊像各自受益人，为亡父造像体量大、装饰豪华，大概体现以父为尊观念。于父母忌日造作地藏像，还见于中唐秘书少监兼侍御史李公之甥女供养地藏绣像①。

二菩萨中间上方雕刻七尊小跏趺坐禅定印像，题记称之为 "业道像"，分上排三尊、下排四尊排列，大多数仅存残迹。业道尊格并不见于佛经，大概是民俗佛教

---

① ［宋］李昉：《文苑英华》卷七八一《地藏菩萨赞并序》："……有秘书少监兼侍御史李公之甥，太原王氏之第某女，顷遭先夫人弃敬养，祔擗以暨于小祥（即周年忌日），或曰，此孝也，匪报也，以报为功，则惟地藏乎。乃手针缕之事，黼而黻之，则而像之，焕乎有成，毫相毕观者。然后知圣善之内训，淑女之孝思至矣哉，是可以锡尔类也。"北京：中华书局，1966 年，第 4127 页。

神祇。有尊格题记的业道像仅见于龙门西山，学界对此较为陌生。笔者共收集到 13 龛业道像①，其中 7 龛开凿于 669 号窟内。除尼恩恩造像外，还见有 2 龛纪年像，分别为 403 号窟（敬善寺）窟门左壁龛垂拱二年（686 年）像②（图 35）、522 号窟前庭后壁 14 号龛天授二年（691 年）像③（图 36）。业道像均形似小跏趺坐禅定印佛像，在造像组合上见有单身业道像，双身、四身、六身、七身、十身、五十身等复数身业道像，以及与阿弥陀佛、药师佛、观世音菩萨像组合等多种形式④。在造像目的方面，多数业道像施主祈求平安与病愈，与一般菩萨信仰没有明显区别。但初唐王梵志诗有"生即巧风吹，死须业道过""平生不造福，死被业道收"等句⑤，可见业道神祇大概具有审判亡者灵魂职能，关联佛教因果业报思想。如尼恩恩一样为亡父母造像还见于 669 号窟 13 号、52 号龛像，应该有祈愿亡者顺利通过冥间审判的用意。

图 35　洛阳龙门 403 号窟窟门
左壁龛像（笔者摄）

图 36　洛阳龙门 522 号窟前庭
后壁 14 号龛像（笔者摄）

---

① 除尼恩恩造像外，还有 669 号窟 2 号、8 号、18 号龛三例单身业道像，669 号窟 13 号龛阿弥陀佛、药师佛、业道并观世音菩萨组合像，1387 号窟右壁 15 号龛四身业道像，669 号窟 12 号龛六身业道像，522 号窟前庭后壁 5 号、14 号、669 号窟 52 号龛三例七身业道像，669 号窟 52 号龛十身业道像，403 号窟窟门左壁龛五十身业道像，404 号窟窟门左壁龛复数身业道像。
② 该龛题记："垂拱二年（686 年）五月十五日，夏侯为全家大小造业道像五十区，愿一切含生离苦解脱。"前引刘景龙、李玉坤：《龙门石窟碑刻题记汇录》，第 102 页。
③ 该龛题记："天授二年（691 年）二月廿日，比丘僧玄杲为兄玄操敬造业道像七躯。"前引刘景龙、李玉坤：《龙门石窟碑刻题记汇录》，第 125 页。
④ 669 号窟 13 号像题记："雍州庆山县姚思敬奉为亡过七代及亡父母，敬造阿弥陀佛、药师佛、业道像、救苦菩萨。"前引刘景龙、李玉坤：《龙门石窟碑刻题记汇录》，第 242 页。按庆山县隋代名新丰，唐垂拱二年（686 年）因县东南有山涌出，改称庆山，神龙元年（705 年）复称新丰，天宝年间又屡历会昌、昭应等行政区划。参见前引刘昫：《旧唐书》卷 38《地理志》，第 1396 页；[宋] 欧阳修、宋祁：《新唐书》卷三七《地理志》，北京：中华书局，1975 年，第 962 页；前引司马光：《资治通鉴》卷二○三《则天顺圣皇后》，第 6442 页。可知该龛像应造于垂拱二年（686 年）至神龙元年（705 年）之间。
⑤ [唐] 王梵志撰，项楚校注：《王梵志诗校注》，上海古籍出版社，2010 年，第 97、198 页。

另外，1228 号窟左壁右侧上下各雕刻七身小跏趺坐禅定印像与一身地藏像，难以确定是地藏与七佛的组合，还是地藏与七身业道像的组合。

其二，883 号窟 19 号龛裴罗汉造地藏、十一面观世音、观世音菩萨组合像（图 37）。主尊十一面观世音像头部残损，上身袒裸，下身穿裙，身挎帔帛，左手下垂持水瓶，右手上举，身材修长，与西安七宝台武周朝十一面观世音像造型有相似之处。十一面观世音是观世音菩萨的一种，属于杂部密教陀罗尼信仰，流行于唐高宗朝以后。北周耶舍崛多译《佛说十一面观世音神咒经》、初唐玄奘译《十一面神咒心经》、盛唐不空译《十一面观自在菩萨心密言念诵仪轨经》等经典，称十一面观世音菩萨神咒具有祛除罪恶、增广福乐等各种利益。该龛像施主祈求己身平安，并希望以此功德除灭罪业，与相关佛经记载供养功德相符。垂左腿坐地藏、立姿观世音作左、右胁侍表现，体量远远小于主尊像。与地藏、观世音作佛陀胁侍表现一样，此种组合形式也不见于佛经记载，应是为了强化救济功能而将三者组织在一起。

其三，159 号窟前壁 5 号龛王君雅造阿弥陀佛并观世音、大势至、日光、月光、地藏、药王六菩萨像（图 38）①。主尊阿弥陀佛穿双领下垂袈裟，跏趺坐于圆形束腰座上，左手施无畏印。两侧各胁侍三尊立菩萨。其中观世音、大势至菩萨作为阿弥陀佛胁侍见于佛经记载，日光、月光菩萨在佛经中则是药师佛胁侍菩萨，至于地藏和药王菩萨，则未见有佛经将二者作为某佛陀胁侍记载。阿弥陀佛与这六尊菩萨像的组合应是施主为求诸菩萨合力救度、往生西方净土而进行的随意表现。

图 37　洛阳龙门 883 号窟 19 号　　　　图 38　洛阳龙门 159 号窟前壁 5 号龛像（采自
龛像（笔者摄）　　　　　　　　《宾阳洞：龙门石窟第 104、140、159 窟》，图 134）

其四，1387 号窟前壁 5 号龛三立菩萨像，题记仅存地藏、观世音菩萨名号，余下一尊像尊格不明。

最后，龙门 1045 号龛（图 39）、1699 号龛（图 40）、1280 号奉先寺摩崖像龛后壁 11 号龛等（图 41），均雕刻有垂一腿坐、着袈裟比丘像，没有尊格题记，但与邯郸、广元、巴中一带所见初盛唐地藏

① 刘景龙：《宾阳洞：龙门石窟第 104、140、159 窟》，北京：文物出版社，2010 年，图 134。

像造型接近，也应是地藏表现，1280号奉先寺摩崖像龛后壁11号龛像应为地藏、观世音组合。这种造型的地藏像在龙门所见寥寥，可能是受其他地区造型影响而产生的非主流样式。龙门166号龛内雕刻立姿穿袈裟地藏像（图42），且与诸道人物连带表现。此类图像内涵丰富，宜另文探讨①。

图39　洛阳龙门1045号龛内左胁　　　　图40　洛阳龙门1699号　　　　图41　洛阳龙门1280号奉先寺摩崖像
　　　侍像（笔者摄）　　　　　　　　　　　龛像（笔者摄）　　　　　　　　　龛后壁11号龛像（笔者摄）

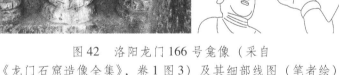

图42　洛阳龙门166号龛像（采自
《龙门石窟造像全集》，卷1图3）及其细部线图（笔者绘）

二　文献所见初唐地藏菩萨像

　　记载初唐及以前地藏菩萨像相关事情的文献，可以弥补早期图像佚失之憾，还可与现存地藏像相互参证，亦可资地藏信仰研究参考，史料价值不应小觑。学界对部分文献已不陌生②，但往往仅做简单翻

---

① 依据地藏菩萨与诸道人物连接形式，可将此类图像划分为云朵式、线条式、云朵与线条综合表现三种形式。参见拙作《美国哥伦比亚大学藏初唐S4426号造像碑图像分析》（待刊）、《五道神系列图像解析》（待刊）。

② 前引庄明兴：《中国中古的地藏信仰》，第26、27页；前引Zhiru：*The Formation and Development of the Dizang Cult in Medieval China*，pp.86，87；前引肥田路美：《关于四川地区的地藏、观音并列像》，第531~534页；前引王惠民：《唐前期敦煌地藏图像考察》，第19页；前引尹富：《中国地藏信仰研究》，第67~71、132、133页。

译，没有进行细致解析，相关认识仍然片面、模糊，甚至有所误解，有必要再加研读。

（一）文献基本情况

相关文献主要有以下两类。

其一，唐总章元年（668 年）道世辑撰《法苑珠林》卷十四《感应缘》："唐益州郭下法聚寺画地藏菩萨，却坐绳床垂脚，高八、九寸，本像是张僧繇画。至麟德二年（665 年）七月当寺僧图得一本，放光乍出乍没，如似金环，大同本光。如是展转图写，出者类皆放光。当年八月敕追一本入宫供养。现今京城内外道俗画者供养并皆放光，信知佛力不可测量。家别一本，不别引记。"① 这是所见最早的地藏像相关文献。北宋端拱二年（989 年）常谨辑《地藏菩萨像灵验记》之《唐法聚寺画地藏放光记》内容与上文基本相同②，应是从之抄录而来。

其二，前揭《地藏菩萨像灵验记》之《梁朝善寂寺画地藏放光之记》（以下简称《放光记》）："梁朝汉州德阳县善寂寺东廊壁上，张僧繇画地藏菩萨并观音各一躯，状若僧貌，敛披而坐，时人瞻礼，异光焕发。至麟德元年（664 年）寺僧瞻敬，叹异于常，是以将口亲壁上模写，散将供养，发光无异，时人展转模写者甚众。麟德三年（666 年）王记赴任资州刺史，常以模写，精诚供养。同行船十艘，忽遇风顿起，九艘没溺，遭此波涛唯王记船更无恐怖，将知菩萨弘大慈悲，有如是威力焉。至垂拱三年（687 年）天后闻之，勅令画人摸写，放光如前，于同（内）道场供养。至于大历元年（766 年）宝寿寺大德于道场中见光异相，写表闻奏，帝乃虔心顶礼赞叹其光，菩萨现光时国常安泰。复有商人妻妊娠经二十八月不产，忽覩光明，便摸写，一心发愿于菩萨，当夜便生一男，相好端严，而见者欢喜。举世号放光菩萨矣。"③ 非浊 11 世纪初辑《三宝感应要略录》之《梁朝汉州善寂寺观音、地藏画像感应》内容与此文基本一致④，本稿关注辑成时间更早的《放光记》。

上述两类文献记载了两种灵应地藏图像相关事情。需要说明，撇去不可思议的灵应现象不谈，《感应缘》所载麟德二年（665 年）事情发生于《法苑珠林》成书时间前夕，可信度高。相对的，《放光记》所载内容因距《地藏菩萨像灵验记》成书时间久远，又非正史，其真实性难免令人生疑。然而考虑到此文为全著开篇之作，其后紧接抄录自《感应缘》内容，推测《放光记》可能也参考了早期文献，且此文在后世又屡被抄录，影响较大，应该予以重视，但为避免过度解读，本稿仅以之为次要参考。

所幸，初唐王勃撰《益州德阳县善寂寺碑文》（以下简称《碑文》）存有善寂寺壁画放光事件的简要记述⑤，并勾勒出善寂寺历史沿革，可与《放光记》参互。可惜此文没有被相关学者发现，以致部分

---

① ［唐］释道世著，周叔迦、苏晋仁校注：《法苑珠林校注》，北京：中华书局，2003 年，第 488 页。
② 《卍新纂大日本续藏经》第 87 册，第 588 页。
③ 《卍新纂大日本续藏经》第 87 册，第 588 页。
④ 《大正藏》第 51 册，第 853 页。有学者指出，《三宝感应要略录》为日本平安末期日人所作，而非出自非浊。若如此，《三宝感应要略录》的辑成年代将晚至 11 世纪末。吴彦、金伟：《关于〈三宝感应要略录〉的撰者》，《佛学研究》2010 年总第 19 期，第 161～172 页。
⑤ 唐代德阳县历属益州、汉州。［唐］李吉甫：《元和郡县图志》卷三十一《剑南道》："德阳县，……武德三年（620 年）复置，属益州，垂拱二年（686 年）割属汉州。"北京：中华书局，1983 年，第 778 页。

关键问题始终得不到解决。其文曰：

　　……善寂者，盖旧寺之余趾，梁武帝之所建也。……洎苍鹅上击，铜马交驰，祇园兴版荡之悲，沙界积沦骨之痛。火炎昆岳，高台与雁塔俱平，水浸天街，曲岸与猴池共尽①。……贞观御宸，奉文物于三天，布声名于十地。……俄而桂庭搆疠，椒房穆卜，六宫震恐，三灵愕贻。……帝廼降监回虑，屏壁与珠。追胜迹于灵关，事良缘于福地。爰纡圣绲，重启禅宫②。……于是林衡授矩，周官诠揆日之工，梓匠挥斤，荆客练成风之巧。重楣画栱，坐出天霄，复树文闿，俛临电宇。显庆中，县令萧君道弘理钩绳于日用，凭藻缋于天成。仙官之妙匠可寻，卢舍之神模不坠。……时又于佛堂东壁画二圣僧，丹青未毕，大启神光。……由是岷英蜀秀，攀将序以云趋，带鹭裙鸾，仰斋庭而雾合。③

（二）图像具体内容

上述文献有助于解释唐高宗朝后期地藏造像、信仰兴盛情况及某些具体特征。以下详析史载画像及其与现存造像的关系。

1. 原本作者

《感应缘》《放光记》均称灵应图像原本出自南朝梁之著名画师张僧繇，这意味着早在南朝时期就已存在地藏像。笔者以为这恐是时人美化图像声誉的附会之说，前辈学者亦多持不以为然态度，但没有进行实质性的考证工作。

考察图像原本所在地，《感应缘》之益州法聚寺，初唐文献记载其为隋文帝时蜀王杨秀建造④，不应该存有南朝画迹。寺内有隋仁寿元年（601年）所建舍利塔，常作为杨秀延请高僧驻锡之所⑤。除放光地藏像外，寺内还多有灵应事件发生⑥。至于《放光记》之德阳县善寂寺，由《碑文》可知其确实创

---

① 意指善寂寺毁于唐代之前乱世。"苍鹅"典出《晋书》卷二十八《五行志》，为五胡乱华先兆，"铜马"典出《后汉书》卷一《光武帝本纪》，为新莽末起义军别称，二者均指称乱世。

② 贞观十年（636年），唐太宗下诏修复包括善寂寺在内的众多废寺，为重病的文德皇后祈福。[清]陆心源：《唐文拾遗》卷五十《大唐郿县修定寺传记》："至贞观十年（636年）四月勑为皇后虚风日久，未善痊除，修复废寺以希福力，天下三百九十二所佛事院宇并好山水形胜有七塔者，竝依旧名置立。"北京：中华书局，1983年，第10938页。

③ 前引李昉：《文苑英华》卷八五一《益州德阳县善寂寺碑》，第4493～4495页。

④ [唐]法琳：《辩正论》卷四《十代奉佛》："隋蜀王秀，益州造空慧寺、法聚寺、大建昌寺、供养孝敬寺。"《大正藏》第52册，第518页；[唐]道宣：《续高僧传》卷二十八《隋京师经藏寺释智隐传》："仁寿创福，勑送舍利于益州之法聚寺，寺即蜀王秀之所造也。"北京：中华书局，2014年，第1086页。

⑤ 前引道宣：《续高僧传》卷二十二《唐益州龙居寺释智诜传》："益州总管蜀王秀奏请（智诜）还蜀，王自出迎，住法聚寺，道俗归崇。"第848页；前引道宣：《续高僧传》卷二十七《隋益州长阳山释法进传》："（蜀王杨秀）令（法进）往法聚寺停。……后更召入城，王遥见即礼。"第1055页。由此还可知法聚寺不在益州内城中，《法苑珠林》称法聚寺在益州郭下，大概属实。

⑥ [唐]道宣：《广弘明集》卷十七《舍利感应记》："（仁寿元年〔601年〕）益州于法聚寺起塔，天时阴晦，舍利将下日便朗照，始入函云复合。"《大正藏》第52册，第216页；[宋]赞宁：《宋高僧传》卷二十九《唐成都府法聚寺员相传》："……龙朔元年（661年）（员相）有疾而终于此寺（法聚寺），将启手足，房内长虹若练而飞上天，寺塔铃索无风自鸣，其大门屋壁画剥落，每夜有鼓角声，经百余日方息，从此鸟雀不栖其屋。"北京：中华书局，1987年，第719页。

建于梁武帝时期，但之后遭到破坏，唐贞观十年（636 年）为文德皇后祈福而重新营建之，有放光灵应的壁画则创作于唐高宗朝。

2. 摹本流传线索

《感应缘》《放光记》所载灵应图像摹本流传过程，均有寺僧首次摹写与摹本入宫供养两个环节，分别为灵应事件的开端与高潮，勾勒出灵应图像由四川至宫城的传播路径，揭示了风靡于时的地藏像摹写供养情况。此外，《放光记》还载有资州刺史、宝寿寺僧、商人妻等人摹写供养事情，更为丰富。两种图像首次被摹写的时间大致相当，分别为麟德二年（665 年）七月和麟德元年（664 年）。龙朔、麟德年间，祥瑞频现，益州尤甚，正准备东巡封禅的高宗、武后应该以此为荣①。益州法聚寺和德阳县善寂寺此时段发生灵应事件，并为举国上下所宣扬，符合时代潮流。此两种图像摹本入宫供养时间差距较大，前者为麟德二年（665 年）八月，此时高宗、武后正在东都洛阳准备东巡封禅②，应景的灵应图像有可能被供养于东都内道场。后者为垂拱三年（687 年），据初次显灵已有 23 年之久，时值武太后掌权，神都洛阳为实际意义上的国家首都，灵应图像有可能也被供养在神都内道场中。

如前文所述，洛阳龙门、彬县大佛寺地藏及其各种组合像基本流行于唐高宗朝后期至武周朝，当然，这与两地唐代全体造像发展轨迹基本一致，但不免让人联想，地藏造像高潮期是否与灵应图像传入有关，学界对此已有察觉③。但被学界忽略的是，前述龙门 188 龛地藏及其组合像，其中多达 33 龛开凿在 543 号窟（万佛洞）内及其前庭壁面，形成龙门密度最大的地藏像聚集区。543 号窟开凿于永隆元年（680 年），内道场智运禅师为其主要施主，窟内外补刻的地藏像施主应该与内道场有些关系，甚至可能也是内道场成员，或许因为对供奉于内道场的灵应图像怀有虔敬之心，故选择在此处雕刻地藏像。

3. 组合与造型

《感应缘》之灵应图像应该是单尊地藏像。《放光记》称灵应图像是地藏、观世音组合像，《碑文》相应记述则为"二圣僧"像，因此存在两种可能情况：一是图像原本尊格为圣僧，后世误传其为地藏、观世音菩萨；二是图像尊格确实为菩萨，《碑文》内容仅是在描述其面貌，而非其身份。综合考虑后世文献记载和现存图像状况，笔者以为后一种情况可能性更大一些。如前文所述，单尊地藏像和地藏、观世音组合像，是现存初盛唐地藏相关造像中最常见的两种形式，造像兴盛情况与灵应图像的流行或许不无关系。

《感应缘》之地藏菩萨像呈垂脚坐姿，《放光记》之菩萨像呈坐姿、僧貌，学界常疑惑"僧貌"是单指地藏菩萨，还是兼指观世音菩萨。笔者以为，既然《碑文》称之为"二圣僧"，则《放光记》之地

---

① 前引刘昫：《旧唐书》卷四《高宗本纪》："（显庆六年〔661 年〕）二月乙未，以益、绵等州皆言龙见，改元（龙朔），曲赦洛州。……（龙朔三年〔663 年〕）冬十月丙申，绛州麟见于介山，丙午，含元殿前麟趾见。……（同年）十二月庚子，诏改来年正月一日为麟德元年。"第 81、85 页。

② 前引刘昫：《旧唐书》卷四《高宗本纪》："（麟德）二年（665 年）春正月壬午，幸东都。……（同年）冬十月戊午，皇后请封禅，……丁卯，将封泰山，发自东都。"第 86、87 页。类似记述见于前引欧阳修、宋祁：《新唐书》卷三《高宗本纪》，第 64 页。

③ 前引尹富：《中国地藏信仰研究》，第 67 ~ 71、132、133 页。

藏、观世音菩萨均应为僧貌。关于菩萨姿势，由现存地藏像垂一腿坐姿势可知，灵应图像很可能也为垂一腿坐。在菩萨面貌上，《放光记》和《碑文》记述的僧貌地藏像流传至今，是四川、敦煌、河北等处现存地藏像的一般化表现，但僧貌地藏与僧貌观世音组合像后世似仅见于北宋文献记载①，现存此类组合像中观世音则基本作菩萨装。

4. 材质与体量

灵应图像原本均为寺庙壁画，摹本也多为绘画作品，但洛阳、关中地区初盛唐时期地藏画像均已不存，现存者大多为石刻造像。彬县大佛寺千佛洞中心柱左壁 19 号龛高叔夏造地藏像题记对此做出了解释："大周圣历元年（698 年）四月八日，给事郎行幽州新平县丞高叔夏于应福寺造埊藏菩萨两躯。……将恐丹青遗像经岁年而湮灭，所以刻石甄形，期于永固，镂金为字，庶之无穷。"据此可知，施主有可能以灵应地藏画像为粉本，出资雕造石刻像，以期长久保存。

《感应缘》记述益州法聚寺地藏像仅高八九寸，《地藏菩萨像灵验记》之《唐法聚寺画地藏放光记》具体记述其为八寸六分，即不超过 30 厘米，摹本大小亦应相当。小尺寸的灵应图像容易被摹写传布，从而快速流行开来。前述龙门、彬县初盛唐地藏像体量普遍偏小，这种情况的形成，除施主财力、造像空间条件等影响因素之外，亦应考虑粉本尺寸小的缘故。

5. 灵应现象

《感应缘》《放光记》《碑文》所载图像灵应现象均以放光为主，这与地藏相关经典内容和现存造像情况有所关联。

《大方广十轮经》《大乘大集地藏十轮经》强调地藏所持宝珠放光带来种种利益②。祥瑞制造者以放光作为地藏图像灵应方式，似乎与上述经典记载有关。在实际造像活动中，前述龙门 159 号窟前壁 5 号龛初唐造像题记"敬造阿弥陀佛一龛及六菩萨，……愿地藏菩萨照耀及诸菩萨诚于众生"，彬县大佛寺千佛洞东门柱右壁 123 号龛武周长寿三年（694 年）李乘基造地藏像题记"夫以提耶妙说法声应而降魔，如意宝珠神光触而除恶"，敦煌藏经洞出土北宋建隆四年（963 年）地藏绢画题记"金锡振动，地狱生莲，珠耀迷途，还同净土"等，均强调地藏或其所持宝珠放光利益神迹。另外，咸亨元年（670 年）崔善德造像碑阴上部地藏像、四川巴中南龛盛唐 25 号龛地藏像、敦煌藏经洞出土晚唐至北宋初地藏画像等，着意刻画菩萨头光、身光，引人注目。推测放光灵应故事与经典内容一起影响了相关图像造作。《放光记》图像灵应现象更为多样，有放光、免灾、助产神迹，甚至可以预言国家祸福，显示出后世信

---

① ［宋］惠洪：《石门文字禅》卷十八："高安龚德庄出画轴，有二比丘像，皆梵帔相好，上有化佛，下布两花，熟视之有光影灭没，如日在苍苍凉凉之间，于是大惊自失。德庄曰，始僧繇画于汉州，德僧摸之亦有光，……垂拱三年（687 年）则天迎置内道场，光尤猖狂。……今朝治平丁未（治平四年〔1067 年〕），嘉禾陈舜俞令举为湖州获之，作赞藏为家宝。政和六年（1116 年）春献于京师，有诏摸传禁中，而光犹益奇变，京师争售之，画工致富者比屋。然传以为地藏、观音之像，当有据耶，余曰是观世音、得大势至像也。"网络版《四部丛刊 09 增补版》初编集部，第 161444 页。据此知传德阳县善寂寺灵应图像在北宋时又有所流行，且在僧貌地藏、僧貌观世音像之上另表现化佛，但时人对二菩萨尊格已有争议。

② 前引失译者《大方广十轮经》卷一《序品》，《大正藏》第 13 册，第 681 页；前引玄奘译：《大乘大集地藏十轮经》卷一《序品》，《大正藏》第 13 册，第 721、722 页。

众的地藏信仰热情。

（三）余　论

宣扬地藏信仰的失译者《大方广十轮经》见于隋代经录，并为隋代三阶教大力宣扬，可知汉地地藏信仰至晚应流行于隋代，而现存纪年最早的地藏像则已晚到唐高宗朝。为了解这之前地藏造像情况，下述文献受到学界重视。

初唐道宣撰《续高僧传》卷二八《隋中天竺国沙门阇提斯那传》："阇提斯那住中天竺摩竭提国，学兼群藏，艺术异能，通练于世。……以仁寿二年（602 年）至仁寿宫。……正逢天子感得舍利，诸州起塔，天祥下降，地瑞上腾，前后灵感将有数百，阇国称庆，佛法再隆。……上问：'今造灵塔遍于诸州，曹、陕二州特多祥瑞，谁所致耶？'答曰：'陕州现树，地藏菩萨，曹州光华，虚空藏也。'……见《感应传》。"①

可知隋文帝仁寿二年（602 年）再分舍利于诸州起塔供养时，陕、曹二州频现祥瑞，阇提斯那认为祥瑞的制造者是地藏和虚空藏菩萨。然而，就"陕州现树，地藏菩萨"这句话，美国学者 Zhiru（智如）解读为隋文帝时陕州存在"树形的"地藏（像）②，中国学者普遍解读为隋文帝时陕州"树立"起了地藏像③，又考虑到此文引自隋代《感应传》，较为可信，据此称地藏像至晚出现于隋文帝朝陕州地区。陕州地处长安、洛阳之间。

前辈学者的上述认识恐怕并不妥当。若依前人将"树"字作形容词或动词理解，则无法释读其后对仗句"曹州光华，虚空藏也"。笔者以为，"树"字应作名词解读，"陕州现树"实际应指陕州舍利函四面各显现一双娑罗树形象，该祥瑞事件在隋代安德王杨雄撰《庆舍利感应表》中有明确记载，此文载录于初唐道宣辑撰《广弘明集》：

> 陕州舍利从（隋仁寿二年〔602 年〕）三月十五日申时至四月八日戌时，合一十一度见灵瑞，总有二十一事。……四月七日巳时，欲遣使人送放光等四种瑞表。未发之间，司马张备共崤县令郑干意、阌乡县丞赵怀坦、大都督侯进、当作人民侯谦等，至舍利塔基内石函所检校，同见函外东面石文乱起，其张备等怪异，更向北面，虞意以衫袖拂拭，随手向上，即见娑罗树一双，东西相对，枝叶宛具，作深青色。俄顷道俗奔集。复于西面外以水浇洗，即见两树叶有五色，次南面外复有两树，枝条稍直，其叶色黄白，次东面外复有两树，色青叶长。其四面树下并有水文。④

① 前引道宣：《续高僧传》，第 1087 页。
② 前引 Zhiru：*The Formation and Development of the Dizang Cult in Medieval China*，pp. 84～87.
③ 陈佩妏：《唐宋时期地藏菩萨像研究》，四川大学硕士学位论文，2006 年，第 79 页；姚崇新：《张总著〈地藏信仰研究〉》，《艺术史研究》2006 年总第 8 辑，第 507～513 页；前引尹富：《中国地藏信仰研究》，第 73～75 页；白文：《关中隋唐佛教艺术研究》，西安：陕西师范大学出版社，2012 年，第 327 页。
④ 《大正藏》第 52 册，第 220 页。

陕州舍利函上的娑罗树瑞像还被摹写入长安供养①，引发很大轰动，势必引起阇提斯那等僧人注意。因此，当阇提斯那被隋文帝问及祥瑞来由时，以"陕州现树，地藏菩萨"作答，应当解读为"陕州舍利函上显现的娑罗树瑞像，是地藏菩萨所赐"。后一句"曹州光华，虚空藏也"则指曹州祥光事件出自虚空藏菩萨②。"虚空藏"与"地藏"在字义上对仗，虚空藏菩萨还是地藏相关经典的护持者③，二者关联密切。

需要思考的是，因供养舍利而发生的祥瑞事件，为何被归功于地藏和虚空藏菩萨？而且，这种认识出自中天竺高僧阇提斯那，也许代表当时佛教精英阶层的认知。将舍利瘗埋活动与释迦佛涅槃思想关联考虑，可能容易理解这个问题。信众通过瘗埋、供养舍利等行为，加深了对释迦佛涅槃的认识，故而在舍利函入塔时信众纷纷"悲号"④，如同感伤释迦佛逝世一般，而地藏带来的祥瑞图像恰恰是释迦佛涅槃的标志物娑罗树。信众声称地藏、虚空藏在时人供养舍利、感伤释迦佛涅槃时显灵降瑞，大概体现着人们渴望在释迦佛涅槃后的无佛时代得到地藏等菩萨救度的心情，这正是地藏相关典籍宣扬的重要思想。此则文献透露出隋及初唐地藏信仰的某些特征，但并非早期地藏像记载，初唐以前的地藏像仍难以寻觅。

三　小　结

洛阳龙门石窟、彬县大佛寺石窟各见有 189 龛、24 龛地藏菩萨像。龙门造像可分为主尊地藏，地藏、观世音组合，地藏（或地藏并观世音）、佛陀组合三种主要形式，并见有双地藏与七业道组合、地藏与十一面观世音组合等其他形式。彬县造像可分为主尊地藏，以及地藏、观世音、佛陀组合两种形式。本稿分别讨论了各种组合像的体量、时空分布等基本情况，以及造型特征、施主身份及其造像目的等具体内容。

具体来看，龙门造像体量普遍偏小，绝大多数龛高在 40 厘米以下，彬县造像体量稍大于龙门。龙门主尊地藏像基本分布在西山 669 号窟以北区域，流行于唐高宗朝后期，地藏、观世音组合像聚集在 543 号窟及其附近、712 号窟及其附近，522 号窟至 712 号窟为地藏（或地藏并观世音）、佛陀组合像的密集分布区，后两种组合像流行于高宗朝末至武周朝前后。彬县造像则基本开凿在千佛洞中，流行于武周朝。在造型特征上，龙门地藏像存在注重肌体刻画和兼顾服饰表现两种造型倾向，持物与一般菩萨像无

---

① 前引道宣：《广弘明集》卷十七《庆舍利感应表并答》："京城内胜光寺模得陕州舍利石函变现瑞像娑罗双树等形相者，仁寿二年（602 年）五月二十三日已后在寺日日放光，连连相续，缘感即发，不止昼夜。城治道俗远来看人归依礼拜，阗门塞路，往还如市。……其城内诸寺、外县诸州以绢素模将去者，或上舆放光，或在道映照，或至前所开朗现朗，光光色别，随见不同。"《大正藏》第 52 册，第 220 页。

② 前引道世：《法苑珠林校注》卷四十《庆舍利感应表并答》："曹州，光变最繁。"第 1282 页。

③ 前引玄奘译：《大乘大集地藏十轮经》卷十《获益嘱累品》："尔时世尊告虚空藏菩萨摩诃萨言，'善男子，吾今持此地藏十轮大记法门付嘱汝手，汝当受持，广令流布。'……时虚空藏菩萨摩诃萨白佛言，'唯然世尊，我当受持如是法门，广令流布。'"《大正藏》第 13 册，第 776 页。

④ 前引道宣：《广弘明集》卷十七《庆舍利感应表并答》："四月八日午时欲下舍利，于时道俗悲号。"《大正藏》第 52 册，第 220 页。

明显区别，足踏台有带茎莲蓬和无茎圆台两种样式，彬县地藏像肌体刻画方式则与所穿袈裟式样有关。在施主身份和造像目的方面，龙门造像施主以平民为主，彬县施主则多为官员，两地主尊地藏像，以及龙门地藏、观世音组合像多为祈求菩萨救济所造，龙门地藏（或地藏并观世音）、佛陀组合像造像目的则与净土信仰关联。

史载初唐地藏像主要为出自四川法聚寺、善寂寺的两种放光灵应图像。本稿进一步梳理、扩充、澄清了文献内容，认为图像原本作者并非张僧繇，图像摹本流传时间、路径，图像组合、造型、材质、体量等具体表现，以及图像灵应现象等方面情况与现存造像存在联系。此外，本论显示，"陕州现树，地藏菩萨"并非地藏图像史料。

　　附记：导师李静杰教授惠赐颇多图片资料，又耐心指教；加拿大英属哥伦比亚大学孙明利博士、北京服装学院齐庆媛副教授全力组织龙门石窟考察；龙门石窟研究院余江宁院长，以及张乃翥、焦建辉等诸位师长，为笔者一行实地考察提供便利。笔者谨致衷心谢忱！

附表

洛阳龙门与彬县大佛寺石窟初盛唐地藏菩萨及其组合像一览表

组合形式		窟龛编号
主尊地藏菩萨像	单身地藏菩萨像	龙门：＊＊159号窟后壁2号龛、＊＊159号窟左壁116号龛、＊＊159号窟内小龛（李□静造像，发号不明）、＊＊304号窟左壁右上方龛、＊＊362号窟后壁左侧龛、＊362号窟前庭右侧龛、＊522号窟后壁右侧龛、＊542号窟前庭左侧龛、＊542号窟前庭后壁28号龛、＊＊543号窟后壁左下方龛、＊543号窟后壁1号龛、＊543号窟前庭左壁17号龛、＊543号窟前庭左壁21号龛、＊557号窟门右壁6号龛、＊565号窟主尊台座右壁龛、＊669号窟前庭17号龛、＊669号窟88号龛、＊868号龛、＊1069号塔窟门右壁龛、＊1192号窟后壁46号龛、＊1387号窟前庭后壁10号龛、＊1453号窟右壁6号龛、＊2059号龛、45号塔龛、159号窟左壁108号龛、403号窟前壁右上方龛、542号窟前庭左壁上方龛、543号窟左壁8号龛、543号窟门左壁中部龛、543号窟左侧狮龛内左壁、543号窟前庭左壁30号龛（共4龛）、543号窟前庭左壁上方龛、543号窟前庭左壁31号龛、543号窟前庭左壁36号龛、543号窟前庭右壁17号龛、555号窟前庭右壁9号左下方龛、555号窟前庭后壁10号龛、555号窟前庭后壁18号龛、557号窟前庭后壁龛、559号窟后壁右上方龛、565号窟右壁上方龛、566号窟右壁右上方龛、566号窟右壁左下方龛、568号窟前庭左壁上方龛、578号窟后壁右上方龛、613号龛、669号龛、712号窟右壁62号、853号龛、969号龛、1069号窟左壁右侧龛、1070号窟门左壁左侧龛、1192号窟右壁、1422号窟左壁左侧龛、1496号窟左壁上方龛、1496号窟中上方龛、1496号窟左壁上方龛、1504号窟、1703号窟前庭左壁下方龛、1798号窟前庭后壁右侧龛、1850号窟前庭右侧龛、1896号窟左上方龛、1896号窟前庭左壁5号下方龛、1912号窟前庭后壁右侧龛、1912号窟门左壁龛、2214号窟前庭右壁右侧龛 彬县：千佛洞中心柱左壁14号龛、千佛洞中心柱右壁35号龛、千佛洞窟室左壁59号龛、千佛洞窟室右壁116号龛、千佛洞东门柱127号龛、千佛洞东门柱后壁129号龛、千佛洞东门柱后壁130号龛、千佛洞东门柱后壁131号龛、千佛洞东门柱134号龛、千佛洞东门柱后壁135号龛、千佛洞西门柱后壁155号龛、千佛洞西门柱162号龛、千佛洞西门柱门后壁163号龛、罗汉洞门右壁27号龛
	复数身地藏菩萨像	龙门：＊＊543号窟门右壁1号龛、＊543号窟前庭后壁11号龛、＊557号窟前庭后壁11号龛、＊644号龛、543号窟前庭后壁1号龛、543号窟前庭左壁27号右下方龛、557号窟右壁4号龛、1443号窟左壁206号龛 彬县：＊＊千佛洞中心柱左壁19号龛、＊＊千佛洞中心柱右壁32号龛、＊千佛洞中心柱右壁123号龛、千佛洞中心柱左壁115号龛、千佛洞窟室右壁118号龛、千佛洞窟室左壁65号龛、千佛洞窟室右壁119号龛

组合形式	窟龛编号
地藏、观世音菩萨组合像	龙门：**404号窟前庭右壁右侧龛，**543号窟前壁13号龛，*543号窟前庭左壁11号龛，**543号窟前庭门左壁8号龛，**555号窟前庭门右壁龛，*557号窟右壁12号龛，*566号窟左壁下方龛，**1453号窟前庭后壁18号龛，*1086号龛，*1896号窟前庭左壁2号上方龛内右壁龛，543号窟左壁下方龛，543号窟前庭右壁19号下方龛，555号窟门侧狮内左壁龛，555号窟右壁龛，712号窟右壁46号上方龛，566号窟左壁上方龛，578号窟前庭右侧龛，669号窟237号龛，669号窟前庭右上方龛，1041号上方龛，1024号龛，1045号窟左壁上方龛，747号龛，748号左壁下方龛，751号右壁龛，755号左壁龛，757号左壁侧龛，760号右侧龛，1312号窟前庭后壁右侧龛，1365号窟门右侧龛，1394号窟前庭左壁5号左侧龛，1429号窟前庭左壁3下方龛，1931号窟前庭左壁右侧龛，1896号窟门右壁龛，1071号窟右壁上方龛，2062号窟6号龛，2094号窟门左壁龛
地藏（或地藏并观世音），佛陀组合像　主尊阿弥陀佛	龙门：**522号窟前庭右侧龛，**543号窟前壁8号龛，**543号窟前壁19号龛，*543号窟前庭左壁20号龛，**543号窟前庭左壁8号龛，**953号龛，*1034号窟前庭左壁4号龛，**2092号窟，566号窟右壁左上方龛，578号窟前壁8号龛，**1358号窟，1070号窟前庭门左壁右侧龛，1193号窟左壁右侧龛，1244号龛，1453号窟右壁2号上方龛，732号窟右侧龛，669号窟前庭右侧龛，709号下方龛，267号龛，1311号龛，1593号龛
主尊药师佛	龙门：**543号窟前庭左壁29号龛，*557号窟右壁19号龛，543号窟左壁5号龛，563号窟，568号窟前庭后壁下方龛，665号窟前庭后壁右侧龛，1504号龛
彬县	彬县：千佛洞窟左壁69号龛，千佛洞洞中心柱左壁16号龛
主尊弥勒佛	龙门：**543号窟左壁11号龛，**601号龛，*1445号下方龛，522号窟后壁右侧龛，1069号窟5号龛，1354号龛，1504号窟左壁右侧龛
主尊不明尊格佛	龙门：**543号窟前庭右壁23～25号龛，*712号窟左壁62号下方龛，330号龛，555号窟左壁8号龛，557号窟前庭后壁5号龛，559号窟右壁右侧龛，572号窟前壁右侧龛，596号窟门右壁龛，804号下方龛，831号窟，1047号窟右壁上方龛，1601号窟，1602号龛，1610号龛，2190号龛
主尊复数身佛	龙门：**565号窟右壁中部龛，1070号窟后壁右侧龛，1197号窟后壁右侧龛，1426号龛，1896号窟前庭左壁2号上方龛，1954号龛，2155号龛

续附表

组合形式	窟龛编号
地藏菩萨其他组合像	龙门：＊159 号窟前壁左壁 5 号龛、＊＊883 号窟 19 号龛、＊1387 号窟前庭后壁 1 号龛、＊1931 号窟前庭后壁 5 号龛、1228 号窟左壁右侧龛

注：龙门窟龛编号采自前引刘景龙、杨超杰《龙门石窟总录》，彬县窟龛编号采自前引常青《彬县大佛寺造像》。窟龛编号前标注"＊"，表示其为具题记造像；窟龛编号前标注"＊＊"，表示其为具地藏尊格题记造像。

篇幅所限，龙门题记内容敬请参见前引刘景龙、杨超杰《龙门石窟总录》，李玉坤《龙门石窟碑刻题记汇录》，刘景龙、杨超杰《龙门石窟总录》①；彬县题记内容参见前引常青《彬县大佛寺造像》。

① 笔者经现场考察、拓片校对，发现龙门二题记著录存在些许错误，且多将缊涵时代信息的武周异体字"埊"简录为"地"，择要朴校如下。362 号窟后壁左侧龛："太子文学母魂为亡男温王造埊（旧录作"地"）藏菩萨一躯。"362 号窟后壁右侧龛："兖州都督府户曹路瑞妻范阳卢氏奉为亡妣地藏菩萨一躯，愿以福因，一资冥"路，垂拱三年（687 年）三月五日造成记。"542 号窟前庭右壁左侧龛："弟子柳阿娘为亡父敬造埊（旧录作"地"）藏菩萨一区。"669 号窟 17 号龛："杨婆为亡夫石义敬造埊（旧录作"地"）敬造埊（旧录作"地"）藏菩萨一口。"557 号窟前庭右壁 6 号龛："普光为亡母敬造埊（旧录作"地"）藏菩萨一区。"557 号窟后壁 11 号龛："佛弟子普光为口口造埊（旧录作"地"）藏菩萨一区。（旧录将其分裂为两龛题记）"543 号窟后壁左壁 12 号龛："八师（旧录作"地"）藏菩萨二躯，此功德普及法界，众生俱登佛果。"565 号窟主尊右合座右壁龛："树提伽造像合家平安，敬造埊（旧录作"地"）藏菩萨一区。"566 号窟左壁下方龛："长寿三年（694 年）……（旧录失收）"732 号龛："……阿弥陀像一区、地藏菩萨、观世菩萨，敬造埊（旧录作"地"）藏菩萨一区（旧录失收）……往生净土，面奉真……三途永隔……乔……。565 号窟右壁中部龛："清信女贾为亡夫造七佛，又造埊（旧录作"地"）、地藏菩萨作"地"）藏菩萨一区。1453 号窟右壁弟子刘弘口口口口为身患愿早差（旧录作"差"），不合文意。按西汉杨雄撰《方言》，"南楚病愈者谓之差。"表病愈，可知此种方言至晚唐代已流行于中原，敬造地藏菩萨一区。唐代龙门题记多以"差"表病愈，合家供养。"557 号窟前庭右壁右侧龛："李庆造地藏菩萨。观音各一区。"

北周时期的水帘洞石窟群

臧全红 *

内容提要： 本文通过分析水帘洞石窟群在北周时期的历史环境、造像及壁画特点，并对比其与北周境内特别是同处于陇右地区的麦积山石窟、北齐境内石窟寺及出土佛教造像，认为水帘洞石窟群能够形成渭河流域北周时期除麦积山石窟之外的又一个佛教中心，与它所处的地理位置、历史环境、功德主有着很大的关系。其保存下来的造像和壁画，既体现出了和周边及北齐境内佛教艺术有着广泛的兼容性，同时也彰显出了自身的地域性因素。

关键词： 北周石窟　水帘洞石窟群　佛教艺术

武山水帘洞石窟群现存大量北周遗迹和遗物，和麦积山石窟并称为北周时期秦州地区的两个佛教中心，在陇右地区的重要性也仅次于麦积山石窟。之后虽历经隋、唐、五代、宋、元、明、清各代开凿和重修，但从现存的遗迹规模来看，均无法和北周时期相比。本文拟对其现存的北周时期造像及壁画特点、题记、历史环境进行探讨，并将其与同时期的麦积山、北石窟、须弥山、炳灵寺、莫高窟、响堂山、天龙山、大留圣窟、龙兴寺等石窟寺及出土造像进行比较，对其特色的形成与周边及北齐境内佛教造像之间的关系进行探讨。

一　水帘洞石窟群的地理位置及其在北周时期的历史环境

水帘洞石窟位于甘肃省武山县城东北 25 千米处榆盘乡钟楼湾村东南的崇山峻岭之中。这里地处渭河之北，旧称木林峡，属第三纪红砂岩丹霞地貌，为西秦岭向西延伸的末端。它和同处于秦岭西端北麓的麦积山石窟东西遥相呼应，与仙人崖石窟、大像山石窟、木梯寺石窟共同构成了古丝绸之路南道上陇右地区的石窟长廊。水帘洞石窟由水帘洞、拉梢寺、千佛洞、显圣池四个单元组成。分布在响河谷地两岸 1.5 千米的峡谷中（图1）。

---

* 作者简介：臧全红（1968 年~ ），甘肃武山人，麦积山石窟艺术研究所副研究馆员，主要从事石窟保护、佛教考古等方面研究工作。

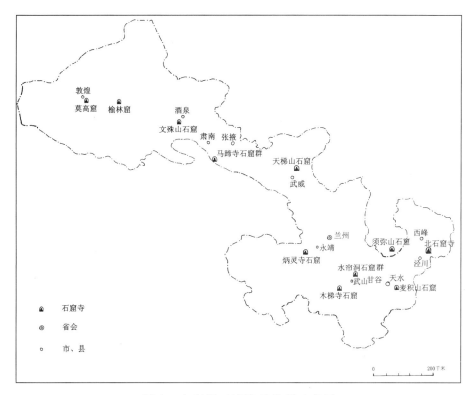

图 1　水帘洞石窟地理位置示意图

水帘洞石窟相传开凿于后秦姚苌白雀年间（384～386 年），惜无文字记载，就现存的实物资料来看，造像和壁画大多为北周时期所留，未能找到更早的例证。目前可见最早的实物例证为北周时期的造像和壁画。拉梢寺摩崖大佛左下角现保存有一方北周明帝三年（559 年）的石刻题记，为我们研究拉梢寺石窟的开凿年代提供了确切的纪年。该题记在拉梢寺石窟第 1 龛大佛左下角的一个横长方形摩崖浅龛内，龛高 1.54、宽 2.25、进深 0.20 米。龛内阴刻摩崖题记，楷体，12 行，每行 9 字，每字规格为 0.1×0.1 米，共 103 字，内容如下：

维大周明皇帝三年岁/次己卯二月十四日使/持节柱国大将军陇右/大都督秦 渭 河鄯凉甘/ 瓜 成武岷洮邓文康十/四州诸军事秦州刺史/蜀国公尉迟迥与比丘/释道 藏 于渭州仙崖敬/造释迦牟尼佛一区愿/天下和平四海安乐众/生与天地久长周祚与/日月俱永。

由此可知，尉迟迥在水帘洞石窟群的开凿中起到了非常重要的作用。

尉迟迥，《北史》有传，代地人，娶了西魏文帝的女儿金明公主，被任命为驸马都尉，封为西都侯。大统十一年（545 年），被封为侍中、骠骑大将军、开府仪同三司，晋封爵位为魏安郡公。大统十五年（549 年），他又迁升为尚书左仆射，兼领军将军。他通脱敏捷，颇有才干。虽然职兼文武，却颇负时望，宇文泰因此很重用和依仗他。大统十六年（550 年），被封为大将军。之后由于其伐蜀有功，被封宁蜀公，又迁任为大司马。不久，以现有的官职镇守陇右。武成元年（559 年），朝廷又晋封他为蜀国公，食邑一万户，任陇右大都督、秦渭等十四州诸军事、秦州总管。一时在秦州权势无两。由此可知，尉迟迥在 559 年才出任秦州总管一职，要于当年 2 月 14 日主持完成这么大的工程，在当时的生产水平下几乎不可能。应该是他在镇守陇右时就已经开始营建拉梢寺石窟。传里没有提及他出镇陇右之事，但《周书·明帝纪》中有"二年（558年）冬十月辛酉，还宫。己丑，遣柱国尉迟迥镇陇右"的记载。从557年开始动工，到他出任陇右大都督、秦渭十四州诸军事、秦州总管时，即559年，最终完成了拉梢寺摩崖大佛三尊像的营建工程。

在北周短短的25年间，作为一地封疆大吏，在自己的任期及辖区内支持并参与石窟营建活动的现象比较普遍。如瓜州刺史于义可能倡导营建了莫高窟北朝时期最大的第428窟①；固原须弥山石窟北周大型洞窟的开凿可能跟原州刺史李贤有关②；秦州刺史尉迟迥创建了拉梢寺石窟；秦州大都督李允信在麦积山石窟开凿了最大的第4窟③。虽然他们开窟造像的初衷各不相同，如尉迟迥是为国家祈福，李允信则是为了纪念亡父，但他们崇尚佛教的心理是一样的，和当时北周统治者宇文氏对佛教的推崇也是相一致的。有周一朝，除了武帝时由于佛教发展威胁到政权统治而在其后期发动了一次灭佛活动外，其余诸帝对佛教的态度都是大力提倡和支持发展。而且，灭佛活动由于朝野上下的抵制，开展并不彻底，后期还出现反弹。一时形成了以长安为中心，全国境内大肆营建佛寺的局面。仅陇山以西地区，天水麦积山石窟、庆阳北石窟、宁夏固原须弥山石窟、武山水帘洞石窟群等著名石窟寺都留下了大量的北周时期造像和壁画。特别是拉梢寺石窟，从现存北周造像所占的位置来看，北周明帝三年（559年）由尉迟迥和僧人释道藏主持开凿的大佛，占据了整个崖面最显著和最好的位置，体量宏大，且在该石窟中没有发现比北周时代更早的遗存，说明这一处石窟的开凿是以北周为最早，即拉梢寺是北周始创。另外，通过现存大佛三尊像左下角的铭文题记内容，可以推测尉迟迥出资和支持此地在如此短的时间内营建规模如此巨大的佛教场所，是为了迎合北周皇室推崇佛教、试图通过佛教影响巩固统治的治国思想，向皇室表达忠心并积极参与到北周的政治统治中，具有重大的政治含义在里面④。

再看北周前后镇守过秦州的长官身份，就知道当时北周王朝对秦州的重视程度了。西魏时，文帝之子武都王元戊也曾出任过秦州刺史。北周除尉迟迥、独孤信、尉迟运等外姓重臣外，皇室宇文导、宇文广父子等均镇守过秦州，拉梢寺所在的渭州统属秦州管辖，可见秦州在北周王朝的重要地位⑤。

从交通上来说，丝绸之路从长安出发之后，沿渭河谷地一路向西，经秦州、武山、陇西、到兰州过黄河进入河西走廊。水帘洞石窟即位于渭河的重要支流响河谷内的群山中。这里地势险要，风景绮丽，是开窟造像和弘扬佛法的理想场地。

① 施萍婷：《建平公与莫高窟》，《敦煌研究文集》，兰州：甘肃人民出版社，1982年，第150页。
② 林芝：《须弥山石窟史略》，《固原师专学报》1996年第4期，第51页。
③ 张锦秀：《麦积山石窟志》，兰州：甘肃人民出版社，2002年，第27页。
④ 罗杰伟：《拉梢寺石窟中的中亚主题》，巫鸿主编《汉唐之间文化艺术的互动与交融》，文物出版社，2001年，第316~318页。
⑤ 陈悦新：《麦积山石窟北朝佛衣类型》，麦积山石窟艺术研究所编《石窟艺术研究》（第二辑），北京：文物出版社，2017年，第153页。

二　北周时期水帘洞石窟群的特点

现存北周时期水帘洞石窟群的特点主要表现在以下几个方面：

（一）窟龛形制

水帘洞石窟群在北周时期出现的窟龛形制大致可以分为摩崖悬塑造像龛、圆拱形龛、方形龛三种：

1. 摩崖悬塑造像龛

不开龛或不在壁面上塑造龛形，直接在崖面上浮塑出大舟形背光，俯莲台，再在其上以木骨泥塑的方法或石胎泥塑的方法塑出半圆雕的佛、菩萨或弟子等悬空的人物形象。如拉梢寺第1、2、11、12龛；千佛洞 第1、2、3、4、5、6、7、9、20龛；显圣池第14龛等（图2）。

图2　千佛洞上层摩崖悬塑造像龛

2. 圆拱形龛

平面长方形圆拱，无龛楣或有龛楣，龛楣可分为圆拱形或尖拱形，有龛柱或者无龛柱，龛楣可分为圆拱形或尖楣形。如水帘洞第6龛；拉梢寺第9、16龛；千佛洞第14、15、17、18、19、23、24、25、26、27、28、29、46、47、35、36、37、38、39龛等。

3. 方形龛

无龛楣龛柱，平面长方形，外立面方形，如千佛洞第31龛。

（二）题材内容

水帘洞石窟群现存题材，除了造像龛外，大量来自于壁画中的内容。

1. 造像题材

可分为单体造像和组合造像两种。

（1）单体造像。

有佛、菩萨像，如千佛洞第15、19龛等。

（2）组合造像。

有七佛，如千佛洞第20龛；十方佛，如拉梢寺第12龛。一铺三身像。又可分为一佛二弟子，如千佛洞第7号龛等；一佛二菩萨，如拉梢寺第8、9、11龛，千佛洞第15、18、21、22、24、31、36龛；一菩萨二胁侍菩萨，如千佛洞第12、16龛等。一铺五身像。又可分为一佛二弟子二菩萨，如拉梢寺第16龛，千佛洞第3、5、14龛等。一铺八身像，二菩萨二弟子四胁侍菩萨，如千佛洞第9龛。

2. 壁画题材

在水帘洞石窟群中，水帘洞和显圣池现存内容以壁画为主，而在拉梢寺和千佛洞中，除了有少量的造像外，也保存了大量的壁画。这些壁画虽然经后代多次重绘和补绘，但仍保存了较多的北周原作。题材主要以说法图为主，兼有千佛图。

图 3　拉梢寺第 1 龛摩崖
浮雕大佛

（1）说法图

可分为佛说法图和菩萨说法图，均场面宏大。如拉梢寺石窟第 1 龛。在近 400 平方米的崖面上，除结跏趺坐的主尊佛和待立其左右的两身胁侍菩萨以及由莲瓣、狮、鹿、象组合成的高大佛座为摩崖浮雕外，周边绘制了大量的听法弟子、菩萨、金刚力士，飞天、供养天等，与主尊共同组成了一幅气势恢宏的说法画卷（图 3）。水帘洞壁画第 2 幅则是在高十余米的天然洞窟内的崖面上，绘制了一幅由佛、弟子、胁侍菩萨、金刚力士、供养菩萨、飞天、供养人、宝瓶等组成的说法图，值得我们关注的一点是，在整幅画面中，除了大量使用绘画手段外，两身胁侍菩萨的宝缯是用浮塑的技法制作而成（图 4），这种技法在千佛洞石窟中也曾出现。另外，还有单独成幅的小型说法图，可分为有供养人的说法图和无供养人的说法图两类。其中，无供养人的说法图，有三身像的组合，一种为佛说法图，画面绘一佛二弟子，如水帘洞壁画第 3、13 幅；一种为菩萨说法图，画面绘一菩萨二胁侍菩萨，如显圣池壁画第 11 幅。五身像的组合，同样有佛说法图和菩萨说法图，内容有一佛二弟子二菩萨，如显圣池壁画第 4、7、9、13 幅；一菩萨二弟子二胁侍菩萨，如显圣池壁画第 5 幅；一菩萨四胁侍菩萨，如水帘洞壁画第 5 幅。七身像、九身像的组合仅存佛

图 4　水帘洞壁画第 2 幅右胁侍菩萨

说法图。七身像组合为一佛二弟子二菩萨二力士，如显圣池壁画第 3 幅；九身像组合为一佛二弟子六菩萨，如拉梢寺壁画第 18 幅。有供养人的如水帘洞壁画第 2、4、6、7 幅，千佛洞第 44 龛内壁画，显圣池壁画第 12 幅，其共同特点是除了在中心绘有佛或菩萨说法场景外，在其左右或下方绘有大量身着世俗装的供养人像，水帘洞壁画第 6 幅中还绘有一辆牛车。

（2）千佛图

也是水帘洞石窟群壁画中的一个重要题材内容。如千佛洞第 8 窟现残存的千佛就有 12000 余身。显圣池第 1 幅壁画，约占了现在残存壁画面积的五分之一。

（3）飞天和弟子像

在龛内造像上方绘制飞天或在佛与胁侍菩萨之间绘制弟子像。如千佛洞 14 龛。

（4）塔群

有高浮塑和绘画两种。浮塑的有水帘洞第 1、12 龛。而拉梢寺石窟摩崖大佛龛顶则绘制了大量的覆钵塔。

（三）塑像及壁画

水帘洞石窟群中，北周时期遗留下来的造像和壁画，除了具有当时中国佛教艺术的共同特点外，还表现出了极其强烈的地域性特征，值得我们去认真探讨和研究。

1. 塑像

水帘洞石窟群现存塑像以北周为主，分布在拉梢寺、千佛洞两个石窟。有佛、菩萨、弟子像等。

摩崖塑像往往形体高大张扬。如拉梢寺第 1 龛，在高、宽约 60 米的崖面上有摩崖浮雕佛菩萨三尊像；千佛洞又名七佛沟，据传在壁面上原有七尊大佛而得名，现仅存一尊头像，残高 1.2 米，由此可推断原七佛一字排列时的视觉效果是多么宏大。另外，第 1 龛的思惟菩萨和第 3、4、5、9 龛的摩崖悬塑造像均体型高大，在壁面上显得张扬而富有个性。

与摩崖悬塑相比，无论圆拱龛、尖拱龛还是方形龛，均为浅龛，龛内平面多呈横长方形，龛顶为穹隆顶，且龛内空间较小，造像往往是头顶着龛顶，尽可能地利用龛内空间。如千佛洞第 14 龛，在一个不足一平方米的空间内，摆放了一佛二菩萨二弟子的组合，显得很拥挤（图 5）。水帘洞石窟的北周塑像衣饰往往显得厚重，衣纹的刻画线条为阴

图 5　千佛洞第 14 龛

刻线，粗犷有力。

现存造像多为木骨泥塑。在塑造时先以榫卯做成木骨架固定于壁面崖体，再在上面绑扎芦苇秆，敷抹麦草泥，做成粗胚大样，最后再上细泥进行详细刻画。

拉梢寺大佛的佛座由平行的六层构成，以三层莲花间隔开来，从上往下分别是狮、鹿、象三种动物。每排为中间一只正面的动物，然后向两侧面排列，动物也由正中的正面巧妙地变成侧面。这种将佛教题材中经常出现的三种动物融入佛座构图中的排列形式，为笔者所见佛教造像中的唯一，丰富了北朝时期佛座的表现形式。而这种形式的出现，有学者认为是中国佛教与中亚艺术互动与交流的结果①。

2. 壁画

水帘洞石窟群的壁画按其形式可分为两类：一类是造像龛的附属壁画，如拉梢寺第1龛在摩崖浮雕的周围绘制了大面积的听法圣众；另一类为独立成幅的主题壁画，数量较多，四个单元均有，多为佛或菩萨说法图，另有大量的供养人出现在说法图中，在水帘洞壁画中还出现了舍利塔群、牛拉车等题材。

在水帘洞石窟群中，每个石窟都有一幅大型说法图作为其主体壁画。如拉梢寺第1龛，虽然历经唐、宋、元等各朝的重修，目前保存下来的大多为元代重绘，即使暴露出来的底层壁画也因年久风化而漫漶不清，很难看出该龛北周原作壁画的特点，但其浮雕造像的体量及近400平方米的壁画面积，足以使其在拉梢寺石窟中占据毋庸置疑的统领地位。水帘洞壁画第2幅是佛说法图，其主尊佛和菩萨、弟子等的体量同样在所有壁画中占绝对的优势，再加上力士以及众多飞天、供养人、宝瓶等共同构成了一个场面宏大、人物众多、结构复杂的佛法世界，整幅画面占到现存壁画面积的三分之一。显圣池壁画第3幅，由佛、菩萨、力士组成的说法图占据现存壁画面积的三分之一，其体量同样是现存显圣池壁画中最大的。千佛洞由于崖面地仗残损比较严重，已无法分辨出北周壁画中是否也有一幅巨大的说法图，但在现存北周壁画中，千佛同样在整个崖面中占了很大的比例。

在水帘洞和拉梢寺两个石窟单元分别出现了浅浮雕和绘画的舍利塔群。如拉梢寺壁画第1幅，位于大佛遮檐上部北周所绘的舍利塔群（图6），保存较为完整。塔群共分上下两排，用五种颜色相间画成，

图6   拉梢寺2号壁画塔群

①   罗杰伟：《拉梢寺石窟中的中亚主题》，巫鸿主编《汉唐文化艺术的互动与交融》，北京：文物出版社，2001年，第315～335页。

每座塔下均有仰莲瓣承托，覆钵形塔身倒扣于由大到小整齐排列的四层叠涩座上，其上为倒梯形托举着相轮，最上端为桃形塔刹，塔刹两侧有长幡飘扬，部分塔顶还装饰有精美的覆莲瓣形华盖。水帘洞第1、12龛（图7）现残存的3个浅浮雕舍利塔，和拉梢寺壁画第1幅中的彩绘舍利塔外形完全一样，区别仅在于一个是浅浮雕，一个是彩绘而已。

图7　水帘洞1号浮雕舍利塔

从题材上来说，水帘洞石窟群现存的北周壁画主要以说法图为主，有佛说法图和菩萨说法图，佛说法图中又有站立式和坐式两种。如水帘洞壁画中第2幅，中间主佛赤足立于俯莲台上。而拉梢寺1号龛和显圣池第3幅壁画中的中间主佛则均为坐式。水帘洞第4幅壁画则表现了文殊菩萨坐在狮子座上说法的场景。显圣池石窟壁画中能够辨别出来的佛说法图有第3、4、12、13幅，菩萨作为主尊的说法图有第5、6、7、11幅。千佛是水帘洞石窟群壁画中的一个重要题材，如千佛洞8号龛、显圣池石窟壁画第1幅。

转法轮印在水帘洞石窟群中多次出现。如拉梢寺1号龛大佛、水帘洞壁画第2幅交脚菩萨。

水帘洞石窟群出现数量较多的北周供养人像，也是其一大特色。如在水帘洞壁画中，第2、4、6、7、11幅壁画中都出现了大量的男女供养人。男人均为窄袖长袍，女人多为"V"形领并着长裙。

水帘洞石窟壁画第6幅中有一个牛拉车的画面，在此显得比较特别。

水帘洞石窟群还保留了部分供养人的榜题，是难能可贵的现存北周时期的文字资料。如水帘洞2号壁画的第5排供养人中发现有"佛弟子莫折永恕一心供养"，6号壁画中有"佛弟子焦阿帛供养佛时""佛弟子焦阿祥供养佛时""佛弟子焦阿信供养佛时"及"佛弟子梁□□供养佛时""佛弟子梁令超供养佛时""佛弟子梁畅供养佛时"等焦、梁二姓的供养人题名及11龛"佛弟子权之女供养""佛弟子莫折永妃一心供养"等墨书题铭①。

水帘洞石窟群的北周时期壁画在人物造型上十分注重对精神内涵的描绘。佛和菩萨均显得安祥宁静、清新脱俗，而且具有很大的感染力。

———————————

① 甘肃省文物考古研究所、麦积山石窟艺术研究所、水帘洞石窟保护研究所编著：《水帘洞石窟群》，北京：科学出版社，2009年，第5～6页。

三 北周时期的水帘洞石窟群和国内同期石窟的关系

（一）与北周境内石窟寺之间的关系

拉梢寺石窟的开凿使水帘洞石窟群在北周时期的佛教地位提到了国家级别，和相隔一百多公里的麦积山石窟遥相呼应，形成了北周时期秦州地区的两个佛教中心[1]，也将北周时期秦州地区的佛教文化发展推向了高潮，这从两处石窟寺都保存了大量的北周遗迹以及在秦州各地发现的大量北周造像碑等遗物中得到了印证。同样，位于北周境内的敦煌莫高窟、永靖炳灵寺石窟、庆阳北石窟、宁夏固原须弥山石窟也遗存了大量北周时期的造像和壁画。

水帘洞石窟群中除了大量摩崖造像外，其余龛型均较小，多为平面长方形的圆拱龛或尖楣圆拱龛，有些有龛柱，有些没有。这种龛形在敦煌莫高窟、须弥山石窟、麦积山石窟的北周时期虽有出现，但数量明显较少，而在这几处石窟中大量出现的大型中心柱窟、三壁三龛窟、仿木构建筑窟、帐形龛却未出现在水帘洞石窟群中，应该是受其所在的地理条件限制。同时，这种做法也能最大限度地节省财力和人力，缩短工期。

水帘洞石窟群中的造像组合多为一佛二菩萨、一佛二弟子二菩萨，另外，在千佛洞石窟第 14 龛内胁侍菩萨与弟子之间绘制了一身菩萨；第 15 龛中的造像组合虽然为一佛二菩萨，却在佛与菩萨之间绘制了弟子，这与敦煌莫高窟、麦积山石窟、须弥山石窟中多为一佛二弟子二菩萨的组合存在明显差异。在千佛洞的摩崖悬塑中，还残留了几组以菩萨为主尊的造像组合。也是其他几处石窟中北周造像组合中较为少见的形式。

水帘洞石窟群中的北周佛像大多肉髻低平、面相方圆，显得敦实厚重；菩萨多赤裸上身，腹部凸出，身披帔帛，衣饰厚重，给人健硕的感觉。这和同时期的麦积山石窟、须弥山石窟、敦煌莫高窟的北周造像风格相同（图8）。这种例子，我们在陕西、甘肃等地出土的有明确纪年的北周单体圆雕石造像及造像碑上也能看出来，如王令猥造像碑[2]、宇文建崇碑等都为北周建德年间制作，且均出土于天水地区，在造像风

图 8　千佛洞第 9 号

---

① 魏文斌：《中国佛教的鸿篇巨制：武山水帘洞石窟群》，天水市政协文史资料委员会编《天水文史资料第二十辑·天水石窟文化》，甘肃文化出版社，2014 年，第 170 页。

② 吴怡如：《北周王令猥造像碑》，《文物》1988 年第 2 期，第 70 页。

格上与水帘洞石窟相同。

拉梢寺 1 号龛大佛的两身胁侍菩萨，其衣饰和炳灵寺石窟第 172 窟的菩萨几乎完全一致①。

水帘洞石窟群中的弟子造像多以丰圆壮硕型为主，袈裟略显厚重。与麦积山石窟的北周弟子造像形象极为相似。如千佛洞第 14 龛内左侧弟子、麦积山石窟第 12 窟门内右侧弟子（图 9）。

图 9　千佛洞第 14 龛内左侧弟子和麦积山第 12 窟门内右侧弟子比较

水帘洞石窟群壁画中的男供养人头戴笼冠或不戴冠，均身着圆领窄袖胡服，腰系带，下着裤，足穿圆口鞋。女供养人高发髻，外披圆领式长袍，领前结带垂至胸际，或上着"V"形领，宽袖高束腰长袍，下着长裙，双手拢于胸前。这种形象与敦煌莫高窟、天水麦积山的石窟壁画中的北周供养人相似。

在制作方法上，水帘洞石窟群中的北周造像，无论是摩崖悬塑还是窟龛内的造像，多用木骨泥塑的制作手法，仅拉梢寺第 16 窟中的造像为石胎泥塑。壁画的绘制方法则是采用线描勾形，平涂填色的技法，和周边其他石窟中北周壁画的绘制方法相似。

作为北周时期秦州地区的两个佛教文化中心，水帘洞石窟群与麦积山石窟有着比其他周边石窟更多的相似性和共同点。

在麦积山石窟中，北周时期作为北魏到隋的过渡阶段，早期造像风格形体瘦长，仍留存北魏晚期和西魏的秀骨清像的特征。如麦积山石窟第 26、27 窟内两侧的佛，身着圆领袈裟，但领子垂得较低，体形瘦长，与千佛洞第 14、19 龛中的坐佛相似（图 10）。而早期的菩萨身体瘦长，帔帛在腹前呈"X"状交叉穿环，如麦积山石窟第 141 窟和千佛洞 9 号龛的菩萨像。后期造像风格逐渐摆脱北魏的影响，变得敦厚壮实，如麦积山石窟第 12 窟和拉梢寺 9 龛的佛、菩萨均具有相同的特点。

① 罗杰伟：《拉梢寺石窟中的中亚主题》，巫鸿主编《汉唐文化艺术的互动与交融》，北京：文物出版社，2001 年，第 326 页。

图 10　千佛洞第 19 龛内佛和麦积山石窟 26 窟左壁佛的比较

　　千佛洞第 18 龛内的坐佛，双手手心均向内，分别抚于胸部，这种形象和麦积山石窟第 12 窟北周佛、第 7 窟七佛之一、第 4 窟部分造像、第 31 龛影塑千佛中的部分造像十分相似（图 11）。菩萨帔帛在膝部呈两道横于身前的形式与麦积山石窟第 113、141、167 等窟的胁侍菩萨的帔帛形式相同。千佛洞第 14 龛菩萨的帔帛横于胸部后从双肩上向后的形式，和麦积山石窟第 67、141 等窟的菩萨帔帛形式相似。第 9 龛摩崖悬塑菩萨的帔帛从两肩垂下后于腹下穿璧呈 "X" 状交叉，和麦积山石窟第 141 窟正壁右胁侍菩萨的样式相同。

图 11　千佛洞石窟 18 龛佛和麦积山第 12 窟内正壁佛

　　水帘洞石窟 2 号壁画右侧上二排有一身双手作转法轮印的交脚菩萨，这种形象在炳灵寺石窟第 169 窟的壁画里也能找到，而麦积山石窟第 134 窟中的交脚菩萨也与其十分相似。

　　水帘洞石窟群的弟子形象具有明显的秦州地方特点，如千佛洞第 3、9 龛的弟子右肩搭一块布，与麦积山石窟第 18 窟的弟子类似。

水帘洞石窟群的壁画中保存有大量男女供养人形象，有些还有明确的墨书题名，供养人行列前面均有比丘或比丘尼导引，如水帘洞 2 号壁画，男供养人均头戴笼冠，穿圆领紧袖袍，下摆垂至小腿部，下身内穿紧裹腿部的裤子，双手笼于袖中，手持莲蕾，其形象与麦积山石窟第 90 窟北周重绘的供养人形象完全一样，而比丘的形象与麦积山石窟第 70、71 龛等北周重绘的供养比丘也非常相似。

通过上面大量的例子说明，水帘洞石窟群的北周遗存与麦积山石窟有着非常紧密的关系，与周边其他石窟的关系也很密切。说明当时的统治者非常注重丝路的畅通，该地在北周时期与周边的其他地区有着非常广泛的文化交流。

（二）与北齐境内石窟寺之间的关系

相较于北魏、西魏来说，北周统治者加强了与西域的交流，丝绸之路的畅通，使其在大量接受和吸收外来文化元素的同时[1]，也加强了与中原文化的交流和互动，北周灭掉北齐之后更是为两地文化交流扫清了障碍，相互影响的力度变得更大，范围也更加广泛。从现存的石窟造像样式来看，两者在保留各自的地域特点之外也表现出了很多的共同点。

如果将原北齐境内龙兴寺出土的立佛和千佛洞现存的摩崖悬塑立佛进行比较，就会发现两者有很多相似性，如略显丰满圆润的面型，紧贴身体的通肩袈裟被两手分成了前后两片，前片一直垂到小腿中间，露出僧祇支的下摆，腰部略细，胯部放大，露出婀娜之态，显得有点女性化，赤着双脚站于圆莲台上（图 12）。

图 12　千佛洞 5 号北周佛和北齐造像碑上佛的比较

北齐造像中，特别是菩萨装饰之繁复，是北周境内所有造像均无法企及的。麦积山石窟、须弥山石窟、水帘洞石窟中的北周造像和北齐境内青州龙兴寺、响堂山石窟等处的造像相比，其项圈、璎珞、帔帛、衣纹的形式都显得相对朴拙单一，装饰味不如北齐的浓厚强烈。在衣纹的处理上，虽然两者均采用阶梯状的衣纹，但在形式上，北齐的衣纹表现手法多样，有较宽的单阴刻线、双细阴刻线和凸棱等。水帘洞石窟群则显得比较单一，只有较宽的单阴刻线一种，显得比较写实。

水帘洞石窟群中北周时期的菩萨均赤裸上身，颈戴尖顶宽项圈，帔帛在膝部呈一道或两道横于腹腿

① 魏文斌：《中国佛教艺术的鸿篇巨制》，郑炳林、魏文斌主编《武山水帘洞木梯寺石窟》，甘肃人民美术出版社，2015年，第 15 页。

前（图13），如拉梢寺第9龛、千佛洞第14龛内胁侍菩萨、北齐天龙山石窟第3窟右胁侍菩萨；或者呈"X"形穿璧交叉于腹前，如千佛洞第9龛、小南海西窟北壁、南响堂第7窟的右胁侍菩萨。两者的区别仅在于交叉的位置高低略有不同，千佛洞的位置较低，一直到了腹下部，而小南海和南响堂的位置相对较高，位于腹部略靠上的位置。

图13　水帘洞石窟群中北周菩萨与北齐菩萨比较

水帘洞石窟群中的莲台比较单一，仅有肥硕的俯莲台一种，但在北齐的龙兴寺造像中，除了同样的俯莲台外，还有仰莲台出现，形式多样。如显得轻薄的仰莲台在水帘洞石窟中就没有出现过。

受到笈多美术影响的圆盘形项光，在水帘洞石窟群和龙兴寺造像中均有出现，如拉梢寺第1龛三尊像的巨大的同心圆头光（图14）。

图14　拉梢寺第1龛摩崖大佛与南响堂第一窟中心柱正壁龛内佛的项光比较

从北魏一直沿袭下来的大舟形背光，在千佛洞摩崖悬塑主尊身后以及北齐境内的天龙山石窟的北齐窟中同样可以见到，如千佛洞第4、5、9号摩崖悬塑龛，天龙山石窟3窟正壁主佛背光。

在天龙山东峰第 4 窟外壁龛下浮雕有两身蹲踞式的供养菩萨，共同捧一宝珠，身后各有一条帔帛向上扬起，和水帘洞石窟第 2 幅壁画中佛说法图下方位于宝瓶两侧同样为蹲踞式坐姿以及身后高高翘起的帔帛的供养菩萨极为相似，说明它们之间存在着一定的内在联系（图 15）。

图 15　水帘洞壁画中供养菩萨与天龙山浮雕供养菩萨的比较

综合以上几点，我们可以推知水帘洞石窟群由于其位于丝绸之路的优越地理位置，从创建之初，就是在兼容并蓄中西方佛教文化的基础上逐步发展和成熟的，逐渐形成了自身独特的地域文化特色。

五　结　语

水帘洞石窟群能够形成渭河流域北周时期除麦积山石窟之外的又一个佛教中心，和它所处的地理位置、历史环境有着很大的关系。其特点是在发扬自身地域性文化因素的前提下，吸收了中西方佛教文化的诸多艺术特色后逐步形成的。

水帘洞石窟群现存的四个单元都保存有大量北周时期的雕塑或壁画，是北周遗迹十分集中的一处石窟寺群，也是研究这一地区乃至北方地区的佛教状况、佛教文化、艺术、经济、对外交流等方面至为珍贵的实物资料。水帘洞石窟群现存的一些造像铭文题记，对于研究古代秦州历史、民族融合、职官制度以及世家大族对当地社会、宗教、政治、经济、文化的影响作用也有非常重要的价值。

水帘洞石窟群的造像和壁画具有较为独特的地域特征，其造像已逐步摆脱了北魏时期"秀骨清像"的造像模式，显得敦厚朴拙，与北方淳朴的民风相契合。

从其特点来看，无论地缘关系还是造像风格都与麦积山石窟最为密切，两者之间存在较多的共同因素。随着地域距离的增大，与同处于北周境内的其他石窟，如宁夏须弥山石窟、庆阳北石窟寺、永靖炳灵寺石窟、敦煌莫高窟中的共同因素在逐渐减少。

水帘洞石窟造像和同时期北齐境内的造像之间存在着较多的共同因素，可见其在形成自身地域性特点的过程中，并非仅仅受到北周长安佛教文化的影响，与地处中原地区北齐境内的佛教文化之间也有较为广泛的交流。

佛教美术图像

莫高窟第 23 窟法华经变画面内容及构图再识

张元林*

内容提要：本文在学界既有研究的基础上，对莫高窟第 23 窟法华经变的画面内容和表现形式，及其对后来敦煌法华经变的影响提出了新的思考。在内容上，认为画面还表现了《提婆达多品》《五百弟子受记品》和《妙庄严王本事品》的相关情节；在构图上，既保留了隋代法华经变连续性构图的特征，又为中唐时期的"灵山会＋虚空"的向心式构图的形成开了先河。同时，由于画面中的一些内容和总体构图形式的"唯一性"，也不能过度夸大其对后来敦煌法华经变的影响。

关键词：莫高窟第 23 窟　法华经变　画面内容　再识

一　缘　起

莫高窟第 23 窟是一个覆斗顶形窟，平面呈方形，大约开凿于盛唐时期的天宝年间（742～756 年）。有别于同时期的其他洞窟，该窟北壁、东壁、南壁和窟顶南披壁画内容均出自《法华经》，故也有"法华窟"之称。特别是北壁、东壁、南壁三个壁面大体上依经文顺序展开，连续绘制内容情节的表现方式，无论从体量还是构图上来讲，在敦煌石窟法华经变中都是独一无二的。其中的许多情节为第一次出现。即便一些此前已经出现过的品目，在情节表现上也有很大的不同。而且，其各个情节在画面中所处的位置也被后来的法华经变所模仿。特别是其南、北二壁分别以"虚空会"和"灵山会"为中心的构图，也为后来敦煌单幅画式多品目法华经变的基本构图的形成做了非常有益的探索。对于该窟的法华经变，学术界多有关注，其中尤以贺世哲、下野玲子的研究为代表。贺世哲共释读出 11 个品目，下野玲子释读出了 14 个品目的画面①。上述这些研究，推动了我们对该窟法华经变及其在敦煌法华图像史上意义的认识。笔者在相关研究中对于该窟法华经变构图与中唐时期法华经变之间的关系也做过一些初步

---

* 作者简介：张元林，男，敦煌研究院研究员，敦煌学信息中心主任。

① 贺世哲著：《敦煌石窟论稿》，甘肃民族出版社，2004 年，第 135～224 页；［日］下野玲子：《敦煌莫高窟唐代法華經變相圖の再檢討——第 23 窟壁画の位置付け——》，刊日本《會津八一紀念館研究紀要》第 8 号。

的探讨①。尽管如此，该铺经变的一些画面内容至今仍没有释读出来，而且一些已释读画面的定名也有进一步商榷的必要。特别是，作为敦煌石窟中唯一以三幅壁面来连续表现多个情节的法华经变，本窟法华经变构图与此前、此后法华经变构图之间的关系也仍然有进一步研究之空间。本文即是笔者就上述几方面所做的最新思考。

二　画面表现内容再识

（一）北　壁

　　北壁画面的主体是位于画面中央的一幅大型说法图，约占整个北壁画面的二分之一。除说法图下部及其左侧下部画面部分残毁外，其余画面大部可识。画面中央的说法图表现的即是释迦在灵鹫山说《法华经》的场景。围绕"灵鹫会"，上下、左右画面均表现《法华经》各品的内容（图1）。关于这些画面表现的品目内容，贺世哲先释读出《序品》《方便品》《药草喻品》《信解品》四品，而后下野玲子又释读出了《从地涌出品》和《譬喻品》中的"火宅喻"场面。这样一来，北壁已经明确释读出的品目有六品。不过，即使看似相同的定名，上述二氏对一些具体画面又有各自不同的释读。笔者关于北壁画面的新思考有如下几点：

图 1　法华经变（局部）　莫高窟第 23 窟北壁

① 张元林：《也谈莫高窟第 217 窟南壁壁画的定名——兼论与唐前期敦煌法华图像相关的两个问题》，《敦煌学辑刊》2011年第 4 期；张海亮、张元林：《关于敦煌法华经变"穷子喻"图像的几个问题》，《敦煌研究》2012 年第 4 期；张元林：《敦煌〈法华经变·药王菩萨本事品〉及其反映的"真法供养"观》，《敦煌学辑刊》2013 年第 4 期。

1.《信解品》画面中明确描绘出了"穷子"的形象

在"灵鹫会"右侧画面中部和下部，以"自下而上"式的连续场景表现了《信解品第四》内容的"穷子喻"故事（图 2）。该故事是敦煌法华经变中常出现的题材之一，而该窟"穷子喻"也是敦煌法华经变中首次出现的表现《信解品》内容的画面。在敦煌现存 31 铺表现多品目的法华经变中，有 28 铺绘有"穷子喻"，数量仅次于表现《譬喻品第三》内容的"火宅喻"画面。贺世哲认为该窟"穷子喻"仅画一栋重层木结构楼①。下野玲子则把二层楼阁连同其下方的这座庭院建筑都视为表现"穷子喻"的画面。其实，在其他窟的法华经变中，表现"穷子喻"画面中的庭院建筑也多是二重院落，或前后，或并排，主院中也多有一座二层楼阁。第 23 窟的这二座建筑原本也应是一座二重院落建筑，但是因为壁面狭窄，只能以上、下相续的位置来表现。她还认为作为主要出场人物的"穷子"无法确认②。但笔者以为，"穷子"的形象实际上在画面中表现不同情节的三个场景中都有出现③。首先，在最下方的画面绘一带有窗格的亭阁，阁内一长者端坐于胡床上，门口侍立一人。而在亭子台基一侧下方，一身粗陋衣着打扮的人物正在劳作（图 3）。笔者以为，这身人物形象即为"穷子"，亭内长者即为"穷子"的父亲。画面表现长者透过窗牖观察正在干活的儿子。如经文所言："又以他日，于窗牖中遥见子身，羸瘦憔悴，粪土尘坌，污秽不净。"④ 其次，此画面上方绘一间大房，内对坐二人，一身年长，一身年轻。前者即为长者，后者当是"穷子"。表现长者把盛满宝藏的库房交付"穷子"管理时的情景。如经中所言："尔时长者有疾，自知将死不久。语穷子言：我今多有金银珍宝，仓库盈溢，其中多少、所应取与，汝悉知之。我心如是，当体此意。所以者何？今我与汝，便为不异，宜加用心，无令漏失。尔时穷子，即受教勅，领知众物，金银珍宝及诸库藏，而无悕取一飡之意。"第三，在最上方画面中所绘的座二层的楼阁

图 2　法华经变·信解品
莫高窟第 23 窟北壁

图 3　法华经变·信解品·穷子
莫高窟第 23 窟北壁

① 贺世哲著：《敦煌石窟论稿》，甘肃民族出版社，2004 年，第 169 页。

② ［日］下野玲子：《敦煌莫高窟唐代法華經變相圖の再檢討——第 23 窟壁画の位置付け——》，刊日本《會津八一紀念館研究紀要》第 8 号。

③ 笔者此前曾释读出后两个场景中的"穷子"形象。参见张海亮、张元林：《关于敦煌法华经变"穷子喻"图像的几个问题》，《敦煌研究》2012 年第 4 期。

④ 《大正藏》第九册，第 17 页。

内，绘一身半躺半坐的人物，门外一身着宽大袍服，双手合掌侍立的人物形象。同样，前者即为长者，后者当是"穷子"。画面表现长者临终前把万贯家财交付给"心智已开"的"穷子"时的情景。如经中所言："复经少时，父知子意渐已通泰，成就大志，自鄙先心。临欲终时，而命其子并会亲族、国王、大臣、刹利、居士，皆悉已集，……今我所有一切财物，皆是子有……"

上述三个场景，在此后敦煌法华经变"穷子喻"画面中也都有或详或略的表现。但却未见在后来敦煌法华经变中表现该故事画面中常出现的表现"穷子惊厥昏倒"和"马厩劳作"这两个场景①。这也显示初期的探索性特征。

2. 表现有《提婆达多品第十二》的海涌菩萨

从画面上看，在北壁"灵鹫会"左、右两侧的峰峦线外侧，各绘有一束色彩浓重的卷云，它们呈弧形从下向上汇聚于主尊佛头顶的华盖上方部，在云卷中还涌现出数身菩萨。类似祥云卷的表现在以后的法华经变中也成为"灵鹫会"画面的"标配"。而且在大多数经变画面中都很明显地看出一侧的云卷和其中的菩萨从地面涌出，一侧的云卷和其中的菩萨从水中涌出，故学界一般认为分别表现的是《从地涌出品第十五》中的"地涌菩萨"和《提婆达多品第十二》中的"海涌菩萨"。不过，对于此窟中的这个画面，贺世哲先生并没有明确指出与上述二品有关；而如前所述，下野玲子也只认为表现了《从地涌出品第十五》中的"地涌菩萨"，并没有提到是否表现《提婆达多品第十二》中的"海涌菩萨"。笔者以为，虽然这两侧卷云最下部的画面已经变得模糊，难辨从何涌出，但在此后述诸多完整的画面中的"灵鹫会"两侧卷云下端分别从地里和水里涌出上半身的菩萨形象。我们完全可以认为第 23 窟的这个画面最初也完整表现了《从地涌出品第十五》中的"地涌菩萨"和《提婆达多品第十二》中的"海涌菩萨"。

3. 歌舞奏乐的场景与"赛祆""祈雨"活动无关

北壁"灵鹫会"右侧上部绘出了表现《药草喻品第五》内容的"三草二木"之喻。画面上：天空中乌云密布，普降甘霖。下方一边是农夫春天赶着水牛耕地，一边是农夫秋天挑着麦捆收获的，而周围则是茂密的庄稼、草木，以及农夫一家坐于田边地头小憩、饮食的场景。同时画面中还自上而下书有三则大致出自《妙法莲华经》经文的榜题：一是"慧云含润、电光晃曜，雷声远震，令众悦豫。其雨普等，四方俱下，干地等温，药木并茂"；二是"草木譬□生□□，云雨譬如来说法"；三是"譬如三千大千世界，所生大卉木，小根小茎、小枝小叶，中根中茎，中枝中叶，大根大茎，大枝大叶，一云所雨，洽温生长"②。

紧接着《药草喻品》画面的下方，又绘出了表现《方便品第五》内容的画面。依次绘有礼拜佛塔、乐舞供养、童子聚沙成塔等场景（图4）。同样，旁边也配以榜题："造塔造像、香花供养，音乐供养，或称名，或礼拜。如是人等，皆成佛道。"正如《方便品第五》中偈颂所言："诸佛灭度已，

---

① 不过，下野玲子推测北壁最下部大幅剥落的壁面上原来很可能绘有穷子在牲畜圈劳作的情节。参见［日］下野玲子：《敦煌莫高窟唐代法華經變相圖の再檢討——第 23 窟壁画の位置付け——》，刊日本《會津八一紀念館研究紀要》第 8 号。

② 敦煌文物研究所编：《中国石窟·敦煌莫高窟》（三），北京：文物出版社，1987 年，第 235 页；［日］下野玲子：《敦煌莫高窟唐代法華經變相圖の再檢討——第 23 窟壁画の位置付け——》，刊日本《會津八一紀念館研究紀要》第 8 号。

供养舍利者，起万亿种塔……若于旷野中，积土成佛庙，乃至童子戏，聚沙为佛塔，如是诸人等，皆已成佛道。"以及"若人于塔庙，敬心而供养，若使人作乐，击鼓吹角贝，箫笛琴箜篌，琵琶铙铜钹，如是众妙音，宝像及画像，以华香幡盖，尽持以供养，或以欢喜心，歌呗颂佛德"。

图 4　法华经变（局部）　莫高窟第 23 窟北壁

　　但有的研究者却把上述"乌云密布、普降甘雨"和"礼拜佛塔、乐舞供养"这两个分别表现完全不同的《药草喻品》与《方便品》的画面"捆绑"起来释读，与中亚地区民族特别是粟特人的"赛祆""祈雨"活动相联系①。虽然这一观点也曾博得学界的一些关注，但笔者认为这明显是对画面语境的牵强式误读。

（二）东　壁

　　东壁大部画面保存完好，唯有最下部画面已模糊难识（图 5）。贺世哲认为东壁表现了法华经变的《序品》《药王菩萨本事品》和《妙庄严王本事品》中的一些小故事。但他并未说明表现的具体情节②。下野玲子则认为东壁表现了《化城喻品》《随喜功德品》《常不轻菩萨品》和《药王菩萨本事品》等品。

图 5　法华经变（局部）　莫高窟第 23 窟东壁

---

① 赵玉平：《敦煌壁画"雨中耕作图"与唐五代赛祆祈雨活动》，《新疆艺术学院学报》2009 年第 7 卷第 3 期；赵玉平：《唐五代宋初敦煌地区祈雨活动研究》，西北师范大学 2010 年硕士学位论文；邵明杰、赵玉平：《莫高窟第 23 窟"雨中耕作图"新探——兼论唐宋之际祆教文化形态的蜕变》，《西域研究》2010 年第 2 期。

② 贺世哲先生同时还认为窟顶东披也是法华经变的一部分。他认为表现了《序品》《譬喻品》《药王菩萨本事品》《如来神力品》和《嘱累品》。但因为东披已经被下野玲子重新定名为佛顶尊胜陀罗尼经变，故东披不再属于法华经变，亦不在本节讨论之内。

　　首先，东壁门北侧壁面上方的画面上有一所城池建筑，城墙高大，四周有城门阙楼。城内有几身人物活动。在城池外，一身材雄伟的长者站在几身人物面前，似在交谈。他们身后，还有几身人物。有的作行走状，有的头枕物件作斗卧状。远处还有绿色的山峦。建筑周围有背负行李的旅行者和取宝人。其中一人头枕行李，作歇息状。众人前面有一体型宽大的长者（图6）。这一画面长期没有引起关注，下野玲子首次将其释读为《化城喻品》，而将此前一直被认为是《化城喻品》的南壁东端的画面重新释读为《如来寿量品第十六》的"良医喻"。更符合经文文本，修正了此前的错误，认为此处画面明确表现了《化城喻》。

图6　法华经变·化城喻品　莫高窟第23窟东壁

　　其次，关于《化城喻品》下方画面的定名。画面上，三位法师坐于高座之上，其下面跪坐数身闻法者，共有三组。贺世哲先生最早将其定名为《法师品》，下野玲子依据五代第61窟相类画面中的榜题"最后闻经五十人"等句，将该情节比定为《随喜功德品》。因经中偈颂所云："若人于法会，得闻是经典，乃至于一偈，随喜为他说，如是展转教，至于第五十，最后人获福。"① 该品继《分别功德品》所说，继续说明随喜听闻讲述《法华经》的所获功德之广大。因类似的法师坐于高座说法的画面在其后的法华经变中常有表现，有的榜题可识，有的榜题模糊。因该窟这一画面没有明确的榜题，故笔者以为，这一画面是否定名为《随喜功德品》尚待进一步的论证和证据（图7）。

　　第三，令人不解的是，位于东壁门上方、画幅较长的《常不轻菩萨品》画面保存完整清晰，很容易就能判定是表现《常不轻菩萨品》中常不轻菩萨礼拜众人、众人辱骂常不轻菩萨等情节②，但贺世哲先生没有提及，而是后来的下野玲子将其明确定名。这是敦煌法华经变中首次出现该品。

　　第四，在《常不轻菩萨品》之后的东壁门南上部的画面表现的是《药王菩萨本事品二十》（以下简称《药王品》）。该品讲述的是药王菩萨的前身一切众生喜见菩萨精勤修行、先后焚身、燃臂供养

---

① 《大正藏》第九册，第47页。

② 《大正藏》第九册，第50页。

日月净明德佛而获得现一切色身三昧的事迹。该品也是敦煌法华经变中常常表现的题材，而本窟的《药王品》系敦煌法华经变中首次出现。前述研究者都认为，画面"自左至右"集中表现了"菩萨燃身供佛""佛入涅槃""菩萨燃臂供养舍利塔"三个情节①。但是，对于东壁南侧最上角所绘的一婆罗门立于一建筑门前恭迎一红衣老者的画面（图 8），前述的研究者均未明确提及。笔者以为，这一画面很可能表现的是奉持《法华经》者所得的现世利益中的"如病得医"的情节。如经中所云："宿王华，此经能救一切众生者。此经能令一切众生离诸苦恼。此经能大饶益一切众生。充满其愿。如清凉池。能满一切诸渴乏者。如寒者得火。如裸者得衣。如商人得主。如子得母。如渡得船。如病得医。"② 这也是敦煌法华经变《药王品》中首见的"如病得医"画面，十分珍贵。同样表现"如病得医"的画面，在日本京都立本寺所藏镰仓时代（14 世纪）的绀纸金银泥《法华经宝塔曼陀罗》中的《药王品》上也可看到③。由此，第 23 窟东壁"药王菩萨品"画面以斜形"之"字顺序依次描绘了"菩萨燃身供佛""佛入涅槃""菩萨燃臂供养舍利塔""如病得医"四个情节，这与经文叙事顺序是一致的。

图 7　高座说法　莫高窟第 23 窟东壁　　　　图 8　"如病得医"　莫高窟第 23 窟东壁

第五，在《药王菩萨本事品》下方画面上绘有一座大型院落。院内的上间堂屋里，可辨识有二人对坐；下部画面模糊，只依稀可见高高的院墙。院落正门外，两人正骑马向院子走来（图 9）。对于这幅画面，之前的研究者们均未论及。笔者经过仔细识读并比照此后敦煌法华经变中的类似画面场景，将这一画面场景定名为表现《五百弟子受记品第八》内容的"衣珠喻"。该品与《化城喻品第七》均属所谓释迦"三周说法"中的"第三周说法"，主要给富楼那弥多罗尼子和乔陈如、五百罗汉等一千二百比丘讲法授记。而五百罗汉在闻法受记后，就以"衣珠喻"来表达他们对佛法的理解。如经中所言："世尊！譬如有人至亲友家，醉酒而卧。是时亲友官事当行，以无价宝珠系其衣里，与之而去。其人醉卧，都不觉知。起已游行，到于他国。为衣食故，勤力求索，甚大艰难；若少有所得，便以为足。于后亲友会遇

① ［日］下野玲子：《敦煌莫高窟唐代法華經變相圖的再檢討——第 23 窟壁画的位置付け——》，刊《會津八一紀念館研究紀要》第 8 号，第 45～56 页。

② 《大正藏》第九册，第 53 页。

③ ［日］奈良国立博物馆编：《法華經の美術》，奈良国立博物馆发行，1979 年，第 26 页，图版第 6。

见之，而作是言：咄哉，丈夫！何为衣食乃至如是。我昔欲令汝得安乐、五欲自恣，于某年日月，以无价宝珠系汝衣里。今故现在，而汝不知。勤苦忧恼，以求自活，甚为痴也。汝今可以此宝贸易所须，常可如意，无所乏短。"①该故事讲有一贫者到富人朋友家做客，因贪杯而醉酒不醒，而此时朋友因有公事须外出，于是临行前在他的衣服里缝了一颗无价的宝珠，以便他酒醒之后以此宝珠换得生活之必需。但这位穷人朋友对此一无所知，仍旧过着贫困生活。直到多年后再次遇到他的这位富人朋友时，方才知自己怀揣宝珠却浑然不知。故事以富有的朋友喻释迦，以穷人朋友喻下根种佛种智者，以衣中宝珠喻佛性，暗示每个人都有一个成佛的根性，只是多数人并未意识到自己原本具有的"佛性"。在敦煌法华经变中有多处画面表现了这一故事的两个场景：一即"二人对坐饮酒"，二是"二人再次相遇"。其中，中唐时期的中唐第231、237窟和五代时期的第61、98窟中的画面即与第23窟这一画面表现十分相似。如第231窟南壁所绘法华经变中的"衣珠喻"画面中，分别以上、下两个场景来表现。在上部场景中，一头戴幞头，身着红色袍服的人物坐于席榻上，其对面一身着绿色袍服者横卧于席榻上，其后一侍者模样的人作搀扶之状。中间的几案上摆放着食具、酒盏等。四周还以围屏与其他空间相隔，围屏的障子上绘有芭蕉等植物图案（图10）。与之比照，第23窟的这一画面亦当表现"衣珠喻"。上部画面当表现"二人对坐饮酒"的情节，下部画面虽然已经模糊难识，但笔者推测，原本很可能表现"二人再次相遇"的情节。由此来看，这一画面也是敦煌法华经变中首次出现的表现"衣珠喻"的画面。而且，从它与东壁门北侧上方所绘"化城喻"之间的对应关系来看，这两个故事分别绘于东壁门南、北两侧，是有意识的设计，它们完整地表现了释迦如来的"第三周说法"。

图9　"衣珠喻"　莫高窟第23窟东壁　　　　图10　"衣珠喻"　莫高窟第231窟南壁

（三）南　壁

南壁的主体画面是以二佛并坐于多宝塔内、两侧十方赴会佛、周围环绕闻法诸天的"虚空会"场景。其他情节均以此为中心展开（图11）。同时，在多宝塔左、右两侧分别绘骑狮文殊和乘象普贤及其

---

① 《大正藏》第九册，第29页。

图 11　法华经变（局部）　莫高窟第 23 窟南壁

众侍从，继续了初唐第 331 窟东壁法华经变以来形成的图像传统。关于南壁画面内容，贺世哲认为表现
了《见宝塔品》《观音菩萨普门品》《化城喻品》，下野玲子则不认同《化城喻品》的定名。她比照中唐
时期第 231 窟的画面，把南壁东端原定名"化城喻"的画面认定为表现《如来寿量品第十六》内容
的"良医喻"。这个故事以"良医"喻佛，以诸子喻满足小智的下根众生，以汤药喻佛陀的种种方便
说法。下野玲子认为画面先后表现了"诸子因误食毒药而痛苦倒地""良医为诸子煮汤药""良医劝
诸子服药""良医离家远行"等情节。这也是此品画面在敦煌壁画中的首次出现，可谓开此后该品画
面之先河。

　　关于南壁画面及其细节，笔者也有一些新的看法与释读。

　　首先，对于南壁下部较模糊的画面，贺先生并未提及这部分画面，下野玲子也仅以"因剥落严重，
定名不易"作结，并没有定名①。这部分画面总体上虽然很模糊，但画面诸多人物形象仍可识读。笔者
在此尝试进行释读：这部分画面由前、后两个场景构成。在前一个场景中，一身坐佛头顶华盖，坐于莲
花座上，数身胁侍菩萨侍立一旁。在佛说法场景前面，有一身着袍服的贵族妇女面向佛，双手合掌站立于
方毯之上。其右侧还立有一身身材稍矮的女性人物。其后又有数身女性眷属恭宽大敬侍立。在后一个场景
中，一身王者装束的人物面向佛陀，双手合掌站立于华盖之下。华盖形体硕大，装饰也很华丽，有双层伞
盖。在这一身人物之后，又有三身骑在马上的人物（图 12）。笔者认为其很可能表现的是《妙庄严王本事
品第二十七》的内容。该品通过药王、药上二菩萨在过去世为净藏、净眼二王子时以云雷音王佛为师后，

————————

①　[日] 下野玲子：《敦煌莫高窟唐代法華經變相圖の再檢討——第 23 窟壁画の位置付け——》，刊《會津八一纪念館研
　　究紀要》第 8 号，第 53 页。

图12　妙庄严王本事品　莫高窟第23窟南壁

图13　法华经变·观音菩萨普门品（局部）　莫高窟第23窟南壁

现大神变，先后劝母亲、父王皈依云雷音王佛而成就他们听法华经的因缘，来显示遇佛、闻听《法华经》之难遇难得。而其父成为佛弟子后，即奉献辇轿、财富，并把国政交给弟弟管理，自己随云雷音王佛求道闻法。如经中所云："妙庄严王与群臣眷属俱，净德夫人与后宫婇女眷属俱，其王二子与四万二千人俱，一时共诣佛所。到已，头面礼足，绕佛三匝，却住一面……其王实时以国付弟，与夫人、二子并诸眷属，于佛法中出家修道。"① 画面即表现妙庄严王率领妃嫔、大臣礼佛的场景。其中，端坐说法佛当为云雷音王佛；在一前一后两个场景中先后出现的贵妇人形象和王者形象当分别为妙庄严王及其夫人，身后侍众则为眷属、大臣等。这也是敦煌法华经变中首次出现该品画面。只是，与其后法华经变中的该品画面多表现净藏、净眼二王子显神通的情节不同，此处画面只绘出妙庄严王出家、礼佛的情节。这或许也反映出该品画面在尚未定型的最初时期的样式。

其次，值得注意的是，在该窟《观音普门品》画面的下方中还出现了出自于该品偈颂部分表现被人推落须弥峰或金刚山后口诵观音菩萨名号后即"有惊无险"、平安无害的情节（图13）。如偈颂中所言："或在须弥峰，为人所推堕，念彼观音力，如日虚空住。或被恶人逐，堕落金刚山，念彼观音力，不能损一毛。"② 这是除观音经变之外，在法华经变中首次出现。此外，本窟窟顶南披又绘了一幅以观音菩萨作为主尊，几乎完整地表现了观音事迹的独立的观音经变。可见，对观音菩萨的信仰与崇拜，在该窟法华图像中占有很重要的地位。这种现象，也反映出盛唐时期法华信仰的一大特色③。

第三，在表现"虚空会"的多宝塔左、右两侧分别绘骑狮文殊和乘象普贤及其众侍从。位于多宝塔左侧的骑狮子的文殊菩萨前方还有一身着宽袖袍服、面向多宝塔双手捧着一颗圆形物作供养之状的世俗女性人物形象（图14）。对这身人物形象，前述研究者也没有提及。从初唐时期第31窟窟顶西披到中唐时期的第159窟和第231窟、晚唐156窟、宋代第454窟等法华经变"虚空会"场景中，在文殊菩萨前

---

① 《大正藏》第九册，第6页。
② 《大正藏》第九册，第57页。
③ 笔者认为该窟窟顶南披绘的是一幅独立的《观音经变》。

也常出现这样一身世俗女性人物形象，或胡跪，或侍立；手中或捧圆形物或双手合掌（图 15）。笔者以为，这身人物形象很可能取材于《提婆达多品第十二》中的"龙女献珠"的故事。这也表明这一题材在敦煌法华经变中很受欢迎。

图 14　"龙女献珠"　莫高窟第 23 窟南壁　　　图 15　骑狮文殊菩萨与龙女　莫高窟第 231 窟南壁

三　画面构图特色再识

从整体上讲，该窟法华经变分别以北壁中央的"灵山会"和南壁中央的"虚空会"为主体，各自形成一种"向心式"布局。如前所述，在北壁，以画面中央的说法图为中心形成了一个横椭圆形祥云圈。在这个祥云圈里，与会的圣众再分别以中央的说法佛为主中心，在其两侧各有一身坐于莲台座上的菩萨，形成两个分中心。这两个分中心又以主说法佛为主中心，呈在祥云圈外左、右和下部分别表现各品内容。其中，祥云圈的左半边表现《从地涌出品第十五》，其外侧自上而下表现有《药草喻品第五》《方便品第二》《信解品第四》；而祥云圈右半边下半部虽已漫漶严重，但很可能原本表现的是《提婆达多品第十二》中的海涌菩萨，而在其外侧自上而下表现有《序品第一》《譬喻品第三》等品。从品目分类看，它们基本上都属于释迦"虚空会"之前的"前灵山会"阶段所说。而自《见宝塔品第十一》开始，释迦以神通力令赴"法华会"的圣众与多宝塔一起涌在空中住听《法华经》，开始了所谓的"虚空会"阶段。南壁即以"虚空会"的场景为画面主体。南壁画面以中央的多宝塔及其两侧的赴会佛、多宝塔左、右两侧的文殊、普贤菩萨及围绕周围的侍从一起构成了一个以多宝塔为中心的浓重色块区域。在其右侧，自上而下表现有《如来寿量品第十六》《妙庄严王本事品第二十七》等品目内容；在其左侧和下方，则全表现《观音菩萨普门品第二十五》。其中前两个品目属于"虚空会"阶段，后一个品目虽属于"后灵山会"阶段，但如早在隋代第 420 窟窟顶东披与北披连接处、盛唐第 217 窟东壁、第 444 窟东壁观音普门品画面或观音经变画面体现的那样，多宝塔仍然会出现——无尽意菩萨向观音送璎珞后，观音又转送释迦佛和多宝塔。可见，在中唐及以后法华经变"向心式"构图中，作为画面的"灵山会"和"虚空会"布局在该窟法会经变中首次同时出现了。这对于我们认识中唐及以后敦煌法华经变的图像之源起无疑具有重要意义。

四　在敦煌法华图像史上的定位

对于本窟法华变的构图及其在敦煌法华图像史上的意义，学界多有关注。如贺世哲认为该窟北壁绘"灵鹫会"，南壁绘"虚空会"，二会对称呼应，是设计者试图用法华义理解决洞窟中"法华二会"布局的成功探索①。杨赞恭则认为，与初唐时期偏重"虚空会"的取材完全相反，盛唐法华经变的取材偏重"灵山会"。但笔者认为本窟除了在南壁画面中央表现大幅的"虚空会"外，还在画面东侧以大幅画面表现"良医喻"，并在东壁门上方表现《常不轻菩萨品》的情节，而在北壁"灵山会"的画面中也杂有原本属于"虚空会"的《从地涌出品》的画面。所以，从各个情节所占据画面的比例上，看不出设计者对"灵山会"有何偏重。下野玲子则更把该窟置于敦煌法华图像演变历史上一个非常重要的位置。她认为，该窟法华经变在表现形式上与中唐时期及以后的法华经变有许多共同点，并认为吐蕃期及以后的法华经变的定型化了的构图形式并非突然出现，其原型至少在盛唐时期已经形成。她还强调，在中唐时期敦煌与中原交通隔断的情况下，敦煌的法华经变构图从盛唐期的第23窟向中唐及以后的变化，显示了同一种经变本身自然演变的过程②。

笔者以为，本窟法华经变对其后敦煌法华经变构图的形成产生了很有意义的影响，这一点是不容置疑的。首先从内容上看，该窟法华经变表现品目明显增多，画面表现更具情节性。特别是中唐及以后法华经变中最为常见的"法华七喻"在第23窟就明确出现了五个，即"三车火宅喻"（《譬喻品第三》）、"长者穷子喻"（《信解品第四》）、"三草二木喻"（《药草喻品第五》）、"化城喻"（《化城喻品第七》）、"良医喻"（《如来寿量品第十六》），而只有"衣珠喻"（《五百弟子授记品第八》）和"髻珠喻"（《安乐行品第十四》）两个未见。而到了中唐时期，这七种比喻全都被纳入经变画面中用来表现相应的品目。其次，在画面构图上，一些画面元素也成为其后敦煌法华的基本构图的一部分。如"穷子喻""药草喻"自下而上分布于"灵山会"等。特别是在整体构图上，初唐第331窟于多宝塔左右对称表现《提婆达多品第十二》和《从地涌出品第十五》，两侧与会圣众分别以骑狮文殊和骑象普贤为首，向着多宝塔方行进，两则圣众上方皆表现赴法华会的释迦分身化佛。但到了盛唐的第23窟，虽然与会的圣众仍然分别以骑狮文殊和骑象普贤为首，但不再如第331窟那样呈"一字形"队列，而是以多宝塔为中心形成了一个横椭圆形祥云圈。在这个祥云圈里，与会圣坛众则围聚在这两个菩萨前后周围，形成两个分中心，这两个分中心又以多宝塔为主中心，呈"向心式"布局。这种布局形式，就"虚空会"而言，就形成了定式，此后再也没有发生大的变化。其后的敦煌多品目法华经变的画面构图大体相同，都以"灵山会（序

---

① 　贺世哲著：《敦煌石窟论稿》，甘肃民族出版社，2004年，第162页。

② 　［日］下野玲子：《敦煌莫高窟唐代法華經變相圖の再檢討——第23窟壁画の位置付け——》，刊《會津八一紀念館研究紀要》第8号，PP45–56。

品）"和"虚空会（见宝塔品）"为画面中心，其他品目围绕其展开，或整体画面呈现出以"虚空会"
"灵鹫会""火宅喻"为中轴线，其他画面分左右对称展现的格局。大多数情况下，表现《信解品》内
容的"穷子喻"都位于画面的左下角，左边承接《譬喻品》（"火宅喻"），上方后续《药草喻品》（"云
雨喻"）。这种安排也与《法华经》中《信解品第四》前接《譬喻品第三》，后续《药草喻品第五》的叙
事顺序一致。总体来看，敦煌多品目法华经变中的"穷子喻"图像的表现形式大体上有一个统一的、固
定的程式，画面特征也很明显。

　　但是，正如笔者在前文指出的那样，我们并不能由此夸大它对后来法华经变构图的影响。从其后的
法华经变画面表现来看，本窟的一些品目的一些具体画面元素和表现方式，并没有在后来的法华经变中
延续。首先，从具体画面表现上，以《方便品》为例。该品自隋代第 420 窟出现后，前后共明确出现了
24 次，但只有第 23 窟是以"拜塔""童子戏"的画面来表现，而其他则都是在"灵山会"下方主要以
"涅槃图"来表现。如中唐第 231 窟和第 237 窟、晚唐第 85 窟、五代第 261 窟、宋代第 449 窟和第 454
窟等窟。其次，在一些情节所处的位置上，以《譬喻品》的"三车喻"为例。该窟位于北壁"灵山会"
的左侧。但中唐后，该品多置于画面中央的中轴线上，而且通常位于表现《方便品》的涅槃图下方，显
示出该品在整个画面构图中占有重要的地位。在敦煌法华经变中，明确表现《譬喻品》画面的共有 26
铺之多。其中，基本位于画面中轴线的共有 19 铺，位于画面右下角的也只有盛唐第 23 窟、中唐第 159
窟、晚唐第 85 窟和宋代第 55 窟 4 铺。因此，不能夸大第 23 窟法华经变对敦煌多品目法华经变模式形成
的影响力。第三，特别是从叙事方式上看，像第 23 窟这种以三个壁面连续表现的例子在敦煌石窟中再也
没有出现。虽然南、北壁的构图方式与单幅画形式的多品目法华经变有相同之处，但就整部经变来看，
这种北、东、南三壁依次来表现《法华经》各品内容的叙事方式，其实与敦煌隋代第 419、420 窟法华
经变表现形式之间的关系似更紧密。这也表明，第 23 窟的法华经变尚处于一种摸索、过渡的阶段[①]。正
如笔者在此前的研究中提到的那样，虽然敦煌初唐—盛唐期间的历史长达 160 多年，但是现存的第 331
窟与第 23 窟的法华经变画面表现形式很不相同，我们无法确定这二者在图像上是否有直接的联系，更无
法确定从第 23 窟这种在三个壁面上表现同一种经变的构图形式，一跃而变为中唐期那种"上接虚空会，
下连灵鹫会，周围表现其他品目"的成熟、固定的图像模式就是一种自然的演进结果。

---

① 张元林：《也谈莫高窟第 217 窟南壁壁画的定名——兼论与唐前期敦煌法华图像相关的两个问题》，《敦煌学辑刊》2011
　年第 4 期。

敦煌石窟维摩诘经变所见讲经说法仪式研究

焦树峰 *

内容提要:《维摩诘经》是大乘佛教的重要经典之一,维摩诘经变更是多次出现在敦煌石窟中。通过维摩诘经变可大致看出中古时代的讲经说法仪式。维摩诘居士扮演着讲经法师的角色,负责"讲法";文殊菩萨扮演着都讲的角色,负责"问难";天人圣众和帝王群臣则是听众的代表。讲经仪式中的高座与都讲、讲经与问难,在维摩诘经变中都得到了体现,可以说维摩诘经变就是中古时代讲经说法仪式的图像再现。

关键词: 维摩诘经变 讲经仪式 敦煌石窟

《维摩诘经》是大乘佛教的经典之作,以文殊菩萨去维摩诘大士处问疾达到高潮。根据《维摩诘经》绘制而成的维摩诘经变也成为敦煌莫高窟壁画的经典之作。其中有维摩诘和文殊菩萨相对而坐互相辩问的场面,更有天女戏舍利弗的神来之笔。以往的研究中往往注意到了维摩诘经变中的帝王图像研究①、"不二法门"思想以及只身来到婆娑世界度化人间的维摩诘居士②;或者和中古时期的士人玄学联系起来,认为《维摩诘经》的出现适应了中古时期的玄学之风,更成为当时士大夫的典型代表③;更或者注意到维摩诘居士手中的麈尾,是魏晋名士清谈的象征④。在东晋士人的心中,维摩诘就是典型的清谈家⑤。

以上的研究中大多没有注意到的是文殊菩萨问疾品场面中存在的讲经说法仪式,而对于佛教中讲经

---

* 作者简介:焦树峰(1994年~　),男,山西大同人,兰州大学敦煌学研究所在读硕士研究生,研究方向为中古中国佛教图像研究。

① 沙武田、李国:《由维摩诘经变赞普问疾图看吐蕃之后的敦煌社会》,《中国藏学》2015年第4期;赵燕林:《莫高窟第220窟维摩诘经变帝王像研究》,《敦煌研究》2018年第6期;陈凯源:《莫高窟初唐维摩诘经变 帝王问疾图出现原因探析——以莫高窟第220窟为例》,《法音》2019年第12期。

② 封加樑:《〈维摩诘经变〉中的"不二"手势研究》,《中国美术研究》2017年第2期。

③ 杨金茹:《〈维摩诘经〉与唐代士大夫的精神世界》,《安庆师范大学学报》2017年第4期。

④ 杨森:《敦煌壁画中的麈尾图像研究》,《敦煌研究》2007年第6期;宁稼雨:《魏晋士人人格精神——〈世说新语〉的士人精神史研究》,南开大学出版社,2003年,第210页。

⑤ 姜广振:《〈维摩诘经〉思想对东晋士人的影响——以〈世说新语〉为中心》,《文艺品论》2015年第2期。

说法仪式的研究多从文献的角度去分析①。维摩诘经变这铺大型说法场景中的说法仪式还有很大的研究空间。本文则通过敦煌石窟维摩诘经变来对讲经说法仪式进行阐述。

一　维摩诘经变与讲经制度

《维摩诘经》是大乘佛教的经典之一，最早由鸠摩罗什译出，著名高僧玄奘也曾翻译此经。经中描绘的是一位毗耶离城长者维摩诘，他原本是妙喜国的佛陀，为度化众生来到婆娑世界，"寝疾于床"；为教化众生，佛陀派文殊菩萨前往问疾；二人开始一系列的对话，阐述了"不二法门"思想。在维摩诘经变中我们看到了维摩诘展示的种种神通以及当他把佛法说完之后文殊菩萨竖起的两根手指，来说明"不二法门"思想，表示认同维摩诘的大乘佛教理论。

由于维摩诘居士"辩才无碍、游戏神通"的特征，成为中古士人们喜爱的对象，随之也就成了画家描绘的对象。著名的有顾恺之在瓦官寺所画的维摩诘像："……遂闭户往来一月余日，所画《维摩诘》一躯，工毕，将欲点眸子，乃谓寺僧曰：'第一日观者请施十万，第二日可五万，第三日可任例责施。'及开户，光照一寺，施者填咽，俄而得百万钱。"② 只因画一铺维摩诘像就得施钱百万，除去顾恺之的精妙笔法之外，也可见人们对维摩诘这一佛教形象的喜爱。

维摩诘经变迄于隋代洞窟，直到宋代，延续五百多年。期间维摩诘经变不断地适应着人们的需求。从开始的简单描绘，到之后的宏大场面叙述。维摩诘经变根据《维摩诘经》或者粉本绘制而成，只不过有的维摩诘经变中突出了绘画者别出心裁的画法。现存最早的维摩诘经变是炳灵寺第 169 窟的维摩诘经变，敦煌莫高窟现存维摩诘经变六十八铺③。

维摩诘经变有其固定的模式。大多经变画绘制的都是佛经中的《序分品》，辅以其他内容，以佛为中心，天人圣众以扇形的形式围绕在佛周围。维摩诘经变却以《问疾品》为中心展开，每个洞窟绘制的内容详略不同，却有其固定的构图模式，即文殊菩萨和维摩诘居士相对而坐；天人圣众、帝王及群臣在周围听法。这是维摩诘经变与其他经变画构图不同之处。

维摩诘经变中最简单的构图就是敦煌莫高窟第 276 窟西壁南北两侧的维摩诘经变。第 276 窟西壁南北两侧的维摩诘经变情节简单、内容简洁，内容只有文殊菩萨和维摩诘居士。文殊菩萨站在莲台之上，左手伸出手指表现"不二"思想；维摩诘居士一副老者模样，手拿麈尾横在胸前，张口欲言。二人站在山间丛林之中，文殊菩萨背后有一棵大树，树干笔直，远处是山峦树林；而维摩诘身后环境也是枝叶繁茂。西壁北侧还写着"戒香定香惠香解脱香解脱只见香、光明云台遍法界、供养十方无量佛、见闻普询证寂灭、一切众生亦如是"，这可能是僧人修禅所用，不是本文讨论范围之内（图 1）。

① 时空：《中国佛教寺院的讲经仪式》，《华夏文化》1994 年第 Z1 期。李鹭、宁国良：《古代中国寺院的俗讲》，《华夏文化》1997 年第 2 期；陈洪：《汉化佛教首例讲经仪轨考释》，《徐州师范大学学报》1999 年第 1 期；圣凯：《论唐代的讲经仪轨》，《敦煌学辑刊》2001 年第 2 期；杨维中：《古代讲经杂考》，《佛学研究》2008 年第 00 期；［日］荒见泰史：《九、十世纪的通俗讲经和敦煌》，《敦煌学辑刊》2008 年第 1 期。

② ［唐］张彦远著，范祥雍点校：《历代名画记》，北京：人民美术出版社，2016 年，第 113 ~ 114 页。

③ 贺世哲：《敦煌莫高窟壁画中的〈维摩诘经变〉》，《敦煌研究》1982 年第 2 期。

图 1 莫高窟第 276 窟 维摩诘经变 隋朝

敦煌莫高窟中场面宏大的维摩诘经变很多。莫高窟第 220、103、138、159、332 等窟都绘制着场面宏大的维摩诘经变。莫高窟第 138 窟的维摩诘经变场面宏大，人物众多，内容丰富，人物形象栩栩如生。其中文殊菩萨问疾是维摩诘经变的高潮，也是《维摩诘经》的主要部分。在第 138 窟的维摩诘经变中，文殊菩萨和维摩诘大士相对坐在高座之上；维摩诘大士手拿麈尾，身体微微向前倾，目光炯炯地注视着场面上的一举一动，一幅温文尔雅的中原汉人形象；文殊菩萨坐在维摩诘对面，面带微笑，一副胸有成竹的样子；在维摩诘讲到主旨的时候，文殊菩萨举起二指来表现"不二"的中心思想。天人圣众，帝王及群臣围绕在两人周围；同时香积品、佛国品等场面应有尽有（图 2）。

图 2 莫高窟第 138 窟 维摩诘经变 晚唐

《高僧传》中有关于讲经法会的规定。"经师篇"和"唱导篇"位于《高僧传》最后两章，因为慧皎认为"寻经、导二技，虽于道为末，而悟俗可崇。故加此二条，足成十数"①。可见讲经和唱导在当时并不流行，只是"悟俗可崇"才加进去。讲经只在斋会时"止宣唱佛名，依文至礼，至中宵疲极，事资启悟，乃别请宿德，升座说法，或杂序因缘，或傍引比喻"②。在中夜的时候，高僧宿德为大家说法来缓解疲劳才是升座讲经说法的初步形态。佛教初传中土，受到中土文化的抵制，僧团便用讲经这种方式来吸引信众。

慧远和道安法师时才把讲经说法作为一种佛教仪式确定下来。慧远法师"每至斋集，则自升高座，躬为导首，先明三世因果，却辨一斋大意，后代传授，遂成永则"③。虽然成为"永则"，但仍然只是在办斋会的时候进行讲经。讲经说法仪式还没有真正成为佛教的一种正式仪轨，适用范围小，说法的受众固定，方式单一。道安法师"伤戒律之未全，痛威仪之多缺，故弥缝其阙，堰其流，立三例以命章，使一时而生信"④。因此道安法师制定了三条僧尼轨范："一为行香上座上讲之法；二为日常六时行道饮食唱时法；三为布萨差使忏悔之法。"⑤ 志磐《佛祖统纪》记载："《僧传》称，汉魏以来，请僧设供，同于祠祀，起坐威仪，略无规矩。至晋朝安法师，始依经律，作赴请礼赞等仪，立为三例。一行香定坐上讲，二六时礼忏，三布萨等法。"⑥ 道安法师制定的行香上座上讲之法为天下僧尼所遵从，讲经说法成为佛教正式的说法仪式。

维摩诘经变依据《维摩诘经》绘制而成，维摩诘经变本身就是一铺说法图。维摩诘经变重点展示文殊问疾品，在问疾过程中维摩诘为以文殊菩萨为首的大众详细讲说了"不二思想"，这为敦煌壁画所体现。维摩诘经变和其他以《序分品》为中心展开的经变画构图模式不同，它是以文殊菩萨和维摩诘对坐，天人圣众、帝王群臣围绕四周为中心所展开。这种相对而坐的模式就为我们了解佛教讲经说法仪式提供了新的思路。

二　维摩诘经变所见讲经说法仪式

维摩诘经变以文殊菩萨问疾为中心展开，除了像第276窟中的维摩诘经变构图情节简单之外，维摩诘经变中还描绘有佛国品、方便品、观众生品、不可思议品等场景，场面宏大，人物表情栩栩如生；把维摩诘刻画得"有清羸示病之容，隐几忘言之状"；天女戏耍舍利弗的天真神态表现得淋漓尽致。维摩诘经变中固定的人物位置以及人物对话的场景，为我们了解讲经说法仪式提供了重要的依据。

---

① ［南朝梁］慧皎撰，汤用彤校注：《高僧传》，北京：中华书局，1992年，第521页。

② ［南朝梁］慧皎撰，汤用彤校注：《高僧传》，北京：中华书局，1992年，第521页。

③ ［南朝梁］慧皎撰，汤用彤校注：《高僧传》，北京：中华书局，1992年，第521页。

④ ［北宋］赞宁撰、富世平校：《大宋僧史略校注》，北京：中华书局，2015年，第70页。

⑤ ［南朝梁］慧皎撰，汤用彤校注：《高僧传》，北京：中华书局，1992年，第183页。

⑥ ［南宋］志磐撰：《佛祖统纪》卷三三，《大正新修大藏经》第49册，第319页。

（一）高座与都讲

讲经法会中法师要升座，即登高而坐，故讲经法师也称高座，坐北朝南。设高座，就是设狮子座。"座者狮子座也，经所以喻狮子座者，狮子兽中之王，常居高地，不处卑下，故喻高座也。"① 之所以升高座，一方面表现了对高僧大德的尊重，另一方面是在讲经过程中，让每一个听众都可以听清楚法师的声音：

> 于是法师说法之时，大众集会，其声不显，不能令众爱乐欢喜，……尔时世尊告诸比丘：须更倍敷设高座，使说法者升是座上，……②

可见在说法中，高座目的之一也是为让听法大众可以清晰地听到讲经者的声音。

高座为高僧大德或法师所坐。《维摩诘经·不可思议品》中描述了维摩诘从须弥灯王处借坐的场景：

> 尔时，维摩诘语文殊师利："就狮子座，与诸菩萨上人俱坐。当自立身，如彼坐像。"其得神通菩萨，即自变形为四万二千由旬，坐狮子座，诸新发意菩萨及大弟子，皆不能升。尔时，维摩诘语舍利弗："就狮子座。"舍利佛言："居士！此座高广，吾不能升。"维摩诘言："唯，舍利弗！为须弥灯王如来作礼，乃得可坐。"于是新法以菩萨及大弟子，即为须弥灯王如来作礼，便得坐狮子座。③

讲经法师一般都是才学兼备、德高望重之人，所以文殊菩萨可以坐狮子座。舍利弗作为弟子"不能升座"，需借助外力。这和讲经法会中法师高座含义相同。

都讲是转读经文和问难的僧人，和讲经法师相对而坐，坐南朝北。"请两僧，各升佛边一座，略诵小经半纸一纸。"④ 都讲《释氏要览》"都讲"条："即法师对扬之人也。"⑤ 其功能就是转读经典，负责转读佛经的僧人。"既其坐定，令一经师，升狮子座，读诵少经。"⑥

都讲转读经文是讲经仪式的重要组成部分。上讲之前，一定要转读经典，"即云何于此经等一行偈矣。至愿佛开微密句。"梁代僧旻"常于讲日谓众曰'昔弥天释道安，每讲与定座后，常使都讲等，为含灵转经三契，此事久废，既是前修胜业，欲屈大众各诵《观世音经》一遍'于是合作欣然，远近相习，而后道俗舍物迄前诵经，由此始也"⑦。转读是讲经仪式中不可缺乏的环节。《高僧传》记载："自大教东流，乃译文者众，而传声盖寡。良由梵音重复，汉语单奇。若用梵音以咏汉语，则声繁而偈迫；若用汉曲以咏梵文，则韵短而辞长。是故金言有译，梵响无授。"⑧ 所以转读也是让听众更好地理解佛经

---

① 《后汉录·分别功德论》卷一，《大正新修大藏经》第25册，第32页。

② ［隋］阇那崛多译：《佛本行集经》卷五〇，《大正新修大藏经》第3册，第884页。

③ ［后秦］鸠摩罗什撰，赖永海、高永旺译：《维摩诘经》，北京：中华书局，2016年，第118页。

④ ［唐］义净撰，王邦维校注：《南海寄归内法传校注》，北京：中华书局，1995年，第63页。

⑤ ［北宋］释道诚著、富世平校：《释氏要览校注》，北京：中华书局，2014年，第438页。

⑥ ［唐］义净撰，王邦维校注：《南海寄归内法传校注》，第175页。

⑦ ［唐］道宣撰，郭绍林点校：《续高僧传》，北京：中华书局，2014年，第158页

⑧ ［南朝梁］慧皎撰、汤用彤校：《高僧传》，北京：中华书局，1992年，第507页。

含义，有助于佛法的传布。随着佛教的传播，都讲转读的功能逐渐减少，成为法师的"问难"者。"问难"即向法师提出问题，由法师回答。

文献中关于高座和都讲的位置在维摩诘经变中得到体现。维摩诘经变中文殊菩萨和维摩诘居士相对坐在高座之上。不止第138窟的维摩诘经变中文殊菩萨和维摩诘居士相对而坐，其他洞窟的维摩诘经变都是如此。莫高窟第103窟的维摩诘经变中，以东壁门为对称轴，东壁两侧的文殊菩萨和维摩诘居士相对而坐，一边是文殊菩萨专门而来问疾的目光，另一边却是维摩诘居士的侃侃而谈，构成讲经法会的基本形式（图3）。

图3　莫高窟第103窟 维摩诘经变　盛唐

维摩诘经变中人物的位置和莫高窟壁画讲经说法图中人物的位置相似。莫高窟第159窟南壁，两僧人穿着颜色相同的僧衣相对坐在高座之上，左边僧人高座之下分别跏趺坐着两名僧人，一名身穿灰色僧衣，另一名穿黑色僧衣，在黑色僧衣的对面胡跪着一名信众，双手合十，虔诚礼拜；右边的高座下面有四名僧人，一僧人跏趺坐在左边，另两名僧人跏趺坐在右边，右边第三名僧人胡跪在最后，双手合十（图4）。维摩诘经变中人物的位置和第159南壁说法图中人物位置相同，这也是维摩诘经变中包含有讲经法会仪式的有力证据。

升座是讲经法会中的重要仪式，法师坐在高座之上。是

图4　莫高窟第159窟 讲经说法图 中唐

法师身份的象征，也方便听众听清。因此法会中讲经法师又叫高座。都讲和法师相对坐在高座之上，周围围绕听众。不管是莫高窟第 276 窟中内容简洁的维摩诘经变，还是第 332、220、138 等窟中场面宏大的维摩诘经变，文殊菩萨和维摩诘居士的相对位置都可以构成讲经说法的场景模式。维摩诘经变中维摩诘和文殊菩萨登高座、听众环绕的场景和文献中关于讲经法会中人物位置的记载相同，其在敦煌壁画中讲经图像中也得到了认证，满足了讲经法会仪式的基本条件。

（二）讲经与问难

讲经法会中会出现法师讲法，都讲问难的环节。法师讲经时手中会拿麈尾，遇到提问者，主讲师要"便顷尘尾，即还举之，谢问便答，帖问帖答"。也就是说要把麈尾放下再立即拿起，首先要感谢发问者，之后便作回答。这样的形式会在讲经过程中持续多次，以便回答问题。僧人讲经问难，在南北朝时期就已出现。梁武帝每讲经，诏枳园寺法彪为都讲。彪先举一问，帝方鼓舌端。载索载征，随问随答。晋支遁至越，王羲之请讲《维摩经》，以许询为都讲。询发一问，众谓遁无以答；遁答一义，众谓询无所难。今之都讲，但举唱经文，而亡击问也①。

讲经法会不只是都讲可以问难，听众同样可以问难。所以讲经法会对于主讲师的学识要求很高，必须能承受住听法者的"问难"。东晋沙门道恒，才学兼备，其学说受到很多人的追捧，但是却收到竺法汰的不满，认为其学说为"邪说，应须破之，乃大集名僧，令弟子昙一难之，据经引理析驳纷纭。恒仗其口辩不肯受屈，日色既暮，明旦更集慧远就席。设难数番关责锋起。恒自觉义途差异。神色微动。麈尾扣案未即有答。远曰。不疾而速。杼轴何为。座者皆笑矣，心无之义于此而息，汰下都止瓦官寺"②。《法苑珠林》对主讲师的要求记载："形好声不好、声好而形丑、丑形亦丑"者都不行，必须声好形亦好才能作为讲经法师③。讲经法会中对讲经师的容貌、声音都有很高的要求，否则法师蒙难，对寺院以及法师的名誉也是极大的损害。

文殊菩萨问疾品中的场景和讲经法会中的"问难"相似。莫高窟第 138 窟中看到的文殊菩萨和维摩诘居士相对而坐，在这期间维摩诘就扮演着讲经法会的讲师角色，在不停地向以文殊菩萨为首的听众讲授佛法；文殊菩萨作为"都讲"则在一旁发问或者转述维摩诘所讲之意（图 5）。就如《维摩诘经·诸法言品》中所描述的那样："长者维摩诘心念：今文殊师利与大众俱来。即以神力，以疾而卧。……文殊师利言：何以空无供养。维摩诘言：诸佛土与此舍皆空如空。又问：何谓为空。答曰：空于空。又问：解一为空。答曰：空无与之为空空。又问：空复谁为。答曰：思想者也，彼亦为空。又问：空者当于何求。答曰：空者当于六十二见中求。又问：……答曰……"等等④。随着经中文字的描述，维摩诘经变的画面感随之而来。文殊菩萨和维摩诘居士相对而坐，一问一答，身边"众菩萨大弟子释梵四天王"围绕，精心听两人的辩论，"今得文殊师利与维摩诘二人共谈，不亦具足说大道哉"，"其中八千天

---

① ［北宋］释道诚撰、富世平校：《释氏要览校注》，北京：中华书局，2014 年，第 438～439 页。
② ［南朝梁］慧皎撰、汤用彤校：《高僧传》，北京：中华书局，1992 年，第 192～193 页。
③ ［唐］释道世撰，周叔迦、苏晋仁校：《法苑珠林校注》第 2 册，第 754 页。
④ ［后秦］鸠摩罗什撰，赖永海、高永旺译：《维摩诘经》，北京：中华书局，2016 年，第 97～99 页。

图 5　莫高窟第 138 窟 维摩诘经变人物形象示意图　晚唐

子，皆发阿耨多罗三藐三菩提心"①。

　　佛教举行讲经法会的一个重要目的就是吸引信众和信徒布施，因此在讲经法会中听众的位置位于高座的周围或者下方。维摩诘经变中的听众位置位于文殊菩萨和维摩诘居士的周围或下方，就是前贤所研究的"帝王听法图"。他们是讲经法会的听众，更是重要的布施者。在讲经法会开始的时候，由身份较高的维那师出来说明本次法会缘由，但更重要的是要说明本次法会的施主，即捐赠者。较大型的法会都会有一定的施主，有可能是政府官员，也有可能是普通信众。在北魏《帝令诸州众僧安居讲说诏》云："……令此夏安居清众。大州三百人，中州二百人，小州一百人，任其数处讲说，皆僧祇粟供备。……"② 僧人的讲法活动，受到政府的支持和资助，不论是大州还是小州，都要供给粮食。甚至政府还要供给衣物、住处，"今受衣将逼，官寺例得衣赐，可待三五日间，当赠一袭寒服"③。

　　不止第 138 窟中的帝王听法图，在莫高窟第 220 窟东壁北侧维摩诘经变中，文殊菩萨下方画着一铺帝王听法图极具色彩。图中的帝王雍容华贵，双臂张开由两边的人搀扶着，仿佛在向讲经会场走来，后面跟着浩浩荡荡的随从（图 6）。这就是讲经法会中的听众，也可能是法会中的重要布施者。他们的位置是站在高座下方或者围绕在高座周围。

　　讲经法会中听众也可以"问难"。维摩诘经变中的帝王以及群臣图像就是听法的听众，他们围绕在文殊菩萨和维摩诘居士的两侧，气势恢宏，似乎在随时准备向法师发问。舍利弗也是听众的代表，《维摩诘经》中描述了舍利弗之问："……舍利弗言：天止此寺，其已久如？答曰：我止此寺，如耆年解脱。

①　［后秦］鸠摩罗什撰，赖永海、高永旺译：《维摩诘经》，北京：中华书局，2016 年，第 114 页。

②　［唐］释道宣撰：《广弘明集》卷二四，《大正新修大藏经》第 52 册，第 272 页。

③　［唐］道宣撰，郭绍林点校：《续高僧传》，北京：中华书局，2014 年，第 997～998 页。

图6　莫高窟第220窟 帝王听法 初唐

……舍利弗言：善哉，善哉，天女，汝和所得？以何为证？辩乃如是。天曰……"① 敦煌莫高窟第321窟南壁下方有一幅僧人说法图，一僧人坐在高座之上，座位之前坐着两位僧人，高座之后坐三位僧人，双手合十；在高座僧人的对面有一人，其左手高高抬起指向高座之上的僧人，应该是讲经法会中的"问难"场景。从此讲经说法图像来看，此次讲经法会"问难"的场景很激烈。这幅场景正好反映了讲经法会中的"问难"仪式②。

佛教讲经法会的仪式还有很多细节，打钟集众、行香，唱导回向、大众叹佛、解座等都是讲经法会中的仪式，这些仪式在其他佛事活动中大多会出现③。但是在讲经法会中基本的仪式就是法师上座讲经、都讲问难与转读、听众与问难，这三种要素在讲经法会中不可或缺，否则就构不成讲经法会。维摩诘经变和讲经法会仪式中的元素相同，讲法的维摩诘居士、作为都讲的文殊菩萨、帝王及群臣作为听众在听法等元素无一缺少。所以从维摩诘经变中人物的位置以及内容我们可以一窥中古时代讲经法会的真实面目，和文献中记载讲经法会相似。况且维摩诘经变本身就是一场大型的讲经法会，为我们了解中古时代的讲经法会提供了重要的图像依据，从壁画角度对中古时代讲经说法场面的再现与还原有重要意义。

三　维摩诘经变的作用

维摩诘经变根据《维摩诘经》绘制而出，根据贺世哲先生的统计，在敦煌莫高窟有六十八铺维摩诘经变，都是根据鸠摩罗什译本所绘。并且依据朝代讲维摩诘经变分为隋、唐前期、中唐、归义军时期④。如此大量的维摩诘经变在敦煌莫高窟出现，自有其原因与目的。

维摩诘经变有利于僧人修行，起到上课教学的作用。图像就是一种书写形式，为的就是让不识字者

---

① ［后秦］鸠摩罗什撰，赖永海、高永旺译：《维摩诘经》，北京：中华书局，2016年，第135~136页。
② 图版参见《中国石窟·敦煌莫高窟（三）》，图版53。
③ ［日］圆仁著，白化文、李鼎霞、许德楠校注：《入唐求法巡礼行记校注》，花山文艺出版社，2007年。书中记载了赤山院讲经仪式、新罗讲经仪式的过程。
④ 贺世哲：《敦煌莫高窟壁画中的〈维摩诘经变〉》，《敦煌研究》1982年第2期。

看懂①。中古时期的佛教信徒受教育程度较低，敦煌壁画正好为其理解佛教教义提供了方便。在佛教僧团内部，佛教主要是以佛经为载体来宣说佛教教义，来帮助佛教僧人加强对佛法的理解。但是佛教经典有时晦涩难懂，为了让僧人能够理解深奥经典中诸佛菩萨所说的佛法，僧人将佛经中的文字转化为图像，绘制在壁画中。维摩诘经变中的"不可思议品""不二法门品""香积佛品"等栩栩如生，有助于僧人进行理解和修行。同时，经中描写的"心净则佛土净，则一切功德净"等净土思想有助于僧人修习大乘佛法，不被小乘佛教所左右。

　　维摩诘经变为俗讲起到图像辅助的作用。《维摩诘经》在传入之初便受到中古士大夫的喜爱，其"游戏人间、智慧无双"的形象更是深入人心。僧团为吸引信众便对《维摩诘经》进行俗讲。在对维摩诘经变作为俗讲的参考问题上，傅云子更是说得明白："变文是相辅变相图的……变文和变相图的含义是同一的，不过表现的方法不同，一个是文辞的，一个是绘画的，以绘画为空间的表现得是变相图，以口语式文辞为时间展开的是变文。"② 在寺院俗讲维摩诘经时，法师为了让听众理解佛教教义，把维摩诘经变和维摩诘变文结合起来，图文互助，可以起到事半功倍的作用。在敦煌藏经洞出土了大量的《维摩诘讲经文》，例如 S. 4571《维摩诘讲经文》、S. 3872《维摩诘讲经文》、P. 2292《维摩诘讲经文》等等，这些维摩诘讲经文的出现更加证明了维摩诘经变是讲经说法时的图像辅助，为宣传大乘佛教起到了重要作用。

---

① ［英］E. H. 贡布里希著，杨思梁、范景中译：《象征的图像》，广西美术出版社，2014 年，第 284 页。
② 周绍良、白化文：《敦煌变文论文录》，上海古籍出版社，1982 年，第 154 页。

麦积山石窟寺壁画调查与研究

项一峰*

内容提要：麦积山石窟以泥塑著名，被誉称"东方雕塑馆"，其壁画一直以来被重视不足，关注的人很少，不为大家所熟知。本文是在对麦积山石窟壁画进行全面系统调查的基础上，将各时代洞窟壁画中不同题材内容的分布情况进行类别梳理。并探讨其存在的诸多特点，如壁画中多种题材、内容丰富、情节众多的大型经变画肇始，独创的"薄肉塑"壁画艺术，以及壁画中的建筑、器乐乃至其蕴含的多民族因素等，皆是中国石窟寺十六国北朝时期壁画中难得的作品。为我们对麦积山石窟和地域历史、宗教、民族、文化、艺术等研究提供了珍贵的实物资料，同时对丝绸之路的研究具有重要的价值和意义。

关键词：麦积山　壁画　题材内容　艺术　特点

石窟寺壁画，顾名思义，指石窟寺中所绘的所有壁画，主要绘于窟龛壁面，即四壁和窟顶，龛内的三壁和顶部，窟龛外壁面。以及洞窟中佛菩萨造像的背、项光，佛、菩萨身上的彩绘，坛座壁面上和寺院的墙壁上。

麦积山石窟寺壁画调查研究，过去已有专家学者做过工作，也发表了一些成果①。主要体现在两个

---

*　作者简介：项一峰（1965 年～　　），男，安徽巢湖人，敦煌研究院麦积山石窟艺术研究所副研究馆员，主要从事石窟考古，佛教历史、文化、艺术及世界文化遗产研究工作。

① 冯国瑞：《麦积山石窟志》，甘肃人民出版社，2002 年；李月伯、何静珍、陈玉英：《麦积山石窟的主要窟龛内容总录》，《天水麦积山石窟研究论文集》，甘肃文化出版社，2008 年；李西民、蒋毅明：《麦积山石窟内容总录》，《中国石窟·天水麦积山》，文物出版社，1998 年；项一峰：《麦积山石窟内容总录（东崖部分）》，《敦煌学辑刊》1997 年第 2 期；张锦秀：《麦积山石窟志》，甘肃人民出版社，2002 年；张宝玺：《麦积山石窟壁画叙要》，《中国石窟·天水麦积山》，文物出版社，1998 年；吴作人：《麦积山石窟的壁画》，《文艺学习》1957 年第 3 期；张学荣：《关于麦积山石窟中的北周洞窟、造像和壁画》，《麦积山石窟》，甘肃人民出版社，1984 年；董玉祥：《麦积山等石窟的壁画艺术》，《中国美术全集·绘画编 17》，人民美术出版社，1987 年；李光霖、界平：《谈麦积山石窟中的伎乐天与音乐》，《伏羲文化》，中国社会出版社，1994 年；花平宁、谢生保：《麦积山石窟壁画中的〈睒子变〉》，《丝绸之路》1998 年第 3 期；唐冲：《麦积山 127 窟正壁斜坡壁画略论》，《丝绸之路》1998 年学术专辑；唐冲：《浅议麦积山石窟的地狱变相》，《敦煌研究》2003 年第 6 期；项一峰：《维摩诘经与维摩诘经变——麦积山 127 窟维摩诘经变壁画试探》，《敦煌学辑刊》1998 年第 2 期；项一峰：《麦积山北魏 115 窟造像壁画内容考释》，《敦煌学辑刊》2004 年第 1 期；项一峰：《麦积山第 127 窟研究》，《麦积山石窟艺术文化论文集》上，兰州大学出版社，2004 年；项一峰：《麦积山石窟第 4 窟七佛龛壁画初探》，《石窟寺研究》第一辑，文物出版社，2010 年；孙晓峰：《天水麦积山第 127 窟研究》，甘肃教育出（转下页注）

方面：一是对石窟洞窟中壁画的简单介绍；二是对个别洞窟壁画或个案的不同角度进行了探讨。但对麦积山石窟壁画的全面梳理，仍存在一定缺陷。因此，现对麦积山石窟壁画进行调查与研究，以飨读者，望能提供较全面系统的了解和知识，或对壁画全面深入的研究有所帮助。

一 麦积山石窟寺壁画调查

麦积山石窟现存自后秦至明清十多个朝代的洞窟 221 个，壁画 1000 余平方米。壁画分布洞窟 120 个，现将壁画中有"经变相"和佛、菩萨、弟子、供养人等题材内容情节的洞窟调查情况列述如下：

（一）后秦（或北魏早期）时期

第 74 窟：正、左、右三壁主尊佛背项光中绘化佛，窟顶绘千佛。

第 78 窟：正壁上方壁面及窟顶绘千佛，右壁主尊佛背项光中绘化佛。凹字形坛座右侧壁面绘头包软角幞头，上身着交领窄袖短袍，下穿宽腿束口裤，腰束带，足穿尖头靴，双手持莲蕾供养人，榜题"仇池镇……□（经）生王□□□供养十方诸佛时"等几条。1978 年在清理此窟时出土两方壁画，一方绘火头明王、弟子、供养人；一方绘伎乐天。

第 165 窟：正壁左上侧壁面现残存绘建筑部分痕迹，左壁上方壁面可见绘有几身（五身）伎乐天，吹箫或弹筝等。左、右壁主尊造像背项光中残存绘化佛。

（二）北魏时期

第 16 窟：正壁佛绘背项光，两侧各绘五身弟子，佛座两侧壁面绘十余身供养人。窟顶绘团花图案。

第 17 窟：正壁龛内存几身供养人，右壁龛外侧绘一身弟子，窟顶后部绘飞天痕迹。

第 21 窟：正壁右侧上方存绘三身供养比丘。

第 23 窟：正、左、右壁上部绘千佛像，正壁佛座两侧下方绘三幅缀穗带的华盖下，站着三位着华服的贵妇供养人，身后跟随侍女。窟顶绘莲花图案，周围还绘有花卉及奔跑的小鹿等。

第 72 窟：窟顶后左角处残存飞天、云纹、忍冬等图案。

第 76 窟：正、左、右三壁绘千佛。右壁外侧绘供养比丘，下部绘男女供养人。窟顶藻井绘圆莲，七身飞天围绕等图纹。

第 81 窟：正壁佛莲瓣形背项光左侧上方绘一立佛。佛左、右各绘一身弟子。右侧菩萨上方绘二身弟

版社，2016 年；魏文斌：《麦积山北朝经变画》，《丝绸之路》2003 年第 7 期；刘俊琪：《麦积山第四窟北周飞天壁画浅议》，《麦积山石窟艺术文化论文集》上，兰州大学出版社，2004 年；刘俊琪：《麦积山西魏"睒子本生"壁画的艺术成就》，麦积山石窟艺术研究所编《石窟艺术》，陕西人民出版社，1990 年、王宁宇：《嶂断时程写重深——麦积山一二七窟〈萨埵那太子本生·车骑山行〉图式结构辨识》，《美苑》2002 年；杨晓东：《麦积山 4 号窟"薄肉塑"飞天艺术赏析》，《丝绸之路》2003 年第 S1 期；杨晓东：《麦积山石窟 127 窟壁画"西方净土变"构图图式特点探析》，《中国民族博览》2017 年第 2 期；夏朗云：《也谈麦积山壁画"睒子本生"——与王宁宇先生商榷》，《美术研究》2004 年第 3 期，等等。

子。左壁龛外右侧上方绘一身坐佛，其后绘两身弟子。右壁左侧上方残存绘一身坐佛及供养比丘，中部绘比丘形象。窟顶残存四角各绘一团莲，及飞天披巾，花卉等痕迹。

第83窟：原绘，窟顶可辨绘有三个圆莲，及花卉和飞天的痕迹。三个龛中佛绘多重圆形、火焰纹背项光（底层）。重绘（北周），正壁龛佛左右各绘一身菩萨，菩萨的两边为比丘数身，龛左、右下方可辨绘供养人的痕迹。右壁龛左侧绘一身比丘。

第89窟：窟顶残存绘圆莲及飞天飘带的痕迹。左、右壁上方背项光两侧绘坐佛数身痕迹。

第90窟：正、左、右三壁佛背项光中绘化佛、火焰、忍冬纹。正壁左右侧上部绘数身供养人。

第91窟：佛绘背项光中有飞天、火焰纹等。

第92窟：正壁佛左侧下层影塑之间绘供养弟子，坛台下绘供养比丘尼与女供养人，前上方均有榜题框，不可辨识。右侧下层坛台上后代重绘一身佛结跏趺坐于圆莲上，坛台下绘比丘与供养人。左、右壁均上部绘一排数身千佛，中下部绘弟子数身。前壁左侧上方绘小坐佛，下方绘一身弟子立于莲台上。窟顶后部残存三身飞天。

第100窟：左、右壁大龛内残存绘三身比丘和十身飞天。

第101窟：三壁隐约可见绘千佛。窟顶绘圆莲、飞天。

第107窟：右壁背项光中绘飞天、莲花、火焰纹。

第108窟（北魏、宋）：现存窟顶下层原绘圆莲，周围绘飞天，花朵，流云等。表层宋绘团花。正壁底层露出原绘千佛像，均着通肩袈裟，结跏趺坐于圆莲台上，禅定状。宋重绘佛背项光和两侧胁侍菩萨。左右两壁绘几身供养菩萨，虔诚恭立于莲台之上。

第110窟：左壁左下角分上、下两排绘供养人，旁有题名"……养佛时、□□母微供养佛时""□□男光供养佛时，承宗姊阿□供养佛时"。门壁上方绘《法华经·观世音菩萨普门品》变，正中绘一身坐佛说法，左、右侧各绘一身赤足立于覆莲台上菩萨，旁有题名"此是无尽意菩萨""此是观世音菩萨"。二菩萨外侧各绘四身供养比丘，比丘尼和优婆塞、优婆夷。其上方各绘一身飞天，右侧飞天旁绘一身莲花化生童子。其下方绘数身供养人，榜题"贾伏生亡父供养佛时，□宗兄敬中供养佛时，仵玄宝亡父供养佛时，陈益公亡父供养佛时"等多条。窟顶绘团莲、莲花、流云、忍冬等图案。

另，右壁影塑供养人多身，榜题"比丘尼□□供养佛时，谈妻王□供养佛时，侨妻远□供养佛时，夏侯妻皇□供养佛时，杨五□春花供养佛时，伏生画工郑旬女供养佛时"等多条。

第112窟：窟顶中心及四角绘同心圆形莲花，中间穿插绘飞天多身。另，左壁龛内左侧有榜题几条，可辨认"弟子郎阿萨□□□，弟子□□□供养□□"。

第114窟：正壁龛内佛背项光两侧下方绘供养人。左右壁龛内背项光外上方均绘飞天，下方绘供养比丘。窟顶正中绘圆形图案，飞天围绕，四角各绘一个圆形图案。

第115窟：正壁佛背项光中绘火焰纹及飞天。左右侧壁面各绘三方壁画，左侧上方绘一身着菩萨装的人坐于结庐之中，周围为山林；中部绘两身瘦骨弯腰的婆罗门；下方绘一只鸟。右侧上方绘一身僧人，双手捧经卷坐于垫上；中部绘一人坐于楼阁中；下方绘栏墙、方地。左壁菩萨右侧绘一身坐佛，二菩萨跪于左侧。右壁菩萨左侧绘一身菩萨装的双翅天女。

窟顶正中绘摩尼宝珠，一条龙围珠盘旋，四周伎乐天环绕，弹奏乐器有排板，横笛，阮咸等。

　　另，正壁左侧上方壁画右侧上方榜书"比丘僧□□□□"，右侧上方壁画左上侧榜书"比丘僧慧□□□"；左壁外侧上方壁画外侧榜书"弟子□□□……"，下方壁画内侧榜书"比丘道□……"。佛座前壁存开窟造像发愿文："唯大代景明三年九月十五日□□遣上□镇□/张元伯稽首白常住三宝今在此麦积中区/□□为菩萨□造石室一区愿三宝兴/愿法轮常转，众僧□□，无所□身，右愿国/祚永昌，万代不绝，八方偻负，天人庆襄，右愿弟/子所有诸师父母命之者神生兜率面圣/尊，耳飡□□教悟无生忍右现先亡者，愿使四大/康像，六府□烦寿益二宜，命不中夭，右愿/弟子夫妻儿息现世之中众灾消灭，百□吉/常为国之良辅学者，聪明，□箧内列/诸典记，□年□历代不移，及一/切众生普同成佛/愿子孙养大愿是见佛。"

　　第116窟：现存佛背项光上部两侧各绘有二身弟子。窟顶绘飞天、莲蕾等残痕。龛右壁覆盖在头光上的泥皮上后代用墨线淡绘有一戴帽武士头像，手持一长杆大刀。

　　第121窟：现存正壁龛内左侧下方绘供养比丘数身。窟顶绘飞天、花卉等图案。

　　第122窟（北魏、宋）：现存正、左壁佛、菩萨、弟子背项光均为浮塑莲瓣形，表层为宋代重绘。正壁佛背项光依稀可辨底层绘火焰纹、飞天等图案。正、左、右三壁影塑坐佛周围绘供养比丘，供养菩萨、莲蕾等。窟顶部表层彩绘莲叶，莲花图案。底层模糊可见绘数身飞天、流云、花草等图案。

　　第126窟：现存正壁佛两侧绘供养比丘。窟顶正中绘圆莲，周围飞天旋转飞舞，四周各绘一圆莲。

　　第127窟：洞窟形制是平面为横长方形，覆斗顶，四面坡。窟高3.94、宽8.56、深4.65米。窟内正、左、右壁各开一圆拱形龛。

　　正壁：绘大型《涅槃经变》，龛外上方绘一条装饰带将壁画分隔。上部横长方形画面以大自然中的山林为背景，正中绘一身结跏趺坐于束腰方形台上的释迦佛，两侧二菩萨侍立，以此说法图为中心，画面被分为左、右两方。左侧上方华盖下绘释迦佛临终前最后一次说法，二菩萨虔诚侍立于两侧，弟子、众生虔诚恭立，聆听佛的教诲。佛之前面绘长方形七宝床，床上释迦佛平躺于宝床之上表示佛之涅槃，宝床右侧天龙八部，各国王臣及信众，七宝床前众弟子肃立举哀，其中一弟子手扶佛足。右侧绘佛涅槃后八王分舍利的场景，画面上方在环境幽雅的山林中绘出一座方形城垣，城垣内筑一高台，城垣四周幡带飘扬，高台上置放着两排细颈舍利瓶。城垣中似有一长老在聆听婆罗门说话。城垣周围有成组的六群（应为八群）穿着不同服饰的各国国王及臣民、随从和手持矛、盾及剑等各种武器的兵士等，聚集在城垣的四周。城垣下方绘一队队车辇在武士的护从下行进。装饰带以下佛龛左、右两侧壁画基本上模糊难辨，右侧隐约看出一些手持剑、盾的骑士，后面跟随着车队。

　　左壁：龛内佛绘火焰纹背项光及两侧各绘飞天。龛外绘一条装饰带将壁画分隔。上部绘大型《维摩诘经变》，画面整体以繁茂的密林为背景，正中绘一身天女，手持物。左侧华盖下文殊菩萨半结跏趺坐于束腰长方形座上，右侧绘维摩诘。文殊与维摩周围绘众弟子众菩萨天人等，簇拥而立。文殊菩萨下方左侧绘帝王、大臣、侍从等人物，侍从持扇、伞盖。龛外左右侧隐约可辨分别绘一铺佛结跏趺坐在山林中大树下说法图。

　　右壁：龛外绘一条装饰带将壁画分隔。上部绘大型《西方净土变》，画面以起伏的山峦与茂密的树林为背景，正中绘庑殿顶式的宫殿建筑，前有栏杆，大殿两侧绘对称的高大二层阙楼。大殿内阿弥陀佛结跏趺坐于束腰长方形座上说法，两侧观世音和大势至菩萨及四弟子分别侍立。大殿外，殿基之上的栏杆内，左右分别十大弟子。殿基之下的槛杆外正中画一装饰独特而又华丽的建鼓，两侧绘击鼓者正在举臂敲击起舞；建鼓两侧绘两组伎乐天呈八字形席地跪坐于长方形毯垫之上演奏，右侧伎乐自内向外分别手持古筝、凤首、箜篌、笙和排箫。左侧伎乐自内向外分别持圆形扁鼓、钵、拍板、细腰鼓；大殿庭院之中，楼阙周围树下，站立着众多的圣众眷属；大殿顶部左右各绘二身飞天；殿前七宝地内碧水荡漾，池中荷花点点。龛外左右侧壁画已模糊不清基本难以辨认。

门壁：门内上绘一条装饰带将壁画分隔。上部绘《七佛图》，以茂密的树林为背景，华盖下七佛结跏趺于束腰方形宝座之上，两侧菩萨或弟子侍立，佛与胁侍的组合，自左至右分别为一佛四比丘，一佛二菩萨，一佛二菩萨四比丘，一佛二菩萨，一佛二菩萨二比丘，一佛二菩萨及一佛二菩萨。门内左侧壁绘《十恶图》，其内容已十分难辨，仅存绘小鬼、人下油锅等利具残迹。及位于画面上方榜题框"此人生时好□□□□□刀山地狱""此人生时好□□□□□令入截臂地狱"。门内右侧壁绘《十善图》，画面正中绘一座四面有高墙的殿庭和大门，右侧台阶之上大庭内一人坐于殿中，身前有一人似躬身禀报，殿堂之内又有群臣侍立；台阶之下有兵护卫，大庭后又绘一座规模糊较小的多进庭院，门前有武士出入，院内屋顶上站立一人，左臂平伸，衣袖宽敞飘扬，其下院落大殿内似有一人斜卧于床榻之上，其右侧榜题："此人行十善得参道时"，屋顶上亦绘一人伸臂站立，榜书题记已不能辨，其屋顶上右侧虚空中四身飞天，轻俊飘逸地徐徐向前飞行，前榜题"诸天罗汉迎去时"；殿庭大墙外右侧下方有全副武装的兵骑；左下方画一着红衣长袖，腰系垂带的人物拱手躬身似行礼。

窟顶：天井横长方形，右侧绘一身菩萨装的天人足踩莲花，似作导引急速行进于天际之中，众飞天前呼后拥伴其左右，其后绘一装饰华丽、旌旗翻飞、有四龙驾驶的宝车，宝车内帐幔下一天人端坐其中，旁有人非人等随车而奔，宝车左右及其后又有众多乘龙疾行的诸天仆乘等护驾跟从。

窟顶左、右、后三披绘《萨埵那太子舍身饲虎本生》故事。

左披梯形方框，主体绘一座城，城内一所宫殿。城三面均有城门，城门有门墩突出城墙之外，门墩上建有三层的门楼。门墩左右各附有一个小墩台（左侧）。城门两侧又从城墙上向外突出两个方形墩台，台上各建三层的方亭。朵楼的左右外侧绘一对二重子母阙。母阙上建三层阙楼。在城墙的四角各绘一座角楼，下有突出城墙的方墩，上建三层方亭。城正面门外绘有城濠，门外两侧各站立两人，前方绘似马车载两人外出，其左前方绘两人骑马急速回城。左城门外左右各站立一人。城内绘一所宫殿，有前后两殿相接而成，殿有回廊，殿前有台基，台基前有台阶，台基上正中绘一人弯腰，左右侧各站立三人，台阶下一人扑趴在地，左侧站立四人。这是"回宫报信"相关内容情节。

后披梯形方框内，现存壁画残缺，左侧残存绘旌旗飘扬的车辇急促地行进在山林之中，其后众随从乘马紧紧跟随；中部绘山林中一座突出的山峰，山峰之后绘装饰华丽的车及大队随从，车前绘两匹骏马，一个昂首嘶鸣，一个低头吃草及二人。山峰之前绘宝车，车上无人，车旁护卫随从侍立。右侧绘山林之间一队人马缓缓而行，最前端伞盖之下国王似持物，身后群人静立，其右侧母后掩面而泣。这是太子父母"深山寻太子""见太子遗物"等相关内容情节。

右披梯形框内，绘群峰峙立，林木苍翠，山崖左侧的高坡上有一黑衣男子伸臂，前方一白衣男子扬臂跌下，山崖下右侧，两只小鹿惊吓狂奔。山崖下正中的树林中，绘太子横躺于血泊之中，一只大虎及七只小虎正在吞食太子血肉之状。众虎左侧绘国王、王后及群臣随从等静立。这是《萨埵那太子舍身饲虎本生》的内容情节。

窟顶南披梯形框内，绘《睒子本生》故事。

画面左部：绘以优美的山林为背景，正中绘装饰华丽的龙头三辕车，华丽宝盖旌幡随风飘荡，车辇周围文武百官及侍从前呼后拥。人群中有人交头接耳，有人低声细语，有人拱手静立，向前观望，猎手们掌鹰逐犬，场面宏大。画面中部：绘广阔的原野及线条带状的河川，如同横向的格式，将山川原野分隔开来，形成一组组对猎追逐的场景。山川中，猎手扬鞭，骏马疾驰，有人张弓射猎，有人穷追不舍，鹰犬追逐，群兽狂奔，紧张逃窜。画面右部：左侧中部山林中，睒子被误射后，斜卧于一块山石之上，右手抚射入胸中的利箭，山前树枝倾斜。其后画面向右方展开绘国王及大臣侍从等亲赴睒子盲父母的草庐前，草庐中的盲父母一个晕倒在地、人事不省，一个双臂高举、悲痛欲绝。紧接着画面又逆向转为国王前面，国王亲自身背睒子盲母，群臣举抬睒子盲父缓缓去睒子尸体处。"睒子被误射"下方，绘一棵枝繁叶茂的大树下，国王及群臣于树下静立。前面睒子中箭平躺，盲父跪地痛苦地扶睒子的头，盲母爬地放声号哭，感动帝释天（以飞天的形象）于虚空中急驰而下，手中持一细颈瓶往睒子口中倒灌圣药。这是《睒子本生》故事中的"国王出行""群臣观猎""国王深山狩猎""误射睒子""睒子向王倾诉""国王亲省睒子盲父母""国王背盲父母探视睒子"及"帝释天下凡救睒子"等内容情节。

第 128 窟：现存左壁龛内佛绘忍冬、火焰纹等背项光，项光（内层）可见绘数身小坐佛痕迹，龛内顶部左右绘飞天。右壁龛内佛绘忍冬、火焰纹等背项光，龛内顶部左右绘飞天。

第 133 窟：形制特殊，基本分为前主室和后左、右两室，三室内壁面不对称规则的开龛。现存壁画分布情况是：

前主室：顶部之藻井右侧上部现存三角垂帐纹，对称忍冬纹和三瓣大莲花纹。下部四周绘山中坐佛、弟子和飞天。左侧可见多身羽人（或飞廉）、几身骑凤天人、三身骑飞鱼天人、几身踏云朵的天人、多身骑龙（龙为土红线描）或骑青龙、多身着帔巾飞天，似双手持吹奏乐器，或手无持物。还有着帔巾持幡的飞天、上着较短衣下裤手托物的天人，及不着帔巾或着帔巾的天人、龙、花卉等。右壁残存上方横长方形龛顶似绘飞天和花蕾形象。左后室：顶部前残存似有飞天、花蕾等。右后室：顶部残存可见飞天、花朵、动物的痕迹，及土红线所绘的大象头部、龙身及前肢的形象，还有山林的形象。

第 1 龛：龛顶部透过烟熏痕迹，隐约辨认出一呈圆形图案，内绘有一身飞天，周围似有莲花，忍冬纹式及流云。

第 2 龛：龛顶部现存正中圆莲，左右侧绘飞天、莲花、花蕾。

第 3 龛：正壁佛左侧现存中部绘一菩提树，树下一身站立的比丘。右侧现存上部绘一草庐，内一身苦修僧坐禅修行，中部站立二身比丘，面对交谈状。

第 6 龛：正壁佛彩绘背项光中有圆莲、火焰纹，及残存伎乐飞天部分痕迹。龛顶部绘伎乐飞天，忍冬纹等。

第 11 龛：佛背光彩绘全部烟熏，仅可辨圆形头光内绘一圈伎乐飞天。背光外右侧绘 3 身比丘头像及宝相花、忍冬纹。龛顶部基本烟熏，隐约可辨中心绘一大团莲，右侧后部一身牛护法像。龛楣正中绘一华盖下为一身交脚弥勒菩萨，左侧二菩萨立于莲台上，侧旁绘菩提树。其后一身弟子、一身螺髻梵王相依而立。此上方绘一身飞天，左侧绘宝盖之下一身菩萨赤足立于圆形莲台上，周围数身比丘。交脚弥勒右侧严重烟熏，隐约可见绘一殿堂式建筑，下有围栏。龛外右侧上方隐约可辨有菩萨、弟子等。

第15龛：现存主佛绘圆形项光，火焰纹背光。右壁内侧上方有二身弟子。

第135窟：洞窟形制，平面横长方形平顶。窟高4.65、宽8.84、高4.71米。正壁左侧龛内现存北周所绘飞天。正壁龛外上绘装饰带，其上横长方形壁面，正中绘《佛说法图》，佛结跏趺坐于束腰方形座上。双手作禅定印，两侧各一身菩萨立于覆莲台上。以《佛说法图》为中心，左、右两侧绘《涅槃经变》，左侧残存左下方绘两身着宽博汉装的男子并立，其右两人乘马并肩而行，其后稍远绘二人站立，身后绘一装饰华丽、上有长方形帐盖的车，旁有一人端坐，一人侍立，周围山林环绕，溪水奔流，草木丛生。溪水下方绘一片绿地上一匹白色骏马似在草地上打滚。右侧绘《八王争舍利》佛传故事。现存上方绘一方形高坛，其上整齐排列八个圆腹细颈瓶，高台左侧数人拱手静立。下方绘手执不同武器的骑兵，跃马冲锋，相互格斗，四周国君臣静立，两侧绘车骑的行列。左、右二壁龛内佛、菩萨绘背项光，两侧各绘飞天数身痕迹。左、右两龛上绘装饰带，上方对称各绘三身结跏趺坐佛及菩萨或弟子侍立，分布是正中绘一佛二菩萨，内侧绘一佛二弟子，外侧绘一佛二菩萨。左壁龛外左侧现存绘山林、方形宝帐残迹，宝帐前残留供养比丘等，宝帐内应绘维摩诘居士，因窟内泥皮脱落和剥蚀十分严重，与文殊菩萨像均已毁坏无存。右壁龛外左右两侧上方分别绘装饰富丽的圆顶形华盖，华盖下各绘一佛结跏趺坐于方形束腰台座上，两侧各绘一身菩萨侍立。其下方绘供养人等。前壁窟门上方隐约可辨上方绘三佛及胁侍菩萨像，其下绘七佛并坐说法痕迹。窟顶现存绘飞天、流云等残迹。

第140窟：正、左、右三壁主尊二佛一菩萨现存（二层）绘火焰纹、花卉图案背项光。其中右壁菩萨背项光左右于北周重绘二身比丘立像。正壁前低坛基及左、右壁前低坛内侧可见绘供养人残痕。窟顶残存绘多身飞天。

第142窟：正壁各影塑间绘有莲花、花蕾、草叶等。右壁内侧影塑间存绘有一身菩萨、二身弟子（一身手捧物）、二身供养人（一身手捧物、一身长胡须的老者）及花卉。正壁前低坛基及左、右壁前低坛基内侧可见绘供养人残痕。窟顶现存三身飞天，残存三身飞天的痕迹及花卉、云气，三个斗状物。北周重绘正壁主佛背项光，有火焰纹、连珠纹、缠枝忍纹及佛左右各绘一身弟子。左壁佛、右壁交脚菩萨绘背项光及右壁菩萨两侧个绘一身身比丘。

第148窟：现存正壁佛绘背项光二层，可见内层绘有化佛。

第154窟：现存右壁佛菩萨绘背项光，之间各绘一身弟子，其中一身弟子手持一长柄香熏。窟顶残存正中绘一身菩萨，双手捧一方盘，足下踩莲台，其右侧一身比丘，双手于胸前持一长柄香熏，足蹬圆头履立于莲台上。两身像后可辨绘二身比丘。菩萨左侧绘二身飞天，持箫吹奏或弹奏阮琴，其外侧数只仙鹤。前部残存一飞天头部，吹奏排箫，后部隐约可辨绘一身飞天吹奏长笛，外侧绘一对绶带鸟，应为菩萨赴会图。

第155窟：现存三壁龛内佛绘背项光，其中左右壁龛内背项光两侧上方均绘飞天。门壁耳龛内佛绘背项光，其右下层坛台上并列绘三身坐佛。窟顶正中及四角各绘一圆莲，其间绘十余身飞天。

第156窟：现存正壁下层绘供养比丘、比丘尼各一身。右壁下层并列绘两身坐佛。

第159窟：现存门内壁左侧绘莲池、莲花，其上绘两身竖向排列的坐佛。窟顶仅存左、右各绘一团莲，莲花周围绘忍冬叶、宝珠等图案及两身飞天。

第 160 窟：现存正壁佛绘背项光、两侧各绘一身菩萨立像其上方各绘一身飞天。右壁隐约可辨正中绘背项光，两侧各绘一身弟子，其上方隐约可辨各绘一身飞天。右壁造像背光右侧仅存一榜题"祖母齐供养佛时"。外侧壁面上、中、下三排绘供养人，上排分 5 组，最内侧一身女供养人，双手置于胸前持一莲蕾，榜题不清。后四组均为一主一婢女，主人双手笼于袖中持一莲蕾，有榜题从左至右依次为"□□晖持花供养佛时""□女□持花供养佛时""□田持花供养佛时"。中间一排自左至右依次为第一身女供养人手持莲蕾及双婢女，第二身模糊不清，第三组为一主一婢女，女主人手持莲蕾，有榜题从左至右依次为"妹僧晖持花供养佛时""妹小呋持花供养佛时""姜氏妹小晖持花供养佛时"。下排绘二身供养比丘，身旁及两侧绘莲花、莲茎等图案。窟顶部正中及四角各绘一莲花，并以花边连接形成四个三角形，正三角形内正中绘一飞天，前端饰宝珠，两下角各绘一身似莲花化生童子；左三角形内仅存少许飞天飘带痕迹；右三角形内绘四身飞天；前披内容不详。

第 161 窟：正壁绘背项光，上方两侧各绘三身弟子。下方各绘一方顶帐形龛，多已模糊不清，仅可辨识帐柱及横栏，内各坐一僧。左壁上方绘一大一小两身女供养人，下方绘一夜叉，体态健壮，怒目圆睁，单腿跪地，帔帛搭肩绕臂后扬，仰首，一手上伸，奋力托一斗状物。右壁可辨下方正中绘一夜叉。

第 162 窟：佛绘背项光。窟顶残存后部绘二身飞天，一手持物及周围绘有圆莲及花卉。

第 163 窟：正壁主绘背项光中左右绘弟子。左壁弥勒菩萨绘背项光中有化佛。右壁佛绘背项光中有化佛。窟顶残存飞天痕迹。

第 175 窟：现存窟顶部绘飞天、四瓣莲花、单莲蕾、云气。正壁佛绘背项光，左、右上方绘飞天；左、右侧上方存绘一身坐佛。右壁上方存绘一身坐佛，壁面残存绘三身坐佛痕迹。

（三）西魏时期

第 20 窟：右壁上方绘千佛，残存上、中、下三排，共七身，中部隐约可辨绘供养人。窟顶左侧仅存一身伎乐天及旁绘数朵十字形花。

第 43 窟：现存大龛内左壁耳龛外残存绘一身菩萨。

第 44 窟：现残存正壁龛内右壁下部绘一身立菩萨。

第 54 窟：现残存左、右壁及窟顶可见绘多身飞天。

第 105 窟：左右壁及门道内壁有绘千佛。窟顶满绘千佛共十三排。

第 120 窟：佛、菩萨背项光外左、右两侧壁面，分别绘竖五排壁画，自上至下。

左侧：第一、二排内容现难认出，仅留石青，石绿等施色痕迹；第三排绘供养比丘四身，其中第二身前长方格内榜题"亡□比丘进度供养佛时"，第三身前长方格内榜题"比丘才嶷供养佛时"，第四身前长方格内榜题"比丘颜集供养佛时"；第四排绘男供养人一排，其中第一身前长方格内榜题"武□将军王胜供养佛时"，第二身前长方格内榜题"督马龙骧将军天水太守王宗供养佛时"；第五排绘供养人四身，形象已难辨认，其中第一身前长方格内榜题"督假伏波将军石□□□供养佛时"，第二、三身前长方格内榜题"弟□□……"，第四身前长方格内榜题"亡弟天水郡□□真供养佛时"。

右侧：第一排已毁；第二排内容难辨，仅留石青、石绿施色痕迹；第三排绘比丘尼三身，其中第二身前长方格内榜题"比丘尼洪静供养佛时"，第三身前长方格内榜题"比丘尼道□供养佛时"；第四排绘女供养人三身，其中第一身前长方格内榜题"□□□□□供养佛时"，第二身前长方格内榜题"□□□□供养佛时"，第三身前长方格内榜题"祖母□供养佛时"；第五排绘女供养人三身，其中第二身前长方格内榜题"□□隆供养佛时"。

第 123 窟：现残存正壁右上角飞天飘带的痕迹。窟顶正中所绘圆莲，四身（二身较完整）飞天围绕。

第 146 窟：现存正壁龛内佛背项光左侧隐约可辨绘一身供养比丘。龛外右侧上方绘并列的坐佛，墨线勾勒，中部绘上下两排女供养人，每排五身。右壁上部绘一莲瓣形佛背光。中部可辨绘一排女供养人，残存四身，下部仅可辨似绘夜叉。窟顶仅可辨绘飞天、花卉等痕迹。

第 172 窟：正壁龛内残存佛绘背项光，两侧各绘一身弟子。

另第 60 窟：残存佛绘多重圆、火焰、忍冬、连珠纹等背项光。

（四）北周时期

第 3 窟：千佛下部壁面残存绘五身飞天。

第 4 窟：洞窟形制是平面长方形单檐庑殿顶式崖阁，前廊后室结构。窟高 16.80、宽 30.48、高 8.00 米。前廊原由顶部平棋及八根石雕八棱立柱组成，后室为七个并列开凿的平面方形四角攒尖顶仿木构窟（或称龛），窟门为浮雕仿帐式结构。

现存壁画有廊顶平棋左至右，第二窟上方有二格内绘"赴会图"，一方前方有数身飞天导引，其后大弟子、菩萨、足踏莲台缓缓行进，四周弟子、众信众簇拥。另一方基本似同，只是菩萨手持莲花。第六窟上方有一格内仅存内侧部分，上绘一身天人骑白象，一身天人骑青狮，前后奔跑空隙间插绘飞动的流云及十字瓣形花。第七窟上方有三格内绘画，一方绘方形城郭，前方城门上一城楼，歇山式屋顶，人字形拱，四周有构栏；左侧角楼尚存部分，右侧仅存门楼；城内墙沿门楼左侧一人侍立。右下二排女性侍者夹道站立；一方绘正中一宅门，带门楼，围墙上缘人字形拱，门内一人外行。门外左侧并列 4 人，最前一人站立，后 3 人行走状，其中一人手持盾牌。院内一歇山式殿堂，堂前众比丘侍立，均双手于胸前合十。院外左上方有一长方形榜题框字迹已无；一方绘"出行图"，正中一双轮马车，前端踏板，两侧有护板，饰鸾带，插旌旗，上坐一贵妇。车前四马奔列拉车，左、右各一车夫，扎头巾，穿圆口紧身短袍。车左、右及后侧有数名武士骑马护卫。

前廊后壁（七佛龛门外上方）绘七幅飞天，其中一至五幅为"薄肉塑"飞天，六、七幅绘飞天，每幅四身，存在部分残失。左起第一幅塑绘四身伎乐天；第二幅塑绘四身供养天；第三幅塑绘四身伎乐天；第四幅塑绘四身供养天；第五幅塑绘四身伎乐天；第六幅绘四身供养天；第七幅绘四身伎乐天。其中伎乐天手持吹打演奏乐器有：竖琴、排箫、腰鼓、古筝、笙、阮咸、横笛、胡角、埙、海螺、箜篌、曲颈琵琶等。供养天手持香薰、莲花、莲蕾、供品等。

七个相连的帐形龛门外空隙间，浮雕护法神上方原有唐人重新绘制的菩萨，现多已模糊不清，残损严重，现存可见第 2、3 龛之间绘一身菩萨立于束腰莲台上，其前侧一身跪姿供养人；第 4、5 龛之间绘一身菩萨；第 5、6 龛之间绘一身菩萨，左下侧一身手持一莲蕾，跪于方毯之上男供养人。

前廊后壁（七佛龛门外上方）飞天的空隙间仿木檩梁正面唐重绘壁画，多已残损严重，现存可见：

左起第一龛外侧隐约可辨绘一身跪姿女供养人；第 1、2 龛之间仅可辨识绘佛及二菩萨痕迹；第 4、5 龛之间绘坐佛二胁侍菩萨及三身男供养人、四身女供养人；第 6、7 龛之间，正中绘一身坐佛，左、右各一身胁侍菩萨。上方一覆钵形宝盖，左、右各绘一身飞天。佛座下方绘莲台上置一香熏，上有火焰宝珠，两侧绘花卉，最下方左右绘多身男女供养人，每身前各一竖长条榜题框，字迹无存；第 7 龛外侧绘一佛二胁侍菩萨，下方绘一排供养人。此外，在前廊右壁宋塑天王左后侧上方，尚可见底层北周原绘的飞天头部、部分飘带及忍冬等。

七佛龛内壁画，每个龛顶部分四面披四方塑绘壁画，现存"薄肉塑""沥粉塑"壁画情况：

第一龛"薄肉塑"壁画，顶部正披中部右侧绘一宝盖，四周祥云，盖下一身结跏趺坐佛，说法印，座前有香熏。左侧立二身菩萨，其中一身菩萨双手托一盘供品，上方绘盖下一身菩萨立于莲台上，后并列三身弟子。佛上方白色表层下（内层）透见绘一座宫城；左披上部绘二身飞天，下方绘院落，正中一门，其外侧各绘一树。院门后侧一屋，门扇半掩，其后一大屋廊前设围栏，右侧绘一大院，院内一歇山式大殿，殿堂中释迦多宝并坐说法，二佛两侧各一身弟子；右披正中从残迹观察，原绘华盖下（后代重绘成殿堂内）一身倚坐佛，左、右各一身弟子，佛座前有香炉。左下绘一身菩萨立于莲台之上，双手持一供物，其后有三身弟子。右侧上绘一身佛赤足立于束腰仰覆莲台上，一手施无畏印，一手施与愿印，上有宝盖，其左侧有两身弟子，其中一身弟子手捧经匣。其右绘一身菩萨立于束腰莲台上，双手捧一盘供物；前披模糊可见绘一院，有围墙，中间一门楼，门扉半开，两侧各绘一大树，墙外右侧绘两身男子，扎头巾、穿长袍，左侧绘一身女子。院内正中一长方形供桌，正中三足鼎香炉，案两端各置一钵一净瓶。案上方（后）云中一身佛端坐于束腰仰覆莲台上，两侧各一身供养飞天，案下方绘数身弟子及供养人。

第二龛"薄肉塑"壁画，窟顶正披正中绘庑殿顶四柱殿堂一座，中门有帐幔。殿堂内立一个长方形物（似碑），殿堂台阶下左、右侧各立二身弟子。左右角各绘大树，树后面有数身穿长衫的供养人；左坡正中绘一身倚坐佛，佛坛前有香炉，坛上左、右各有供物。左角绘一身立佛，略前两侧各绘一身弟子。左右角均绘大树；右披正中绘一身立佛，略前各绘一弟子，佛脚下前方绘三身弟子。左、右角均绘大树，树后均绘多身弟子、其中左角树后立弟子前有一身跪像。树下各绘穿长衫供养人数身；前披塑绘华盖下三身坐佛，佛前略下方左右各绘两身弟子。坛座前有香炉等供器，左、右有几棵树。左右角各有一身结跏趺坐佛。

第三龛"薄肉塑"壁画，正披正中一身结跏趺坐佛，略前左、右侧各站立五身弟子，前有香炉，左右侧及下方一排数棵树等；左披正中浮绘宫殿中一身倚坐佛，莲台前有供桌，上有供物。两侧各绘三身立弟子，左右侧及下方一排有数棵树；右披上部绘二身飞天，正中一身立佛，莲台前左右侧各绘一身跪于莲台上供养菩萨，二身跪菩萨外侧各一身立菩萨。披左角绘三身手托捧灯盏法器立弟子，右角绘三身手捧物立弟子；前披正中塑绘华盖下一身结跏趺坐佛，左右侧各绘一身弟子，佛左右侧前方各绘一身站在莲台上立菩萨。披左角绘四身弟子，右角绘三身弟子，其中一身年老弟子，而向右外侧。图中还绘香炉、树、云等图案。

第四龛"薄肉塑"壁画，正坡下部正中塑绘华盖下一身结跏趺坐佛，前有一方形供桌，上有一圆形香炉。左右侧各前后排列多棵树，树下绘侍立众多菩萨、弟子。左右角处各有一棵树，左角树下现存绘二身跪坐吹弹乐器的伎乐天。右角树下现存绘四身跪坐打击乐器的伎乐天；左披上面绘多身飞天，正中绘一个工字形坛座，像无存。前浅浮塑一个圆形几层高台，正中放一个似小塔，左右侧影见各放一物。圆形高台前有一个长弯柄熏香炉，侧面摆放大小不同多个似盆器。画面左角部分绘较大的长方形高台，上绘方形塔，塔左侧绘棺，棺上浮塑一只小鸟。方台后（上方）为一棵树。方台左后侧绘多身人物。画面左角部分塑绘一位人赶着两匹马的拉车，前方（三角尖处）绘城门楼一角。其中赶车人上方浮塑一个莲台，莲台上绘摩尼宝珠；右披上部绘多身飞天，下部正中塑绘华盖下一身结跏趺坐佛，说法印，坛座前有供器。左右侧绘众多人物（应该是菩萨弟子，模糊），及右侧绘一座宫殿；前披正中塑绘华盖下一身足踏莲台立佛，侧身向前。前后绘向佛右侧身菩萨、弟子众侍立云上，上方有数身飞天。佛、菩萨、弟、飞天在空中皆朝右侧一个方向向下飞行。

第五龛"薄肉塑"壁画，正披正中浮塑一棵树，左侧塑绘华盖下一身坐佛。右侧略下一身立佛。画面左角塑绘山，山中有浮塑龛楣形洞窟，山前浮塑两棵树等；左披上部两侧绘飞天。正中塑绘华盖下并列三身结跏趺坐佛，三佛之间立两身弟子。佛前有香炉、灯台，佛两侧从壁面透出底层痕迹看，应该绘菩萨弟子众。画面左右角各塑绘一棵树；右披左侧结跏趺一身坐佛，右侧现残存部分浮塑华盖，原华盖下应该是佛，现为后代重绘宫殿中一身坐佛；前披左侧塑绘华盖下一身结跏趺坐佛，左侧菩萨弟子众侍立，右侧残缺。画面左右角有浮塑树。

第六龛"沥粉塑"壁画，正披正中（原浮塑华盖现残存部分）绘大殿，殿内明代绘一身结跏趺坐佛。坛前存（薄肉塑）一只右脚，前方绘香炉。佛座两侧各立一身弟子，殿台下两侧各立一身菩萨，赤足立于园莲上，右前方绘三身弟子并排合掌而立；左披一方原作残毁，明代绘山林中，华盖下一身结跏趺坐佛，两侧各绘一身弟子，左前方绘三身并排跪地诵经的弟子，右前方绘一身跪地求拜或一身合掌恭立一旁的弟子；右披一方原作残毁，明代绘山林中，华盖下一身结跏趺坐佛，画面左侧残存一高高耸立的木架，前有三小鬼用绳索吊拉一沉重的石磨，后面一中年妇女掩面涕哭。旁边一小鬼手持硬棍正在撬磨盘；前披下方正中（薄肉塑）残存部分浮塑华盖下一身结跏趺坐佛，两侧各立一身弟子，前方石台上有三个瓷瓶，右前方一木桌子上也有三个瓷瓶。

第七龛"沥粉塑"壁画，正披宫殿内一身结跏趺坐佛；左披浮塑华盖下三身等大的结跏趺坐佛；右披浮塑华盖下一身结跏趺坐佛；前披浮塑华盖下三身中间大左右两侧小的结跏趺坐佛。

正面披正中绘一座三间四柱的庑顶宫殿，殿中一身结跏趺坐佛，两侧各立一身弟子，殿外两侧各一身双手端供品的立菩萨。画面左、右前方均有几身跪地比丘合掌或双手捧物。整个画面周围空间绘有山、林、祥云等；左披绘三个四角攒尖翘檐塔式佛帐，位置"品"字形，帐内各一身结跏趺坐佛（即三佛），两侧各一身胁侍菩萨与弟子；右披正中绘华盖下一身结跏趺坐于六面形叠式束腰台座上佛，两侧各立一身弟子，前方又各绘有三身比丘。画面左、右前方绘四身供养菩萨，手提香炉或端供品；前披绘三身（中间大左右略小）结跏趺坐于叠压"工"字形座上佛，呈"品"字形，中间佛上方绘华盖，两侧各立一身弟子。左右佛无华盖，绘背项光，前各有一身菩萨。其中左侧佛左前方四身俗家弟子。右侧佛左前方对称四身比丘。画面四周空间，均绘有树木、祥云等。

第22窟：现存正壁龛佛绘背项光，两侧各绘一身弟子。

第26窟：洞窟形制是平面方形，四角攒尖顶窟。窟顶所存画面为正面披及左、右披面的一半。绘

《涅槃经变》。正面披左侧绘密林中宝盖下一身结跏趺坐于砌垒叠式六面束腰台座上，十余身弟子立于周围。右侧角一身跪弟子双手举供物，佛座前正中绘一熏炉，地面有花草，画面两侧有几条竖长方形的榜题框（不可辨识）。右侧绘释迦佛卧于娑罗林双树间的七宝床上，众弟子或跪或立于四周围绕举哀，一弟子前扑床沿，手抚佛双足，正面披右下角画一棺。上方绘六身飞天。左右披残存部分，可见成组的菩萨、弟子、诸天及各国王子、大臣、善男信女，前后相随前行。每组人物像前均有一竖条形的榜题框（不可辨识）。左披残损边缘绘有一建筑物类似塔基。正、左、右三壁上方绘千佛。

　　第27窟：洞窟形制是平面方形，四角攒尖顶窟。窟顶正披上方绘一圆形宝盖下释迦、多宝并列结跏趺坐于六角形坛座之上，做说法状；两侧各一弟子立于圆莲台之上；两弟子下方各有二身菩萨立于圆形莲台上，其右侧菩萨下方，一身弟子双手合十站立；释迦、多宝佛正前方中间一圆形仰莲台，台上内容已残损不辨。其左、右又各绘一身童子跪坐于覆莲台上，童子身后绘莲叶及莲花。童子外侧又各绘一身力士。其稍上菩萨身后绘数身供养人。最外侧绘一方城，正中绘一方形城门，门两侧各一身穿束腰袍、带冠男子站立，城门上方绘一单层歇山式门楼，其正面并列二门，侧开一门，转角处有角楼，四周有围楼。城内正中绘一歇山式殿堂，四壁各开一门，在城的内侧四周、各有一排歇山式房宇，面向殿堂。城外左侧上方绘四身穿夹领衫的供养人。右侧力士及菩萨后方，上、下共绘有6排比丘尼，或跪或立。在左下角绘几身胡人形象的供养人。左披仅存左半部，上方绘一佛二菩萨，下侧画数身伎乐飞天弹奏乐器，可辨有琵琶、琴、箜篌、笙、笛、铙、腰鼓。

　　第35窟：洞窟形制是平面方形，四角攒尖顶窟。现存窟顶壁画，因烟熏情况较为严重模糊，隐约可见正披绘佛、菩萨、弟子等形象。左披正中绘一身佛，左右各二立菩萨等形象。右披绘华盖下一身坐菩萨，左、右各立二弟子四菩萨。前披正中绘一身佛坐于束腰式圆覆莲座上，左右数身立弟子。

　　第36窟：洞窟形制是平面方形，四角攒尖顶窟。现存窟顶右披隐约可见一身佛头部及二身供养人等。正、左、右三壁上方绘二排千佛。

　　第40窟：现存壁画因风化剥蚀、烟熏严重，隐约可见佛绘圆形项光。窟顶绘千佛、团莲、云纹。

　　第53窟：原北魏开窟，北周重绘壁画。现存模糊可见正壁左右侧上方各绘一身菩萨，下方各绘一身佛。菩萨侧面下方绘一身飞天。隐约可见正、左、右壁角各绘一身菩萨。左、右壁后侧各绘一身弟子，前侧各绘一身菩萨。窟顶模糊可见绘飞天、卷云痕迹。

　　第62窟：洞窟形制是平面方形，四角攒尖顶窟。现存四壁上部有部分千佛痕迹。正、左、右三壁佛座前绘三个内方外圆的钱币，在佛座上绘钱币的现象，在石窟装饰中还较为少见。窟顶人字披后披绘佛说法，两侧绘四身飞天、其余三披均绘千佛。

　　第65窟：现存正壁龛内佛绘环形背项光、忍冬、火焰纹，左、右侧各彩绘一身弟子。四壁面上部均绘3~4排千佛。

　　第82窟：现存正壁龛佛绘背项光，上方外侧绘飞天。龛楣外上方绘七身坐佛。

　　第104窟：现存左、右、前壁及窟顶绘千佛。

　　第109窟：现存四壁（正壁残损严重）及窟顶绘千佛。

　　第117窟：现存右壁二身供养人痕迹，均手持花蕾，其中左侧的供养人腰束宽带，似为官员形象。窟门内上方绘五佛图及两侧绘花草图案。

窟顶可辨正中为一大朵莲花图案，四周绘四身飞天、忍冬、莲花。

第136窟（北周、宋）：现存正壁两侧各绘一身弟子。左壁右侧中部残存几身人物形象痕迹。窟顶（底层）四披有绘飞天、花卉之痕迹。窟顶及四壁有宋重绘卷云、花卉之痕迹。

第141窟：现存正壁龛内佛绘光环、缠枝忍冬纹，荷叶纹及火焰纹背项光，背光中部左、右侧各绘一身相对禅坐的弟子。窟顶藻井绘卷云纹图案。

第189窟：现存正壁主尊残迹周围绘千佛，着通肩袈裟，其中上部残存4排，下部2排，总计十余身。

（五）隋唐时期

第8窟（隋）：现存正壁佛左右侧各绘一身弟子。佛坛台前正面两侧各绘一身跪于椭圆形蒲团上的供养菩萨。

第10窟（隋）：现存左壁绘三身菩萨，右壁亦有绘菩萨之痕迹。窟顶正中绘圆莲，四周绘千佛。

第37窟（隋）：窟顶残存飞天飘带痕迹。

第5窟（隋末唐初，重绘明）：洞窟形制是崖阁式建构，前廊后三龛。现存中龛顶部有底层隋代绘画痕迹，具体不详。外层明代重绘，正中绘圆莲图案，飞天和莲朵环绕；左侧可辨说法图，正中绘一身坐佛二身弟子，左、右各一座七层塔。佛座前绘一个香案，其左、右为或跪或站立的男女供养人，外侧有山石流水；右侧可辨说法图，正中绘一身坐佛，二身坐菩萨和二身立菩萨，及三身跪于莲台的供养菩萨及众护法。龛门上方顶部绘一身坐佛，背项光中绘火焰纹、云朵、卷草纹、莲花及一身迦楼罗、白象、神兽。中龛外上部上方绘二龙戏珠，下方右侧绘六臂护法，神王像，可辨持戟，持伞盖、持剑，持铃。左龛龛楣底层模糊可见绘一佛二菩萨二弟子，表层为明代所绘一佛二菩萨，四弟子及二供养人。右龛外上方和右壁存唐绘壁画，右龛外上部绘"西方净土变"。画面正中为阿陀佛结跏趺坐于半圆形华盖下，束腰圆莲台上，双手作说法状，两侧二菩萨面向佛，舒相坐于莲台上，佛座上下绘莲池，莲池中多身似菩萨装跪于莲花之上虔诚向佛，莲池左右侧又有众多菩萨站立。其下方左侧绘三排女供养人，右侧绘一排女供养人。西壁拐角处绘莲池与前廊右壁相通，其上绘说法图，一身佛结跏趺坐于圆形束腰莲座上，左侧绘坐于莲台的菩萨等，佛之后面有建筑回廊及琉璃铺地的地面等。其下绘女供养人，左侧上下三排，右侧一排。龛右侧正壁面存上、下二铺说法图，之间可辨有女供养人数身。左龛左上部在表层白粉下露出一铺说法图，上方有华盖和飞天的痕迹。前廊左壁左侧白粉下可辨一身菩萨和佛坛座一角等痕迹。前廊平棊中，位于右龛上方存一长方形画面，正中一马，后面一象，周围环绕六身飞天，另有四个莲台上所托的火焰宝珠。

（六）宋明清时期

第1窟（明）：有壁画，残存有云龙。窟顶有三个团花图案。

第2窟（明）：洞窟形制是平面长方形，盝顶窟。窟顶正中为覆斗小藻井中绘一身坐佛；周围分四披八栏（梯形）绘八卦图、菩萨、天王、狮子等，其中后坡两栏下部（正北坎、东北兑）各绘一身护法天王；左右披上部四栏（正西巽、西北乾、正东艮、东南震）各绘一身菩萨，下部绘龙凤；前坡两栏下部（正南离、西南坤）各绘一身狮子。各栏中均有绘宝珠、彩云。正壁现存绘中部背光、左、右侧二身立菩萨。右侧可见一身飘着头发、着甲胄、持物的护法金刚。左侧残存壁画痕迹，内容不明。前壁左右两角上部残存绘《地狱变》、城郭、树林等，其中右侧有箭穿胸及人和虎蛇形象。左侧分上下两栏，上栏有上刀山、入鬼门关等，下栏有云龙和一身老者。左右壁清代重绘十殿阎王，即两壁各绘五幅，每幅上部绘一座殿堂，堂内坐一身阎王，其左右绘牛头、马面等侍从。殿前下部绘地狱酷刑图，其中有下油锅，上磨盘等多种酷刑。

第9窟（北周，明清重绘）：现存七个龛内均绘佛背项光，菩萨、弟子绘项光、云纹。第1、3、5、7龛顶部绘宝盖。第2、4、6龛顶部绘迦楼罗，其中第4龛佛背项光左右侧下方各绘一朵莲花中一身化生童子，胸挂布兜，戴臂钏手脚环，手捧物，上方为牡丹，外下方各绘一身狮子。龛顶绘迦陵频伽鸟，头身形象似中国传统神话中的雷公。左右侧下方各绘一身双头鸟翅鸟爪的"共命"童子。

第12窟（北周，明重绘）：现存窟顶人字披后坡绘《涅槃经变》，正中绘释迦佛躺在塌床上，后面有六身弟子，佛头前有一身年长弟子右手拉着床前趴倒在地哭泣的小弟子，左手上举指上方。图中绘出卧佛头部上升起一束祥云至床后弟子头上方，云上绘一身立佛。卧佛脚下绘一身老年儒者，双手摸佛左脚；又绘一身老弟子双手擦拭一身坐在地下哭泣的小弟子脸上的泪水。左右两角各绘一头蹲狮子，披空间绘卷云。窟顶右披绘《地狱变》，画面中间绘一身地藏菩萨端坐莲花座上。座前有一个大鼎，鼎中倒立一人，鼎下方右边一身鬼卒，左右侧各绘狰狞可怖的四身鬼差，或持刀枪，或张弓搭箭，或纤绳拉杆，都在操作刑具。窟顶左披上方绘一身佛结跏趺坐于莲花座上说法，莲花座前为供桌，桌上有香炉，香烟缭绕。供桌前一人伏地跪拜，左右各绘五身手持莲花站立弟子。窟顶前披下方绘八身形态怪异，双膝跪地的鬼卒，其余空间夹绘卷云。门内壁门上方为方框中墨书题记"蓬莱洞"。

第30窟（北魏，明清重绘）：现残存部分佛背项光，其中中龛佛背项光周围绘五色祥云。顶部绘展翅的护法迦楼罗、乘云飞天及祥云等。三龛外壁面绘四天王像。

第51窟（后秦，明重绘）：正、左、右壁佛均绘头光、宝盖。正壁佛两侧各绘几身诸天神。左壁佛内侧上方绘两身天神，外侧绘一身六臂天神。右壁佛内侧大致可辨绘天神形象。窟顶部正中绘火焰宝珠，一只金翅鸟，束发，尖嘴猴腮，有头光，裸身，下系着裙，两爪蹬踏于佛宝盖之上，背生两翅，双臂平伸，手握一串珠，帔帛搭肩绕臂缠腹后飞扬，形态凶猛生动。左右两侧绘彩凤、仙鹤，相对展翅飞翔。二鸟上方各绘一身童子，手捧供品，脚踩祥云。窟顶其余各处绘如：鼓、钹、笛、箫、笙、云锣等自鸣乐器，空隙处插绘卷云图案。

又瑞应寺大雄宝殿明代壁画：左右两面山墙内壁绘大型十佛八菩萨诸罗汉图。每壁以五色祥云为界，分上下两部分，上部第一排绘平列的五身佛；第二排绘平列的四身坐菩萨，其中左壁一身乘狮子，右壁一身骑象。下部绘诸罗汉及侍童群像，分别为二十四身和二十八身，形态各异。左壁内侧绘一身六臂天王，右壁内侧绘一身乘象天王。

除上述麦积山石窟洞窟等壁画外，还有北魏第19、68、69、77、80、85、86、87、88、93、96、119、124、129、132、147、158、166、167、169、170窟。西魏第60窟，北周第7、32、34、39、48、94、113窟，隋第14窟，宋第7、32、50、124窟，明第11、15、25、28窟，清第29窟等，各时期洞窟壁画中现仅存绘佛、菩萨背项光，或窟龛内外壁面存绘花卉等装饰图，窟顶绘装饰图案及部分残迹等，此略。

二　麦积山石窟壁画的题材内容

　　麦积山石窟壁画题材内容主要有三个方面：一是基本独立的经变画或说法图，如《西方净土变》《维摩诘经变》《涅槃经变》《弥勒经变》《地狱变》等；《睒子本生》《萨埵那太子舍身饲虎本生》《三佛图》《七佛图》《千佛图》等。二是结合塑像佛所绘的化佛、胁侍菩萨、弟子和飞天等。三是供养人。从时间来看，麦积山石窟最早出现的壁画题材是后秦时期绘千佛、化佛、飞天、经变画，后代延续，又出现一些新的题材。

　　千佛：绘于窟顶的有后秦第74、78窟，此后仅见于北周第40、62窟和隋代第10窟。其中第10窟增加了中心圆莲，第62窟增加了佛说法图，并绘千佛于壁面。绘千佛于窟顶和壁面的还有西魏第105窟，北周第104、109窟。绘千佛于壁面上部的有北魏第23、92窟，西魏第20窟，北周第26、36、65窟。绘于壁面的有北魏第76、101、108窟，隋第189窟。

　　化佛：绘于佛造像背项光中的有后秦第74、78、165窟，北魏第89、128、148、163窟。

　　飞天：绘于壁面上方的有后秦第165窟，西魏第54、123窟，其中第54、123窟窟顶也绘飞天。窟顶绘飞天的有北魏第17、72、76、81、83、89、92、101、108、112、114、115（及龙）、116、121、122、126、133（及第1、2、6龛）、135、140、142、155、159、160、162、163、175窟，西魏第20、146窟，北周第53窟，隋第37窟。其中第133窟窟顶绘一幅坐佛山中说法，胁侍弟子和飞天图。又有多身羽人（或飞廉）、天人骑龙、凤、飞鱼或踏云朵，还有单独绘大象、龙等。第160窟绘有莲花童子。绘于造像佛背项光中的有北魏第91、107、122、133（及第6、11龛）。绘于龛内的有北魏第100、114、128、135、155窟和北周第82窟。绘于龛外上方壁面的有北周第4、9窟①。另，说法图、经变画中绘飞天。

　　菩萨：绘于壁面的有北魏第142窟，北周第53窟，宋第108、122窟。绘于窟内龛右壁的有西魏第44窟，龛外的有宋第43窟，坛台前壁面的有隋第8窟（跪式）。绘于窟顶的有明第2窟。绘于龛于与龛之间壁面的有唐第4窟。

　　弟子（比丘）：绘于壁面的有北魏第142、126、92、16、154、161窟，西魏第172窟，北周第22、136、140窟，隋第8窟，宋第53、122窟。绘于龛内的有北魏第100、133（及第3、15龛）窟。绘于造像背项光中两侧的有北魏第116、163窟，西魏第146窟，北周第141窟。其中第141、133、161窟有禅修弟子。

　　供养人：绘于壁面（上方）的有北魏第21、161（下方绘夜叉）窟，（中部）西魏第20、146（下部绘夜叉）窟，（下方）北魏第23、76、110、114、135、140、142、156窟，（侧壁）北魏第160窟，西魏第120窟，北周第117窟。绘于龛内的有北魏第17窟。绘于龛下方的有北魏第83、114、121窟。绘于佛坛台（壁面）的有北魏第78、16、140、142窟，（下方）有北魏第92窟。

　　说法图：绘于壁面的有北魏第81、135、155、156、159、175、146窟，唐第5窟。绘于窟顶的有北

---

　　①　位于第9窟七佛龛外上方与第3窟千佛下部的飞天，现编为第3窟，根据实地考察，应该是第9窟的壁画。

周第 4（七佛龛）、27、35、36、117（五佛）窟，明第 5（中龛）窟。又造像佛左右侧绘菩萨、弟子有北魏第 83 窟，以及前文中所述绘于佛左右侧和佛背项光中菩萨或弟子，其中有同时绘飞天，如北魏第 160 窟，结合造像佛，应该是佛说法图。

经变画：绘于壁面的有后秦第 165 窟（从残存的建筑分析，可能是弥勒经变）、北魏第 110（法华经变）、115（弥勒经变）、127（涅槃经变、维摩诘经变、西方净土变、七佛变、地狱变等）、135（涅槃经变、七佛变、维摩诘经变），唐第 4、5（西方净土变），明第 2（地狱经变）窟，以及瑞应寺大殿（十佛八菩萨诸罗汉图）。绘于窟顶的有北魏第 127（萨埵那太子舍身饲虎本生、睒子本生等故事）、154（赴会图），北周第 4（赴会图、法华经变、西方净土变、涅槃经变及与禅观相关的观经变等），明第 12 窟（涅槃经变、地狱经变）。绘于龛楣的有第 133（第 11 龛弥勒经变）、北周第 82（七佛变）窟。

其他题材：第 78 窟出土北魏火头明王。第 9 窟（4 龛）明代绘共命鸟、（2、4、6 龛顶部）绘迦楼罗，第 30 窟（顶部）明绘迦楼罗、四天王。第 51 窟顶部明绘迦楼罗、天神、童子等。第 2 窟（顶部）明绘八卦图、佛、菩萨、天王、狮子等。

以上所述麦积山石窟壁画多种题材在众多洞窟中的分布情况，可看出同一类题材从最早的出现到后代的延续发展，也存在一些变化。不同题材在同时代或不同时代出现，又存在同一窟或多窟中等。这都反映佛教文化在同时代和不同时代的弘传情况及信仰者（供养人或称功德主）的信仰信息。

三　麦积山石窟壁画的特点

（一）中国石窟最早的大型经变画

在麦积山石窟众多的壁画中，北魏晚期的第 127 窟出现的大型《西方净土变》《维摩诘经变》《涅槃经变》《睒子本生》《萨埵那太子舍身饲虎本生》《十善十恶》《七佛图》等是中国石窟寺中同题材最早出现的作品之一，不仅篇幅大，而且内容丰富，有涉及经中多品。如《维摩诘经变》有"问疾品""方便品""香积品""阿閦佛品"。《西方净土变》的画面以起伏的山峦与茂密的树林为背景，绘宫殿、栏杆、楼阁、莲池。阿弥陀佛说法，两侧观世音和大势至菩萨及四弟子分别侍立。众弟子、圣众眷属及天人前来听法。伎乐天击鼓起舞，击打或弹奏天乐等，将阿弥陀佛净土美妙庄严众多的描绘。《萨埵那太子舍身饲虎本生》有"回宫报信""深山寻太子""见太子遗物""太子舍身饲虎"等内容情节。《睒子本生》有"国王出行""群臣观猎""国王深山狩猎""误射睒子""睒子向王倾诉""国王亲省睒子盲父母""国王背盲父母探视睒子""帝释天下凡救睒子"等内容情节。《涅槃经变》以大自然中的山林为背景，绘释迦佛说法；又绘释迦佛临终前最后一次说法，二菩萨虔诚侍立于两侧，弟子、众生虔诚恭立，聆听佛的教诲；佛之涅槃，天龙八部，各国王臣及信众举哀，弟子手扶佛足，八王争舍利，婆罗门献策八分舍利，八王分得舍利归国供养等情节。此题材在第 135 窟壁画也出现，内容绘出多种情节。《七佛图》以七佛并列，每身佛有胁侍菩萨，或有胁侍菩萨、弟子的大型七佛图。以及第 135 窟三壁（正一，左右各三）的大型《七佛图》，在中国佛教壁画中极少见。又第 115 窟正壁及窟顶壁画绘《弥勒经》所说菩萨"六度"和龙护法等相关的内容，这类经变题材内容的壁画，是中国石窟寺同类题材内容从较为简单的小幅，走向丰富、情节众多大型壁画的先河，对后来石窟寺经变壁画乃至造像具有重大影响。

图1　第78窟供养人及墨书题记

图2　第90窟供养人局部

（二）壁画蕴含多民族因素

麦积山石窟位于甘肃天水（古秦州），古代主要为羌、氐、胡等少数民族杂居地。东晋南北朝时期的秦州是由氐、羌、汉、鲜卑、屠各、休官等民族共同构成这一带的民族主体，历史中曾被众多北方少数民族统治政权管属。天水又是丝绸之路上的重镇，西域、印度和中亚的商贾频繁穿梭于丝路，石窟壁画中保存了大量的多民族文化艺术的信息。如北魏第78窟仇池镇王姓杨姓等供养人题记，画像人物均头包巾帻（或谓小帽），上身着交领小袖袍，腰束带，下着小口裤，足穿尖头乌皮靴，衣服有青白两色等（图1）。反映出关陇地区的羌、氐、鲜卑及匈奴等少数民族的文化信息和艺术特点①，后代也有所延续。

从麦积山西魏、北周相关图像分析，这一时期的胡人装束主要有两种，一种是上穿圆领对襟窄袖袍服，下着裤褶。另一种是头裹风帽，上穿圆领小口对襟紧身短袍，下身近似赤裸或穿裤褶。北周除圆领窄袖对襟齐膝袍装束的胡人外，又开始出现翻领或交领样式的胡服。首服更加丰富，有束发髻，戴花冠、圆顶帽、尖帷帽，如第26窟供养人。此外，还出现一种新的胡服样式，上身袒露，肩部系帔帛，下穿齐膝裙，头戴圆锥帽，如第27窟供养人。这种圆领胡服的样式更多是受到西域和中亚胡人着装的影响。又如第78窟出土的伎乐天，高发髻，大眼细眉，薄唇高鼻，唇下八字小胡，戴有项圈、臂钏、手环，上身袒露，双手弹拨曲颈琵琶，是一位漂亮潇洒的西域少数民族形象。第127窟《涅槃经变》壁画中的人物隆眉、深目、阔嘴，颌下绘络腮胡须的胡人，第135、127窟《涅槃经变》中"八王分舍利"的八国队伍人物，着多种不同少数民族服饰，以及第90窟少数民族供养人（图2），第4窟《西方净土变》中的汉族供养人等，都不同程度地反映了中国众多少数民族的文化艺术特点。

---

① 刘晓毅、项一峰：《麦积山石窟北方少数民族因素之探析》，《敦煌学辑刊》2018年第1期。

（三）壁画中的建筑

麦积山石窟壁画中出现多处不同时代的建筑，如北魏第 127 窟《西方净土变》中正绘庑殿顶式的宫殿、高大的二层阙楼等建筑；"回宫报信"中绘制一座古代城池（图3）。第 140 窟绘一所庭院。北周第 4 窟绘一座庭院、一座城；第 27 窟《法华经变·化城品》中绘一座城。以及唐第 5 窟《西方净土变》、北魏第 115 窟经变画中、后秦第 165 窟中绘有的建筑等。这些壁画中所出现的建筑无不体现了中国古代建筑艺术风格，为研究中国传统建筑文化提供了形象的实物资料。尤其是"回宫报信"中绘制的一座古代城池，是麦积山石窟最为珍贵的一幅建筑画。首先，从绘画技巧上说，这幅壁画利用界尺、采用等角透视的画法，清楚地表现了一座古代城池的建筑形制和空间关系，在界画技巧和透视技法的掌握上都远胜于同期的其他建筑绘画。其次，从绘画所表现出的建筑内容看，所画的是南北朝期间最为完整的城池宫殿形象，把总体建筑布局和具体的建筑形象描绘得一览无余，这是国内目前资料所见到的唯一完整的古代城池形象，和史籍中所记载的北魏都城洛阳城有很多相似之处，对北朝洛阳城的研究具有一定的价值和意义。

图 3　第 127 窟窟顶左披萨埵那太子舍身饲虎"回宫报信"（杨晓东临）

（四）其他艺术特点

1. 壁画中内容丰富、情节众多的大型经变画，在篇幅形式、构图布局等方面不仅采取穿插巧妙的结合，如第 127 窟《维摩诘经变》；还有采用中国传统的长卷式构图，如《睒子本生》将众多情节内容连续绘于一壁，场面生动自然，并将人物情节及山水等自然景观融为一体，既是一幅长卷故事画，又是一幅山水人物画（图4）。还有采取东、西、中三壁三单幅相连接的形式叙述，成为一组连环故事画，如《萨埵那太子舍身饲虎本生》故事。

图 4　第 127 窟前披睒子本生（杨晓东临）

2. 第 127 窟《西方净土变》中八身伎乐天，分两组，每组四身，一组持管弦乐器，一组持击奏乐器。吹奏乐器有箫、笙、筚篥和筝，击奏乐器有羯鼓、腰鼓和铙，一件模糊难辨，八种乐器共同演奏乐章。隋唐以前，史书很少记载中国音乐舞蹈面貌，一般多依据隋唐当代的音乐舞蹈上溯前代。现采用唐代的"十部乐"来溯究，这八种乐器同时出现在某一种乐部中，唯龟兹乐中存在。因此，第 127 窟《西方净土变》中伎乐天演奏的应该是龟兹乐，从而又可得知，隋唐时期较为流行的龟兹乐，随着丝路的传播，北魏晚期已在陇右一带流行，并进入了石窟艺术的大雅之堂（图 5）。

图 5　第 127 窟右壁壁画西方净土变

3. 第 4 窟"薄肉塑"飞天、佛等壁画，是融合塑绘不同的两种艺术，巧妙地结合而成，飞天肉体裸露部分采用浅浮塑的技法，衣饰、花卉等采取绘画的手法，这种塑绘相结合的壁画创新艺术，前不见古人，后不见来者，是麦积山石窟北周壁画中所独有，填补了中国美术史的空白（图 6、7）。

图 6　第 4 窟薄肉塑佛、弟子

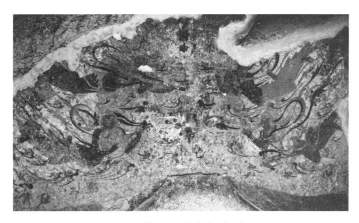

图7　第4窟薄肉塑伎乐天

至于壁画构图所采用的"疏密聚散"法则，深远、高远透视法，施色利用"五色观"，并融入印度"晕染"法等方面，都是麦积山石窟壁画艺术的特点。

四　结　语

麦积山石窟因地处陇山之中，常年多雨潮湿，洞窟壁面残失严重，加上风化、鼠鸟虫害，现存壁画有限，且多模糊不清，上述壁画虽难以囊括石窟壁画艺术全貌，但其艺术特点及所包含的文化信息可帮助我们贯通融会、以点带面，为深入研究麦积山石窟壁画乃至中国石窟壁画提供了宝贵的实物资料，对研究佛教文化艺术外来中国化和具有中国特色的佛教文化艺术传播演变发展也具有重要的价值和意义，同时对中国美术的丰富多彩作出重要贡献。

北朝菩萨立像中的"X"形帔帛[*]

孙清泮[**]

内容提要：北魏太和十年（477 年）前后，受南朝风格影响，云冈石窟菩萨像开始佩戴"X"形帔帛，早期"X"形帔帛交点高、下摆相距远，至云冈石窟第 6 窟中心柱及窟壁上层菩萨帔帛下摆距离变近且出现重叠趋势，这种情况在稍晚开凿的龙门石窟、巩县石窟等大量发现，后期帔帛下摆进一步靠近、重叠，高平羊头山石窟存在下摆完全重叠的样式，呈"U"形，根据其年代及特征，与北魏以来"X"形帔帛的演变趋势相吻合，反映出两种帔帛形式的关系。

关键词：北朝　菩萨立像　"X"形帔帛　"U"形帔帛

帔帛是菩萨像的重要组成部分，云冈石窟第 5 窟及第 6 窟菩萨立像"X"形帔帛与早期不同，并且第 6 窟"X"形帔帛交点下移，而龙门石窟菩萨像帔帛与云冈石窟相比变化更加明显。为何会出现这样的变化？前贤多是注意到此帔帛，或将其命名，或探讨其来源，对其他相关问题未深入探讨。鉴于两石窟的地位，"X"形帔帛出现变化应非偶然，其可能反映出演变趋势，因此有必要对相关问题进行探讨。本文论及"X"形帔帛特指相交处无装饰样式。

一　"X"形帔帛名称来源及研究现状

（一）名称来源

佛教艺术中发现多种形式的帔帛，《敦煌学大辞典》对帔帛的定义为："古代妇人围巾。……在敦煌艺术中，帔有两类，一类俗帔，即世俗人之帔帛。……另一类为仙帔（天帔），即菩萨、天王、力士之帔，这类帔随佛教艺术俱来，是受到波斯、大秦、中亚的男女'并有巾帔'影响而形成的特殊装饰。"[①]

目前对"X"形帔帛之称谓并无统一命名，现将部分学者相关命名做粗略统计：

---

[*]　基金项目：2020 年国家社科基金艺术学重大项目"丝绸之路美术史"（20ZD14）。

[**]　作者简介：孙清泮（1995 年~　），男，山东潍坊人，兰州大学历史文化学院考古学及博物馆学研究所硕士研究生，研究方向为石窟考古与佛教美术。

[①]　季羡林主编：《敦煌学大辞典》，上海：上海辞书出版社，1998 年，第 215 页。

金维诺在《北魏云冈与龙门等石窟》中描述如下："第 6 窟中设方形塔柱，九重密檐直通窟顶。四面开龛造像，层层叠叠。佛像衣装作褒衣博带样式，菩萨着帔帛大裙子。中心塔柱上层四面龛……两侧的胁侍菩萨体量较小，身躯修长，天衣帔帛绕臂飘举。"① 这实际是对"X"形帔帛的命名。

费泳在《南京德基广场出土南朝金铜佛造像的新发现》命名："德基 1 号：南京市博物馆藏梁武帝大通元年（527 年）一佛二菩萨三立像，……左右胁侍菩萨面露微笑，头发沿两肩下垂，双手合掌于胸前，帔帛呈 X 型交于腹前……"②

李裕群在《山西寿阳石佛寺石窟》中命名："第 1 窟……东壁……右侧菩萨……双肩敷搭披巾，于腹前交叉，垂至膝部后再上搭手肘，然后沿身侧下垂及地。"③

刘凤君在《山东佛像艺术》中命名："龙华寺遗址还出土多件失铭而又没有大背光的造像，……菩萨身姿亭亭玉立，……肩披长巾，交叉于腹前，然后上绕双臂再下垂至身体两侧。"④

对于这类于身前交叉呈"X"状带子的命名，专家学者各有不同，称为"帔帛""披巾""长巾"，还有称"帔帛""飘带"等。而本文称之为"X"形帔帛。

（二）研究现状

关于"X"形帔帛的相关研究较少。刘明虎根据目前所存南朝造像推测"X"形帔帛起源于南朝，并提出龙门石窟造像璎珞及帔帛差异反映不同的等级⑤。赵昆雨探讨各时期云冈石窟造像服饰的特征及演变，并注意到帔帛下摆前后高度的变化⑥。唐仲明对响堂山及青州地区造像进行探讨时用考古类型学的方法对帔帛形式进行分类，其中涉及"X"形及"W"形等帔帛样式⑦。李光明注意到北魏晚期宾阳中洞胁侍菩萨佩戴"W"形帔帛⑧。刘芳认为"X"形帔帛在北魏中期石窟菩萨中较为流行⑨。何志国对早期纪年金铜观世音像进行类型学分析，认识到帔帛在不同时期表现形式以及帔帛在肩部、体侧、交叉位置的变化⑩。李晔注意到山西北朝菩萨像帔帛的不同样式⑪。此外，尚有刘凤君⑫、李裕群⑬、费泳⑭等学者在进行相关研究时提及"X"形帔帛。

---

① 金维诺：《北魏云冈与龙门等石窟》，《雕塑》2004 年第 1 期。

② 费泳：《南京德基广场出土南朝金铜佛造像的新发现》，《艺术探索》2018 年第 1 期。

③ 李裕群：《山西寿阳石佛寺石窟》，《文物》2012 年第 2 期。

④ 刘凤君、李洪波：《佛教美术全集 11：山东佛像艺术》，北京：文物出版社，2008 年，第 28 页。

⑤ 刘明虎：《北魏龙门石窟菩萨造像胸饰样式与等级规制》，《艺术探索》2016 年第 1 期。

⑥ 赵昆雨：《云冈石窟造像服饰雕刻特征及其演变》，《文物世界》2003 年第 5 期。

⑦ 唐仲明：《东魏北齐响堂山与青州造像比较研究》，《华夏考古》2013 年第 4 期。

⑧ 李光明：《河南地区佛教石窟艺术探析》，《东方艺术》2015 年第 S1 期。

⑨ 刘芳：《试论北魏佛教服饰的世俗化表现——以云冈石窟为中心》，《美术大观》2019 年第 12 期。

⑩ 何志国：《早期纪年金铜观世音造像类型研究》，《艺术探索》2016 年第 6 期。

⑪ 李晔：《山西北朝菩萨像研究》，南京艺术学院硕士学位论文，2019 年。

⑫ 刘凤君、李洪波：《佛教美术全集 11：山东佛像艺术》，北京：文物出版社，2008 年，第 28 页。

⑬ 李裕群：《山西寿阳石佛寺石窟》，《文物》2012 年第 2 期。

⑭ 费泳：《南京德基广场出土南朝金铜佛造像的新发现》，《艺术探索》2018 年第 1 期。

"X"形帔帛是北魏中后期以来帔帛的重要形式，前贤研究侧重点不同或未深入研究。本文拟在前贤研究的基础上，通过对"X"形帔帛的变化进行研究，以理清其演变情况。

二　云冈、龙门等石窟的调查

（一）云冈石窟

受南朝造像风格影响，在北魏孝文帝汉化改制前后，云冈石窟出现了一种新的帔帛样式，其表现形式为帔帛两端自双肩垂下于身前相交后上绕双臂垂体侧，状似字母"X"，故称之为"X"形帔帛。关于其起源，刘明虎认为："以'X'形帔帛庄严的菩萨造像，应始现于南朝。但由于相关实物资料匮乏，我们仅能从栖霞山南朝早期石窟、四川茂汶萧齐武帝永明元年（483 年）造像侧面条石上菩萨造像、成都西安路萧齐武帝永明八年（490 年）法海造像主尊坐佛两侧胁侍菩萨等处了解大致脉络。"①

山东临沂发现一件一菩萨二胁侍三尊像，主尊帔帛身前穿壁，两侧胁侍佩戴"X"形帔帛，交点低、下摆相距近。其正面以及侧面有题记"太和元年三月四日周记才兄弟三人为父母敬造白玉像一区"。太和元年即公元 477 年。其与云冈第 6 窟部分菩萨像相似，但早十余年，说明不是北魏地区原有造型。临沂古属琅琊郡，被南朝统治较长时间，青州造像尚能发现南朝风格，更不用说地处南北朝交界处的临沂。这件造像是多种风格结合的产物，但另一方面，其是"X"形帔帛源自南朝的又一佐证。

关于孝文帝服制改革的内容，《魏书·高祖纪》记载：

> 十年春正月癸亥朔，帝始服衮冕，朝飨万国。……夏四月辛酉朔，始制五等公服。甲子，帝初以法服御辇，祀于西郊。……八月乙亥，给尚书五等品爵已上朱衣、玉佩、大小组绶。……十五年……十有一月……丁亥，诏二千石考在上上者，假四品将军，赐乘黄马一匹；上中者，五品将军；上下者，赐衣一袭。十有二月……癸巳，颁赐刺史已下衣冠。……十有八年……十有二月……壬寅，革衣服之制。②

从云冈石窟自然能够找出反映这场服制改革的信息。北魏太和十年（486 年）前后，"褒衣博带"样式开始在云冈石窟出现。目前云冈发现最早有确切纪年"褒衣博带"服饰为太和十三年（489 年）开凿的第 11～14 龛。与此同时菩萨开始佩戴"X"形帔帛。这种帔帛最早应见于云冈第 1、2 窟，但数量少且处于从属地位。"X"形帔帛在第 5、6 窟中大量出现，并装饰诸多形象。

第 5 窟西壁 3 层 1 龛胁侍菩萨、西壁 3 层 4 龛胁侍菩萨、西壁 3 层 2 龛胁侍菩萨、南壁拱门西侧供养菩萨等均佩戴"X"形帔帛。第 6 窟数量多于第 5 窟，如南壁上层东、西龛，南壁下层东、西龛，东壁上层北、中、南龛，西壁上层北、中、南龛，中心柱各龛胁侍菩萨及供养菩萨等。

云冈石窟第 5 窟菩萨立像佩戴的"X"形帔帛一般为挎肩后垂下在腹前相交，至股、膝之间上绕双

---

① 刘明虎：《北魏龙门石窟菩萨造像胸饰样式与等级规制》，《艺术探索》2016 年第 1 期。
② ［北齐］魏收：《魏书·高祖纪第七下》，北京：中华书局，1974 年，第 161～176 页。

臂垂于体侧。帔帛在肩部宽大，部分边缘自肩部向外翘起，两端交点在腹部，且帔帛下摆垂至膝部以上、腹部以下。结合南朝出土永明元年（483 年）无量寿佛像及永明八年（490 年）释法海造弥勒像所见菩萨佩戴的"X"形帔帛，与云冈第 5 窟相似，说明交点高、下摆相距远是早期"X"形帔帛的重要特征。

同时第 5 窟帔帛存在不同风格，南壁拱门西侧供养菩萨（图 1）帔帛造型生硬、粗拙，多用平直刀法雕刻；而北壁上层北侧龛外右侧菩萨虽表现仍较生硬，但较前者表现相对流畅；同时也存在线条圆滑柔顺、表现细腻的成熟样式。

云冈第 6 窟"X"形帔帛大多与第 5 窟相同。关于风格，第 6 窟帔帛线条流畅，且多数圆滑、细腻，不见第 5 窟生硬、粗拙样式。但是，第 6 窟中心柱上层部分菩萨立像佩戴的"X"形帔帛发生变化，特征为帔帛交点下移，下摆相距变近，如中心柱西面上层佛龛左胁侍菩萨（图 2）。第 6 窟东、南、西壁上层部分胁侍菩萨的帔帛交点位置较中心柱上层继续下移，下摆相距更近，并且出现下摆重叠的趋势，如西壁上层南侧佛龛右胁侍菩萨（图 3）等。

图 1　云冈石窟第 5 窟南壁拱门西侧菩萨北魏（采自《中国美术全集·石窟寺雕塑》二，第 272 页）

图 2　云冈石窟第 6 窟中心柱西面上层佛龛右胁侍菩萨 北魏（采自《中国美术全集·石窟寺雕塑》二，第 285 页）

图 3　西壁上层南侧佛龛右胁侍菩萨 北魏（采自《中国美术全集·石窟寺雕塑》二，第 286 页）

根据造像特征，第 6 窟中心柱上层菩萨立像所着服饰为典型"褒衣博带"样式，袍衣宽大、衣纹厚重，裙摆外侈、状似鱼尾，造像肢体与服饰间的分离感不强，躯体起伏感弱；而中心柱下层菩萨，虽然开始注重服饰的表现，但与上层菩萨相比，其服饰贴体，特别是长裙于两腿间内凹，肢体与服饰的空间分离感较强。故上层龛开凿时间晚，可能距孝文帝迁都已不远。

除第 5、6 窟外，第 11、13 窟后期开凿的小龛以及孝文帝迁都后当地信徒开凿的中小窟内菩萨佩戴"X"形帔帛既有下摆近样式，同时又有早期样式。

　　由以上梳理可知，在北魏统治区域内，最早出现于云冈石窟第 1、2 窟，并在第 5、6 窟大量出现的"X"形帔帛，早期样式交点高、下摆相距远，到第 6 窟后期菩萨立像帔帛交点下移、下摆距离近，这种样式在云冈石窟后期数量明显增加，似乎反映出"X"形帔帛的变化。

（二）龙门石窟

　　孝文帝迁洛使得北魏政治、文化以及经济中心由平城转移到洛阳，至此龙门石窟逐渐取代云冈石窟成为北魏后期皇家经营的石窟。龙门石窟古阳洞、宾阳洞、魏字洞、药方洞等开凿于北魏时期，上述各石窟或于北魏晚期完成，或一直延续至唐代才最终完成。

　　古阳洞西壁（正壁）为一佛二菩萨像，南北壁各有三层大龛。此外，西、南、北壁以及窟顶分布着数量众多的中小龛。

　　古阳洞诸多中小龛内菩萨立像佩戴"X"形帔帛，通过对尚可辨识造像帔帛的观察，古阳洞菩萨立像佩戴的"X"形帔帛可分为两类：

　　第一类：帔帛自双肩垂下后于腹前相交后上绕双臂垂于体侧，即帔帛于身前交点高、下摆相距远。如窟顶第 124 龛胁侍菩萨；北壁第 69 龛右胁侍菩萨、第 51 龛胁侍菩萨；西壁第 3 龛胁侍菩萨、第 4 龛胁侍菩萨等。

　　第二类：帔帛自双肩垂下后于腹下部、膝上部相交后上绕双臂垂于体侧，即帔帛于身前交点低、下摆相距近，如北壁第 130 龛胁侍菩萨、南壁 109 龛胁侍菩萨等；同时部分帔帛下摆重叠面积大，如北壁第 78 龛胁侍菩萨。

图 4　巩县石窟第 1 窟中心柱南面左胁侍菩萨 北魏（采自《中国美术全集·石窟寺雕塑》二，第 434 页）
　　图 5　巩县石窟第 3 窟西壁左胁侍菩萨 北魏（采自《中国石窟·巩县石窟寺》，图版 110）
　　图 6　巩县石窟第 5 窟北壁左胁侍菩萨 北魏（采自《中国石窟·巩县石窟寺》，图版 198）

除古阳洞外，宾阳中洞窟门北侧力士、甬道南侧上层供养菩萨，西壁、南壁以及北壁胁侍菩萨、正壁右侧下部供养天人像、北壁内侧上部供养天人像、东壁北侧上层文殊说法图右菩萨；莲花洞北壁上层佛龛、宋景妃造像龛胁侍、供养菩萨；魏字洞北壁西侧佛传故事、北壁下层佛龛外左菩萨；普泰洞北壁西侧上层佛龛左右胁侍菩萨；六狮洞正壁胁侍菩萨；皇甫公窟胁侍菩萨等均为"X"形帔帛。既有早期交点高、下摆相距远样式，如莲花洞北壁上层佛龛；又有下摆距离近样式，如宾阳中洞南壁胁侍菩萨。但后者数量明显多于前者。

宾阳中洞正壁胁侍菩萨，虽然帔帛外饰璎珞，但仍能看出帔帛两端相交于膝部，两下摆底端稍低于交点，下摆近一步重叠。

综上，龙门石窟菩萨立像"X"形帔帛承袭云冈旧样，但大多交点低、下摆近，特别是宾阳中洞正壁胁侍，下摆重叠面积大。从早期交点高、下摆相距远发展到后期交点低、下摆相距近且部分重叠，反映了北魏两大皇家石窟菩萨立像"X"形帔帛的演变轨迹。

（三）洛阳周围中小石窟

北魏佛教经过太武帝灭佛出现短暂的衰落，后又为文成帝复兴，云冈、龙门等诸多石窟便是在此背景下开凿。当时整个北魏社会充斥着崇佛之风，特别是统治阶级的大力提倡，上行下效，开窟造像成为当时社会潮流。北魏迁都之初即限制都城寺院数量，再者，龙门石窟并不能在当时崇佛大背景下满足各阶层开窟造像的需要，因而只能在洛阳城及龙门石窟周围开凿新的石窟，既能在一定程度上满足当时社会的需要，又能缓解龙门等石窟的压力。北魏洛阳城及龙门石窟周围的中小型窟主要有：巩县石窟、吉利万佛山石窟、新安西沃石窟、义马鸿庆寺石窟、伊川吕寨石窟、偃师水泉石窟等。

1. 偃师水泉石窟

偃师水泉石窟主体"开凿于孝文帝迁都洛阳之后的太和十几年，完工于景明、正始间，略晚于龙门古阳洞，早于莲花洞"[①]，除现存主体造像外，于石窟南壁、北壁、北甬道、窟外右侧分布大小 140 余龛，开凿年代主要为北魏晚期至东魏时期，同时存在极少数唐代小龛。许多小龛未完工、损坏或无菩萨立像，现对"X"形帔帛做粗略统计：

南壁：第 6、7、8、9、14、15、18、19、20、23、27、28、29、30、35、36、37、53、54、55、57、61、72 等龛。北壁：第 9、10、11、15、30 等龛。北甬道：第 8、16、17、18、19、20、21、26、27 等龛。洞窟外右侧：第 1、4 龛。

这些菩萨立像所佩戴的"X"形帔帛，除北壁第 9 龛帔帛交点高、下摆相距远，其余均交点低、下摆近，且部分甬道及窟外侧龛胁侍菩萨帔帛部分重叠。一般情况下窟内主体造像开凿时间最早，说明水泉石窟后期造像帔帛下摆较早期进一步重叠。

2. 义马鸿庆寺石窟

义马鸿庆寺石窟开凿于北魏晚期，洞窟坍塌、风化严重，现在能辨认的内容极少。第 1 窟正壁左右侧帐形龛菩萨佩戴"X"形帔帛，其帔帛自双肩垂下后于腹下相交并上绕双臂垂于体侧，帔帛下摆部分重叠。

---

① 温玉成：《洛阳市偃师县水泉石窟调查》，《文物》1990 年第 3 期。

3. 伊川吕寨石窟

伊川吕寨石窟开凿于北魏晚期。现存 3 龛，第 2 龛中间组合右胁侍菩萨、右侧组合左右胁侍菩萨，第 3 龛正壁左右胁侍佩戴 "X" 形帔帛。除第 2 龛正壁右侧组合右胁侍菩萨交点高、下摆相距远，其余交点低、下摆相距近或较近。而且第 2 龛正壁右侧组合左右胁侍菩萨帔帛表现为两种样式，且作为同一铺造像，年代应相同，说明 "X" 形帔帛的两种形式在此窟内同时出现。

4. 吉利万佛山石窟

吉利万佛山石窟开凿于北魏晚期。部分造像漫漶或缺失。上寺院第 1 窟力士、第 2 窟力士、第 3 窟前壁窟门两侧以及门外力士、第 5 窟左壁胁侍等形象均佩戴 "X" 形帔帛。第 5 窟左壁胁侍交点较高、下摆相距远，其余帔帛交点低、下摆相距近且重叠。

5. 新西安沃石窟

新西安沃石窟于北朝晚期开凿。第 1 窟正壁胁侍菩萨、第 2 窟右胁侍菩萨、第 11 龛胁侍菩萨、第 12 号塔 1~3 层胁侍菩萨均着交点低、下摆近样式的 "X" 形帔帛。

6. 巩县石窟

巩县石窟始凿于北魏晚期，其余小龛则自北魏至唐都有。根据李明达考证，第 1、2 窟大约开凿于熙平二年（517 年），第 1 窟应完成于正光四年（523 年），第 2 窟未完工；第 3、4 窟开始于熙平二年或稍后，完成于孝昌末年（528 年）；第 5 窟可能开凿于永安二年（529 年）或永熙年间（532~534 年）[1]。即第 1、2 窟开凿时间最早，第 3、4 窟稍晚，第 5 窟最晚。主要造像佩戴 "X" 形帔帛样式情况见表所示（表 1）。

表1　　　　　　　　　　巩县石窟主要造像佩戴 "X" 形帔帛样式情况

窟号	位置	形象	特征
1	中心柱南面	左右胁侍菩萨	左：交点高、下摆相距远（图4） 右：交点较高、下摆相距较远
3	西壁	左侧胁侍菩萨	交点较高、下摆相距较远（图5）
3	东壁	左侧胁侍菩萨	交点较高、下摆相距较远
3	北壁	左右胁侍菩萨	交点较低、下摆相距较近
3	中心柱南面	左右胁侍菩萨	交点较高、下摆相距较远
3	中心柱西面	左右胁侍菩萨	交点较高、下摆相距较远
4	东壁	左右胁侍菩萨	交点较低、下摆相距较近
4	西壁	左右胁侍菩萨	交点较高、下摆相距较远
4	中心柱南面下层龛	左右胁侍菩萨	交点较高、下摆相距较远
4	中心柱背面下层龛	左侧胁侍菩萨	交点较高、下摆相距较远
5	东壁	左侧胁侍菩萨	交点较高、下摆相距较远
5	西壁	右侧胁侍菩萨	交点较低、下摆相距较近
5	北壁	左右胁侍菩萨	右：交点较低、下摆相距较近 左：帔帛交点进一步下移（图6）

---

① 河南省文物局文物工作队编：《巩县石窟寺》，北京：文物出版社，1963 年，第 19 页。

各窟主要造像胁侍菩萨以交点较高、下摆相距较远式"X"形帔帛为主,但第1窟中心柱南面龛两胁侍菩萨帔帛交点位置的不同,以及其他窟帔帛交点均较其左胁侍低,可以反映出虽然此时以交点较高、下摆相距较远样式为主,但交点位置的细微变化仍可说明"X"形帔帛的变化趋势。

此外在窟壁、甬道以及窟外有大量小龛,根据现存题记以及造像风格判断,现存北朝小龛内菩萨立像佩戴的"X"形帔帛多为交点低、下摆近样式,如2、3窟之间第248龛(天统二年,566年)、252龛(天统二年,566年)、257龛(河清三年,564年)、281龛(天保二年,551年),第4窟左甬道第324龛(天统二年,566年),第5窟左甬道第187龛(大统二年,536年)等。

这些小龛开凿年代大都集中于北魏末期至北齐时期,大多晚于窟内主体造像,反映出巩县石窟菩萨立像"X"形帔帛由交点高、下摆相距远到交点低、下摆相距近的发展演变过程。

同时第1窟主像除中心柱正面龛胁侍菩萨为"X"形帔帛外,其余胁侍菩萨帔帛均在身前穿璧,并占据了第1窟的主要位置,而大多数佩戴"X"形帔帛的形象为处于中心柱或窟壁底层的神王以及伎乐等,处于次要位置。第3窟除中心柱背面大龛左右胁侍为帔帛穿璧外,其余皆为"X"形帔帛,说明"X"形帔帛占据优势。第4窟主要造像两种样式数量相当。"X"形帔帛或穿璧式帔帛在主像中数量的变化似乎可以反映出两种帔帛在石窟内的对抗,也可以说是雕凿造像的工匠或出资开窟造像的功德主的喜好之间的对抗。但即使在某一窟主要造像的帔帛上占据优势,从整体看,窟内外诸多小龛内佩戴"X"形帔帛数量远远多于穿璧式帔帛,特别是下摆近样式,这是巩县石窟帔帛的主要形式。

依前文所述,这些中小石窟内造像佩戴的"X"形帔帛既有早期样式,又有稍晚出现的下摆近样式。鉴于其性质,必然受到云冈、龙门石窟风格的影响。而交点低、下摆相距近式的"X"形帔帛在数量上占据优势,表明已经取代"X"形帔帛的早期样式,反映出中原地区"X"形帔帛的演变规律。

(四)山西天龙山石窟

天龙山共有25个洞窟,分布于东西两峰上,自东向西排列。东峰分为上(4个窟,单独编号1~4号)、下(8个窟,编号1~8号)两层,西峰13个窟,编号9~21号。根据李裕群对天龙山石窟的分期:第一期包括第2及第3窟,绝对年代是北魏孝庄帝、孝武帝至东魏孝静帝武定四年(528~546年);第二期包括第1、第10以及第16窟,其年代上限不会早于东魏,绝对年代应属于北齐期间(550~577年);第三期包括第8窟,开凿年代应为隋开皇四年(584年);第四期包括第4~7、第9、第11~15及第17~21窟,绝对年代为唐高宗至武周时期(673~704年)[1]。

通过对各窟的考察,目前仅第2窟及第3窟尚存"X"形帔帛。第2窟北壁及西壁佛龛右胁侍菩萨(图7)帔帛于肩部垂下在膝部偏上部相交后上绕双臂垂于体侧,下摆垂至膝部且重叠面积大。第3窟东壁左胁侍菩萨帔帛形制与第2窟基本相同,但北壁左右胁侍菩萨帔帛(图8)下摆已快完全重叠。

从天龙山第2窟及第3窟现存胁侍菩看出,"X"形帔帛交点继续下移且下摆重叠程度进一步增加。虽然未发现完全重叠的帔帛形式,但并不代表天龙山石窟没有,可能因为破坏而不为人知。龙门石窟也存在帔帛交点低、下摆重叠面积大的造像,如宾阳中洞正壁胁侍菩萨,但数量少。而天龙山石窟菩萨立

① 李裕群:《天龙山石窟分期研究》,《考古学报》1992年第1期。

像，帔帛下摆大多重叠，这种数量的多寡进一步证明此帔帛形式的演变趋势。

图 7　天龙山石窟第 2 窟西壁佛龛右
胁侍菩萨　北魏晚期至东魏（采自
《支那文化史迹》第八辑，第 7 页）

图 8　天龙山石窟第 3 窟北壁左右胁侍菩萨　北魏晚期至东魏
（采自《支那文化史迹》第八辑，第 9 页）

三　"X"形到"U"形：帔帛形式的转变

　　根据前贤的研究，云冈石窟出现的"X"形帔帛是受到南朝风格影响，而龙门石窟又受到云冈石窟造像的影响，同时云冈、龙门石窟的造像风格又影响到巩县石窟、天龙山石窟以及羊头山石窟等。

　　云冈石窟最早出现的"X"形帔帛特征为交点高、下摆相距远，到第 6 窟中心柱上层及窟壁胁侍菩萨帔帛交点下移且下摆具有重合趋势。龙门石窟"X"形帔帛虽存在早期样式，但与云冈第 6 窟相似的帔帛数量明显增加，并且龙门石窟古阳洞窟壁菩萨立像帔帛下摆开始重合，龙门宾阳中洞北魏胁侍菩萨下摆重合度超过二分之一。而同样为统治阶级开凿的天龙山石窟，虽部分胁侍菩萨已经遭到破坏，但就目前存在的造像看，帔帛下摆重合度高，特别是第 3 窟北壁胁侍菩萨帔帛下摆接近完全重叠。并且这些石窟存在影响与继承的关系，可以说明从北魏中晚期再到东魏时期"X"形帔帛的演变轨迹。

　　而这一演变又在山西高平羊头山石窟部分胁侍菩萨身上得到证实。羊头山石窟坐落在高平市城北二十余公里的羊头山南侧，现存洞窟 9 个，摩崖造像 3 处。其部分胁侍菩萨佩戴的帔帛下摆完全重合，如第 6 窟左壁左右胁侍菩萨、第 8 窟左壁左右胁侍菩萨（图 9）以及第 9 窟正壁胁侍菩萨等。其胁侍菩萨帔帛下摆完全重叠，已经不再是"X"形，而是变为"U"形。

　　关于羊头山石窟的年代，张庆捷等将除第 3 窟以外的 8 个石窟认定为羊头山第二期开凿，同时根据其佛与菩萨像风格与云冈、龙门、巩县石窟的比较认为羊头山石窟第二期年代应在北魏晚期，即 516～534 年左右①。根据菩萨像的服饰及体态表现，首先菩萨像裙摆外侈程度较早期内收；其次是菩萨面部

---

①　张庆捷、李裕群、郭一峰：《山西高平羊头山石窟调查报告》，《考古学报》2000 年第 1 期。

及躯体较"秀骨清相"样式表现浑圆。东魏承袭北魏晚期造像风格，正处于过渡阶段，年代并不好区分，故而其年代大体为北魏晚期至东魏时期。

羊头山石窟出现的下摆完全重合的"U"形样式，表现形式为帔帛自肩部垂下至膝部重叠后上绕双臂垂体侧，帔帛下摆于身前重叠呈"U"形。"U"形帔帛在中国地区出现年代较早，大约在公元3~5世纪开凿的克孜尔石窟壁画中便出现了，如第38窟萨薄燃臂引路本生画、第38窟格菱本生画（图10）等，既有菩萨、天人，又有世俗人物。永靖炳灵寺唐代菩萨立像也多佩戴"U"形帔帛，如第23窟胁侍菩萨、第24窟胁侍菩萨、第28窟胁侍菩萨等。克孜尔石窟以及炳灵寺石窟佩戴"U"形帔帛形象多为帔帛两端直接绕臂垂体侧，于身前呈"U"形，与羊头山石窟等地发现的"U"形帔帛有很大区别。

图9　高平羊头山石窟第8窟左壁左胁侍菩萨　北魏晚期至东魏（笔者绘）

图10　克孜尔石窟第38窟菱形格本生画　公元4世纪（采自《中国美术全集·石窟寺壁画》一，第88页）

虽然仍能从部分位置看出并非完全重叠，但这应是有意为之，正是这种表现方式，使得观者能够发现其是帔帛在身前横两道后分别上绕双臂垂于体侧，将其与克孜尔以及炳灵寺石窟"U"形帔帛相区别。总的来看，自北魏中后期出现交点高、下摆相距远的"X"形帔帛，之后交点一直下移，下摆距离由远及近，龙门石窟各窟内不同时期的"X"形帔帛便能反映出这种变化，羊头山石窟菩萨立像帔帛下摆完全重叠，应是受到北魏以来造像风格的影响，而且其形式与演变趋势相吻合，这一变化反映出"X"形帔帛到"U"形帔帛的演变轨迹。

综上，发现于羊头山石窟的"U"形帔帛与克孜尔等窟的"U"形帔帛有很大区别，这种重叠式的"U"形帔帛无论从年代或形态来说，均与"X"形帔帛的演变趋势相吻合，说明"X"形帔帛最终完成"X"形向"U"形的转变。

四川眉山能仁寺"降魔变窟"简考

肖伊绯[*]

内容提要： 本文以四川省眉山市仁寿唐代能仁寺遗址中的初唐"降魔变窟"实地考察为论述中心，对造像内容进行了总录、年代确证，并对造像中的魔众形象及"卧威仪"图像做了简要考证。

关键词： 降魔变　魔女　涅槃　卧威仪

能仁寺，位于四川省眉山市仁寿县中农乡能仁村西北。《仁寿县志》记载，能仁寺始建于唐，但地面建筑早已无存，而寺中据崖而建的摩崖造像大部分也毁于"文革"时期。现存 28 龛，造像 270 余尊，除造像头部有不同程度的毁损之外，大部分保存完好。

据当地文管所资料表明，能仁寺摩崖造像分布在长 29、高 6 米的范围内。其中第 15 号窟号称为仁寿县境内内容最丰富、场面最纷繁复杂的一窟造像，正中刻弥勒大佛结跏趺坐束腰须弥座，两侧壁和正壁，采用半圆雕、深浅浮雕相结合，据称共雕刻人物 99 身，表现了"迎佛还国""佛涅槃""八国分舍利"等佛传故事。

经过实地考察，将第 15 号窟造像整体依次分作主尊、主尊右内壁、主尊左内壁、主尊右内侧壁、主尊左内侧壁、窟门、窟门左外壁、窟门右外壁八个部分，把造像内容逐一记录，再加以辨识和考证。

一　第 15 号窟造像内容总录

1. 主尊

螺髻低平，面相丰圆，袒右肩，着半披式袈裟，袈裟衣角覆座上，呈悬裳座；双手残损风化，可约略见左手作降魔印，右手置腹前。座台为束腰四阶金刚座，座边饰卷草纹，底座有两壶门雕饰，正中立一方形壁面，似为题刻而设，但无铭记；有圆形头光及身光，头光中为高浮雕莲瓣，经联珠纹绕饰一周，外接一圈变形曲回纹，再以双重联珠纹镶边，再接以卷草纹一圈，仍以双重联珠纹镶边，外施火焰纹，殊为精致。主尊连座高两米以上（图 1）。

---

[*] 作者简介：肖伊绯，四川成都人，独立学者、自由撰稿人。曾游学法国、印度等地，长期从事人文领域泛文化研究并已出版《听园》《1939 最后的乡愁》《纸江湖》《左右手》《民国学者与故宫》等二十余部编著、专著。

2. 主尊右内壁

可辨躯形者为二十一像，均为高浮雕。

上部构图基本为六像所构成。一像曲臂作愤怒欲击状；一像叉腰而坐作不满状；一像头下足上作跌倒状；一像作俯跪状；一像作一足蹬地，一足朝天，一手撑地，作尽力稳固状；还有一像残损严重，不辨。

中部构图分为两处，一处为六像构成，一处为三像构成。离主尊较近处有三像：一像为举锤状物向主尊作击打状；一像为背对主尊，驾云作逃走状；还有一像

图1　能仁寺降魔变窟主尊
释迦牟尼造像

立云中，头残（图2）。离主尊较远的那一处有六像：一像兽头人身，左手执锤，右手执棍状物均向前击状；一像举一尸体状物作奋力前击状；一像肃立，左手举一物；一像残；还有两像均作头下脚上跌坠状。

下部构图较为复杂，疑为涅槃图，共为六像。一像着菩萨装肃立，左手拈衣角，右手执柳枝作倾拂状；菩萨左侧有一像（似羊头人身），曲身后倾，举左手搭额前作远望状；此二像之下，横卧一像，此像着通肩袈裟，右肋而卧。下有三像，一为仰倒马匹，奋力伸四蹄，托住卧像之头、肩；二为一像举双手力举卧像，身体呈半蹲状；三为一像作头下脚上跌倒状，奋力以双足托顶卧像。以上诸像皆风化较重，面目难辨（图3）。

图2　能仁寺降魔变窟内主尊右外
"涅槃图"侧　魔众奔逃场景

图3　能仁寺降魔变窟主尊右内"涅槃
图"局部　拂柳枝菩萨像

3. 主尊左内壁

可辨躯形者有十五像，均为高浮雕。

上部构图较为复杂，分为两处，间隔较开。有一处较为靠近主尊，三像立于云中：一像兽头人身，龇牙咧嘴，面容凶恶，执幡状物；其右侧有一像腰佩宝剑，着幞头，面容风化难辨；其左侧有一像猴头人身，作回眸状。云朵后有三像呈品字形肃立，皆着菩萨装，面容慈善。另一处有两像均作左手叉腰，右手举长幡状物，立于顶部；旁立三像，均剥蚀难辨，有一像作握剑欲拔状。

中部构图较为简单，四像一字排开，均残，可辨有一像兽头人身（似狼头），腰佩剑，手握剑鞘。

下部构图更为简单，只有两像列于云中。一像突目卷发，面目狰狞，左手握腰前佩剑，右手执一面旗帜；另一像长发零乱，腆肚袒胸，着裙状短衣，手举一杵状物扛于肩上，举头作眺望状。

4. 主尊右内侧壁

可辨躯形者有十四像，均为高浮雕，保存较完好。

上部构图由七像构成。一像肃立于外侧，两像肃立于内侧，其中一像仅存一足，其余皆剥蚀，另一像仅存一手和下半身，手执一龙头状怪兽头部；一像着甲胄，吹长角号，表情夸张，作奋力鼓吹状；此像身后还有一执巨蛇者，高鼻深目，手举一巨蛇头部，巨蛇张口作出击状；一像着甲胄，敲击腰鼓，高鼻深目，似胡人面目。

中部构图由四像构成。上方为一骑象者，头戴宝冠，高鼻深目，胡须呈卷条状，分为九条搭在胸前，身着甲胄，腰间似系一条兽吞环大带，兽面过大，似呈于腹间的一张面孔，左手执缰绳，右手高举一杵状物，面容愤怒，作指挥状（图4）。此像下部有两像，一像着甲胄，高鼻深目，胡须飘扬，右手执小棍，左手执锣状物，作敲击状，胸腹前着锁子甲，十字结缚环，体态雄健（图5）；另一像亦着甲胄，吹长角号，腰间似系一条兽吞环大带，但兽面更大，更如腹间长出一兽头。此像身后亦有一卷须者，着

图4　能仁寺降魔变窟右外
侧壁　骑象魔王造像

图5　能仁寺降魔变窟右外
侧壁　击鼓者造像

幞头，高鼻深目，面容愤怒，手似托举一物。

下部构图由三像构成。两像保存完好，均作奔逃号啕状，一像高举双手而奔，张口哀号；一像双手捂耳，表情痛苦异常。另一像存下半身，仍作奔逃状。此三像合构成一个半环状壁体，使整个右内侧壁造像群呈现较为明显的柱状体积。

5. 主尊左内侧壁

可辨躯形者有九像，为高浮雕，其中三女像、一丑妇像为半圆雕，保存较为完好（图6）。

上部构图由五像构成。顶部有三像：一为倒立者，扬头怒吼，秃头瞪目，形貌丑陋，体态肥硕；中立一秃头怒吼者，面目丑陋；旁立一佩腰刀执旗者，面目风化难辨。此三像下有两像。倒立者身下紧邻一鸟头人身者，跷脚坐于云中，作警惕侦察状；旁有一大鸟，体形肥硕如兽，似应为鸟头兽身像，举翅欲飞状。其下有奇树一株，开团状花数朵，树叶稀少，其中有两朵花中结出葫芦状物体，葫芦头部似为鸟头，似为大鸟孵育而成。

中部构图为三像，均为着裙少妇。一像梳高螺髻，面相丰圆，微笑目半闭，右手举一葫芦形团扇，四指相扣，唯余一小指指向主尊，左手置于身侧，拈璎珞，此像衣饰厚重，着三圈璎珞，腰带扣为一双环结下垂至足，造型颇为殊异；一像侧立，面容身形与前相仿，但衣

图6 能仁寺降魔变窟主尊左内壁群像

饰简略，无璎珞，胸前系一结，腰间有一带下垂至地，仍面带微笑；另一像头毁，着宽衣大袍，胸前饰璎珞，双手握于身前，腰部斜垂一圈璎珞。

下部仅一像。此像通体黝黑，似有人为着色，披发扬头，面孔扭曲，身着简陋裙装，双手各举条状物置于胸前，面朝主尊作哀告状。

6. 窟门

左右均饰七佛，高浮雕，刀法圆熟。头皆毁，仅余左门框顶部一尊身首完整。

7. 窟门左外壁

分三层依次雕造小型石龛，现存者计有菩萨三尊、比丘像一尊。菩萨像头部皆毁，且风化严重，中有一尊衣饰精美，像体圆如玉，且与窟中女像雕造手法相近，当为精品，惜头部被完整割去，难睹全貌（图7）。此龛下部有一比丘像，头部被砸毁大半，残留眉目尚可辨，为一老年比丘像（图8）。计有题刻四方，宋一方，清两方，民国一方。最早者为北宋绍圣五年（1098年）。

图 7　能仁寺降魔变窟　　　　　　图 8　能仁寺降魔变窟窟门左外壁比丘
窟门左外壁菩萨像残躯　　　　　　　造像（可能为当年督造此窟者）

8. 窟门右外壁

分三层依次雕造小型石窟，现存可辨者计有陀罗尼经幢一龛，准提观音像一龛。

兹录如上，可见整窟的造像空像呈现出一个"只"字形，主尊、主尊右内壁、主尊左内壁、主尊右内侧壁、主尊左内侧壁、窟门的所有造像构成一个相对封闭的"口"字形空间，窟门左外壁、窟门右外壁构成一个开放的"八"字形造像空间，但这一空间范围内的造像内容和整个"口"字形空间的关联意义不大。在这个空间里，仅有那方北宋题记对这一窟造像的断代有一个下限意义，即此窟不会晚于北宋绍圣五年（1098 年）雕造，但上限我们仍然无法从现有题记中获得明示。兹录此题记如下：

> 僧法聪上石
>
> 僧舍井研邑佐唐安阁礴叟题
>
> 游此□观圣像不觉移刻遂宿
>
> 绍圣戊寅二月十有一日□□

对此窟，题记中只提到了"圣像"二字，这只是一个笼统的说法。那么，可以从邻近龛窟群的时代特征去揣摩一下此窟的大致断代吗？应该是可行的。因为能仁寺窟群的"几字形"分布，是以此窟为中轴开展的，此窟的雕造时间在这个窟群中应是最早的，不会晚于其他任何一龛窟的建造时代。

二　第 15 号窟年代确证

窟中主尊佛头部分的头光纹饰为莲瓣联珠纹，与广元皇泽寺的大佛窟、阆中雷神洞的佛道合窟中的主尊头光纹饰吻合，具备初唐风格。

此窟左侧龛窟较为集中，计有释迦说法龛、千手观音龛、弥勒单体造像一窟。其中释迦说法龛紧邻此窟，而说法龛的形制具典型的初盛唐风格。兽吐莲枝纹座、天王居于龛内紧临主尊，龛像的阶梯状分布等等，均可以在绵阳玉女泉初唐天尊造像和丹棱郑山盛唐龛窟中找到例证。依据相邻龛窟的时代特征、空间位置与体量规模都居于此外龛窟群落中心地位的第15号窟，极有可能是初唐作品。

三　"降魔变窟"魔众造像源流简考

而"降魔变相窟"的传承又是如何？蜀地乡野，虽唐宋以降因佛教隆兴而开造龛窟数以万计，但以"降魔变"为主题雕造龛窟供养者，却是少见。目前仅知蒲江佛尔湾有一残龛，中有两裸女作舞状，主尊释迦，似已可考为"降魔变"。另据闻，遂宁梵慧寺后山崖上亦有裸女图佛龛一所，惜近年毁于人力。能仁寺此窟既无裸女图像，何以为"降魔变"呢？

在此，不妨反观佛教经典原文。有《修行本起经》一部，中载"降魔品"。话说那魔王以魔军攻扰释迦，阻其成道，而为佛祖定慧所败，恼羞难耐。此时三女登场，那魔王原有三女：

> 三女自占。一名恩爱。二名常乐。三名大乐。父王莫忧。吾等自往坏菩萨道意。不足劳父王。勿复忧念。于是三女。严庄天服。从五百玉女。到菩萨所。弹琴歌颂。淫欲之辞欲乱道意。三女复言。仁德至重。诸天所敬。应有供养。故天献我。我等好洁。年在盛时。愿得晨起夜寐供侍左右。菩萨答言。汝宿有福。受得天身。不惟无常。而作妖媚。形体虽好。而心不端。譬如画瓶中盛臭毒。将以自坏。有何等奇。福难久居。淫恶不善。自亡其本。福尽罪至。堕三恶道。受六畜形。欲脱致难。汝辈乱人道意。不计非常。经历劫数辗转五道。今汝曹等。未离勤苦。吾在世间处处所生观视老者如母。中者如姊。小者如妹。诸姊等各各还宫。勿复作是曹事。菩萨一言。便成老母。头白齿落。眼冥脊伛。柱杖相扶而还。

于经文中，可以看到魔女的种种言行侵扰，但未提及其裸身之举。唯克孜尔与西藏东嘎龛窟中有裸身之形，却是受印度犍陀罗造像风格影响，及至中土，裸身之造像必受束缚，着衣势出仪礼，当势所趋矣。于此，能仁寺窟中三女着衣紧密，亦见着魔女之形渐随中土教化；可是经释迦一言，化作老母应是三位，怎么此处仅此一像呢？

其实，魔女侵扰释迦无果，除却化作老母丑妇之外，还有另一种版本的结局。此事见于敦煌所出《破魔变》一卷，此卷为五代天福九年写成。卷中有云：

> 魔女三人，变却姮娥之貌，自惭丑陋之躯，羞见天宫，求归不得。遂即佛前跪，启〔请〕再三，当尔之时，道何言语：不悟前生业障深，直来下界诣双林。盖为父母恩义重，不料魔家力来强，恼乱如来多罪障，容仪变却受怨沈，惟愿释迦生慈悯，舍记莫记生念心。佛心慈悲广大，有愿克从；舍放前怨，许容忏谢。与旧时之美质，转胜于前；复婉丽之容仪，过于往日。我佛慈悲广大愿，为法分形普流传，魔女三人骋姿容，变却当初端正面。殷勤礼拜告如来，暂弃魔宫心敬善，丑

女却犹端正身，口过忏除得解免。

在此卷变文中，提到了三位魔女被变为丑妇之后，并不是狼狈离去，而是齐身向佛祖忏悔，后经佛祖宽容，重回端正原身，容貌如初。这个情节其实更具宗教之教化作用，以慈悲心渡众恶成善，得证善果，此种化变神通读来更有兴味。那么反观能仁寺窟中那仅有的一个丑妇形造像，我认为可以有两种理解。

一是造像者认为既然三魔女变作丑妇后有忏悔之意，齐声哀告于佛祖，那么去繁就简，以一像代之即可，这与千手观音并非一定要千手之数、千佛化生造像并非一定千佛之数同出一理。

二是仍以去繁就简为原理，借一丑妇形造像与上部三妇形成一个连环变相。诸如常见的老子一气化三清、观音化马头明王、释迦牟尼化秽迹金刚等等，这些连环变相中，人们得到的宗教启悟乃是：本尊随形解化，无所不在。那么，此处一丑妇化三魔女、三魔女化一丑妇便是典型的连环变相，而并不在造像数目上加以严格对应。但是，这样的连环变相手法，蜀中仅有大足数例，且都在南宋之际，能仁寺的初唐大窟里怎么会有此种手法的造像实例呢？或许，这就是一个年代最早的孤例。

魔王的形象应该是窟中出现的骑象尊者。据《佛本行集经》记述，魔军阵营可分为四种兵类，即象、马、车、步四个兵种。能仁寺窟中，除却战车之形未见（风化剥蚀也未可知），余兵种皆可见，其中唯有骑象者形貌庄严，身形端正，且胡须的齐整显然与一般鬼卒有极大区别，当是魔王无疑。但是魔王、魔女、魔军三种变相造相的构形明了之后，仍存一疑：窟中主尊右内壁浮雕之疑似涅槃图的图像意义作何解释？

四　"降魔变窟"卧威仪造像简考

涅槃图作为释迦成道八相图之一，其常见于摩崖造像的形式有两种，一是单独成龛窟，可巨可微，巨者如安岳八庙乡三十二米长唐代涅槃变，微者如广元千佛崖唐造尺余小龛；二是与其他七相共同出现于一个造像空间，常见于北朝造像碑、造像背屏、舍利函函面、舍利塔塔面等处、常为浅浮雕、线刻等手法。而独与此降魔变大窟存于一处，是否别有玄机？

法国集美博物馆藏五代绢本着色《降魔图》中有着殊异于唐代降魔变构图的种种细微变化（图9）。画面右侧上起第一场面中，佛横卧于榻上，右胁向下头枕右手。画面采用了佛涅槃的一般姿势，而两眼圆睁又有别于普通的涅槃图。另一幅可能出于敦煌莫高窟五代前后的纸本墨画，所画卧佛的前方有两棵大树，这本是佛涅槃的标志，却题记为"卧威仪"。"卧威仪"是"四威仪"之行、住、坐、卧中的一种，即所谓"神圣的卧姿"。由题记可知，涅槃不是入灭，而是佛的一种神圣姿态。"四威仪"概念见于早期禅观经典以及唐义净译《根本说一切有部毗奈耶杂事》等，在佛传经典中仅见于北宋译《众许摩诃帝经》。集美降魔图采用了涅槃卧姿，却两目圆睁，无外乎表现了佛之神通变化的一种威仪。那么，能否把能仁寺大窟中的这疑似涅槃图和这种佛祖神通化现的"卧威仪"联系起来呢？

在仔细勘验了造像图片之后，这样的联系似乎是困难的。因为壁面严重风化，造像几不可辨，那佛祖神通之眼是否圆睁，根本就是无法辨识。但这组造像却和常见的涅槃图有着极大的差异——拱立哀恸的围侍弟子、悲痛欲绝的密迹金刚、象征双林示寂的菩提双树图像根本无一出现，窟内壁浮雕图像中出

图 9　法国集美博物馆馆藏五代绢本着色降魔图（其画面布局
　　　结构与能仁寺降魔变窟颇为相似，"卧威仪"形象也于此
　　　图中有充分展示）

现的却是一幅人仰马翻的境况。在卧像的底部，一匹马、一个人物造像均呈倒立跌坠状，仅有一人高举双手，作吃力推举状，那模样无半分悲痛恭敬，感受到更多的却是恐慌。更为奇特的是在涅槃图像上方有一尊正在扬洒柳枝的观音菩萨像，似乎是在安抚这些慌乱的人马队伍。如此的画面，即使"八国争舍利"这样的场景也无法合理解释，"卧威仪"图像可能更切合实际——即佛祖睁眼示涅槃之神通，惊退魔军。如此这个假说成立的话，该窟存在"卧威仪"图像的实例又是四川摩崖造像中的孤例，即使在全国范围内也极其罕见。

补　记

　　笔者于 2003 年初，初访四川眉山能仁寺"降魔变窟"。当时，此处造像为"眉山市重点文物保护单位"。因为保护级别不高，地处偏僻，国内研究者所知者甚少。也正为如此，原址一直疏于管理，保护状况堪忧。"降魔变窟"主尊头部毁损，后人曾以水泥填补面部，遂失原貌。主尊身后的窟壁浮雕，也因为窟顶右侧崩塌、藤蔓丛生与潮湿侵蚀之下，风化剥蚀较为严重。笔者初访之际，没有看到藤蔓掩蔽的窟中主尊右内壁顶端浮雕。

初访归来，笔者深感此造像价值甚高。本着公布资料、略事考证的初衷，笔者于 2003 年底完成《四川眉山能仁寺"降魔变窟"简考》一文，却一直未能发表。

2007 年秋再访此窟，此处造像已升级为"四川省重点文物保护单位"。当地相关部门对此处造像的周边环境予以清理整治，清除杂草藤蔓，龛窟内部潮湿侵蚀的状况有所改善。也正是在此时，笔者终于得以较为清晰的观察到窟中主尊右内壁顶端浮雕的细节，并拍摄照片备存参考。

2013 年 3 月，此处造像终于列入"全国重点文物保护单位"，保护级别与条件都再一次得到提升，相信将来亦会有更多海内外专家学者对之深入研讨，充分论证。

今蒙《石窟艺术研究》学刊厚爱，笔者搁置已达十八年的拙稿，终将发表。笔者深感欣幸之余，更感理应值此机遇、更进一步，对原稿应有所增订补正。在此，谨以"补记"方式，对原稿中"主尊右内壁"浮雕内容修订如下：

可辨躯形者约有三十像，均为高浮雕，保存较为完好。

上部构图大致可分为两个群落，上边一群雕像计达九像，下边一群雕像计为六像，合计为十五像所构成。

居于主尊右内壁顶端，由上至下、错落有致的九像，依其形象，分别为骑马者、骑象者、骑马者、骑麒麟者、执棍状物者、执狼牙棒者、熊头人身者、执短剑立者、搭弓立者等九像。

其中，骑麒麟者高鼻突目、圆头长耳（似戴耳环），口唇微张，面貌作嗔怒状；形态上则左手执弓，右手正在从箭囊里拈箭，似正欲向释迦施射，又似射击之后，再次施射，无论面貌形态，刻划得都十分生动。此像保存完好，为此窟内壁浮雕群像中难得的一例完整雕像。

图 10　能仁寺降魔变窟主尊右内壁上端浮雕局部，骑麒麟者与
搭弓立者正在向主尊射击，主尊头光处有两枝飞箭射入

更为刻划传神的是，窟内主尊造像右内壁的头光（卷草纹外圈）部分，刻有两枝飞射之箭，不但体现了魔军进攻时的激烈场景，且还与右内壁顶端浮雕中的骑麒麟者与搭弓立者像形成对应（图10）。

图 11　四川眉山能仁寺降魔变窟现状

炳灵寺石窟千臂千钵文殊图像考

赵雪芬　吕晓菲[*]

内容提要：千钵文殊属密教文殊信仰体系，8世纪初，中原地区出现了千钵文殊像，在后来的发展演变过程中，形成了汉密和藏密两种样式。藏密千钵文殊是在汉密千钵文殊图像上发展而来。炳灵寺千钵文殊像属藏密样式，其十一面千臂千钵的形象，参照了十一面千手千眼观音像的样式，画师赋予八正大臂文殊菩萨的法器，形成了与十一面千手千眼观音——对应的十一面千臂千钵文殊像。

关键词：千钵文殊　图像　演变　十一面千钵文殊

明初，藏传佛教在炳灵寺勃兴，活动范围开始向大寺沟上游拓展，洞沟、上寺就是这时期营建起来的。僧侣们在兴建寺院的同时，对前代洞窟壁画进行了重绘，炳灵寺石窟经历了藏传佛教的改造过程，现存壁画70%为藏传佛教内容，在这些藏传佛教壁画中，上寺第4窟和洞沟第5窟门口的两铺壁画形象很特别，引起了笔者兴趣，通过比对分析，确定该处壁画为千臂千钵文殊经变画，本文就炳灵寺千臂千钵文殊经变进行探讨分析。

一　炳灵寺壁画中的千臂千钵文殊变

上寺距离炳灵寺石窟群2.5千米，现有窟龛13个，第4窟位于喜佛沟半山腰，中型窟。该窟平面方形，平顶，高坛基上原有5尊泥塑像（已毁），现存三壁（北壁、西壁、东壁）壁画。窟东西两壁对称绘千臂千钵文殊和千手千眼观音经变画，绘画均采用中心构图法，中心绘主像，周围配置眷属。

东壁主像千臂千钵文殊，身白色，十一面，八正大臂，其余小手臂在身后组成3个大的圆轮。十一面自下而上有五层，呈"三三三一一"式，第一、二、三层各三面，每面三眼，第一层主面慈相灰色，右面绿色，左面灰色；第二层主面怒相绿色，右面灰色，左面黑色；第三层主面慈相灰色，右面绿色，左面黑色；第四层獠牙怒相，白色；第五层佛像，灰色。八正大臂手中持物，主臂第一双手在胸前持莲花枝，莲花伸至双肩，右肩莲花上置剑，左肩莲花上置梵经，第二双手在腹前托钵，钵中有坐佛像；右

* 作者简介：赵雪芬（1972年~　），女，甘肃定西人，甘肃炳灵寺文物保护研究所副研究馆员，从事炳灵寺石窟研究。
吕晓菲（1979年~　），女，甘肃敦煌人，敦煌研究院石窟监测中心助理馆员，从事敦煌石窟研究。

手自上第一手持金刚杵，第二手持箭；左手自上第一手持金刚铃，第二手持弓，其余小臂手中托钵，钵中坐一佛像。文殊头戴宝冠，长发披肩，佩戴璎珞、臂环、手钏、足环，上着绿色帔帛，下着长裙，立于从水中浮出的大莲花上，莲花旁边二龙王合掌向主像，背项光周围云气纹环绕。千臂千钵文殊两侧对称配置尊像，从上至下有布顿·仁钦珠、宗喀巴、白伞盖佛母、金刚萨埵、菩萨像、二财神，以及山峦、河岸、文殊菩萨及参拜者（图1）。

西壁对称绘千手千眼观音经变画，千手千眼观音十一面，八正大臂，其余小手臂在身后组成3个大的圆轮。十一面自下而上有五层，呈"三三三一一"式组合，第一、二、三层各三面，主面均为慈相，三面绿、白、灰交错搭配；第四层獠牙怒相，面灰色；第五层佛像，面黑色。八正大臂主双手胸前合掌，右手自上第一手持数珠，第二手持轮，第三手与愿印；左手自上第一手持莲花，第二手持弓箭，第三手持瓶，其余小臂手中各持一眼。观音头戴宝冠，璎珞、臂钏等庄严其身，立于出水大莲花上，周围尊胜佛母、四臂观音、观音救八难等尊像环绕（图2）。

图1　上寺第4窟千臂千钵文殊像

图2　上寺第4窟千手千眼观音像

洞沟距离炳灵寺约2千米，是藏传佛教噶举派的寺院，寺院已毁，现有洞窟8个。第5窟为中型窟，窟门外两侧对称配置千臂千钵文殊和千手千眼观音像。东侧千臂千钵文殊，十一面，八正大臂，手中持各种法器，其余小手臂在身后组成 5 个大的圆轮，小臂手中托钵，钵中有佛像。第 5 窟千臂千钵文殊的造型、持物与上寺第 4 窟基本一致，只是面色搭配、头光略有不同。千钵文殊背光周围花团锦簇，头顶有盛开的牡丹花、云气纹。右上角有大成就者那若巴，那若巴面向千钵文殊而坐（图 3）。窟门西侧对称绘千手千眼观音像，千手观音十一面，八大臂，其余小臂手持眼，千手观音的造型、持物与上寺第 5 窟基本一致（图 4）。

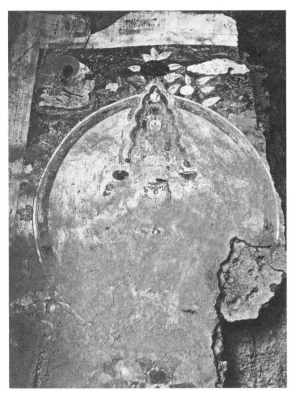 

图 3　洞沟第 5 窟千臂千钵文殊　　　　　　　　图 4　洞沟第 5 窟千手千眼观音

二　千臂千钵文殊图像及其流行

印度佛教经历了小乘佛教、大乘佛教、密教三个阶段，密教是佛教发展到最后一个阶段出现的流派。7 世纪中叶，印度的纯密体系正式建立，印度密教经典完整地、大量地、及时地传入我国①。印度高僧善无畏、金刚智、不空等把纯密密教传入中原，印度密教与汉文化相互碰撞、交流、吸收，形成了汉语系密教——汉密（杂密），多面多臂的密教造像进入了汉地石窟寺或寺院，密教在中原地区逐渐流行起来。8 世纪中叶，莲花生等上师把密教传入西藏，与苯教相结合形藏语系密教——藏密，藏密在西藏很流行。从印度输入中国的密教经典中，有关文殊的密教经典数量仅次于观音，主要有《金刚顶经瑜伽文殊师利菩萨法》《曼殊室利童子菩萨五字瑜伽法》等，仅录入《大正藏》的唐代译本就有 17 部之多。文殊是智慧的象征，密教奉文殊为佛教部的部主，并作为本尊修持。密教大师不空多次向唐玄宗推

---

① 　李利安：《古代印度密教观音信仰的产生与演变》，《印度古代观音信仰研究》，陕西人民出版社，2006 年。

荐文殊菩萨信仰，"（不）空奏天下食堂中置文殊菩萨为上座，制许之。……请造文殊阁，勅允奏"①，不空的奏折得到唐玄宗的恩准，在统治者的支持下，把文殊菩萨信仰普及到了全国。

　　密教文殊体系庞大，从顶髻形状可分为：一髻文殊，五髻文殊，六髻文殊，八髻文殊；从咒字数可分为：一字文殊、五字文殊、六字文殊、八字文殊等；从形象可分为：二臂文殊、四臂文殊、六臂文殊、八臂文殊、千臂文殊等；从身色可分为：黄文殊、白文殊、黑文殊、红黄文殊等。密教中的每尊文殊都是密教思想高度神格化的艺术形象，都有具体的形象说明，都有各自的心咒、印契，修行时要口诵真言（语密）、手结印契（身密）、心作观想（意密），三密结合，即身成佛。

　　千臂千钵文殊属密教文殊信仰体系，有千臂千钵曼殊师利菩萨、千臂千钵千释迦文殊菩萨、五顶五智尊千臂千手千钵千佛释迦曼殊室利菩萨等多种称谓，简称：千钵文殊。

　　中国最早的千钵文殊像出现于8世纪初。张彦远所著《历代名画记》（847年成书）卷三："（慈恩寺）塔下南门尉迟画，西壁千钵文殊，尉迟画。"② 尉迟乙僧，西域于阗（今新疆和田）人，擅长佛画，唐贞观六年（632年）至长安，期间在慈恩寺绘制千钵文殊壁画。关于千钵文殊像的绘制时间和来源学界颇有争议，马新广教授考证："大雁塔的千钵文殊，可能创制于初唐晚期武则天长安年间（701～703年），因为大雁塔曾崩塌，后于长安年间进行重修。"③ 慈恩寺塔即大雁塔前身，塔崩塌时千钵文殊像被毁。从现有资料看，尉迟绘千钵文殊像时，千钵文殊的汉译本还没有问世，有学者认为千钵文殊的画稿来自于阗或尉迟依据千手观音像创作，关于慈恩寺千钵文殊像来源的还有待研究。

　　"千钵文殊"之名出现在《大乘瑜伽金刚性海曼殊室利千臂千钵大教王经》（简称《千钵经》）和《千钵文殊一百八名赞》（梵语）中，后者"赞文虽题（汉文）千钵文殊赞，但文内并无千钵文殊之梵名，也无与千钵文殊相关的内容，汉文经题与梵文内容无多大关系"④。

　　《千钵经》共有十卷，卷一："如是我闻，一时释迦牟尼如来在摩醯首罗天王宫中于毗楞伽宝摩尼宝殿中。如来在百宝摩尼宝座上与共毗卢遮那如来于金刚性海莲华藏会同说此经。与无量大梵天王等，并与微尘数一切菩萨摩诃萨众说毗卢遮那如来法界性海秘密金刚界莲华台藏世界海。于中有大圣曼殊室利菩萨现金色身，身上出千臂千手千钵，钵中显现出千释迦，千释迦复现出千百亿化释迦。……说是大圣曼殊室利秘密三摩地教法者。与一切有情众生。从往昔因地之时引发众生。修习成就无上菩提……令一切菩萨及一切众生。修入速疾迅寤玄通。"⑤释迦牟尼佛在摩醯首罗天宫中，于金刚性海莲华藏会共说此经，文殊菩萨显现千臂、千手、千钵，钵中显千释迦。千钵文殊能引导一切有情众生修持秘密法，速成佛果，这对密教修法者来说很有吸引力，深受信众的推崇。

　　《千钵经》序："大唐开元二十一年（733年）。……于荐福寺道场内。金刚三藏（金刚智）与僧慧超（五台山高僧）。授大乘瑜伽金刚五顶五智尊千臂千手千钵千佛释迦曼殊室利菩萨秘密菩提三摩地法教。遂于过后受持法已。不离三藏奉事经于八载。后至开元二十八年（740年）。岁次庚辰。四月十五

① ［宋］赞宁等：《唐京兆大兴善寺不空传》，《高僧传》卷一译经篇第一之一，《大正藏》第50册。
② ［唐］张彦远：《历代名画记》卷三"两京寺观等壁画"，北京：人民美术出版社，1964年，第50页。
③ 马新广、刘晓娜：《尉迟乙僧创制慈恩寺千钵文殊壁画之蠡测》，《宝鸡文理学院学报》2018年2月第1期，第53页。
④ 吕建福：《千钵文殊的产生及其影响》，《五台山研究》1994年第3期，第7页。
⑤ ［唐］不空译：《大乘瑜伽金刚性海曼殊室利千臂千钵大教王经》，《大正藏》第20册。

日。闻奏开元圣上皇于荐福寺御道场内。至五月五日。奉诏译经……后到十二月十五日翻译将讫。……至唐建中元年四月十五日（780年）。到五台山干元菩提寺。遂将得旧翻译唐言汉音经本在寺。至五月五日。沙门慧超起首再录。"① 目前，学界对《千钵经》的译者、时间、内容存疑，我们暂且不考虑该经的真伪，可以明确的是，随着密教的兴起，8世纪初，中原地区有了千钵文殊信仰。

盛唐、中唐时期，中原密教蓬勃发展，并迅速向全国传播，千钵文殊信仰也随波逐流，东传五台山、西传河西。780年，沙门慧超在五台山得到了《千钵经》汉译本，中唐敦煌莫高窟出现了千钵文殊新题材②。唐会昌二年（842年），武宗发起灭佛运动，中原地区佛教受到沉重打击，佛教造像、经典遭到毁坏。此时，敦煌正值吐蕃统治，佛教在敦煌仍蓬勃发展，千钵文殊持续流行，直至西夏衰落。敦煌石窟保存了从中唐—西夏的千钵文殊像19铺（其中中唐5铺、晚唐4铺、五代4铺、宋代2铺、西夏2铺、藏经洞绘画品2幅），持续时间长，数量多（图5）。《千钵经》卷五："曼殊室利知世尊圣意，则于自恣众会之中，当现神通圣德之力，应时出现丈六紫磨金色之身，坐于法界金刚性海百宝莲台之座。其曼殊身上著于百宝，种种璎珞妙宝天衣，顶背圆光顶有五髻，头上有七宝佛冠，顶戴五佛如来。菩萨身上现其大印手二百二十二，有千臂千手，手中各持吠琉璃钵，钵中各有一化佛，千释迦同时出现。"文殊菩萨身金色，坐于莲台上，身上璎珞、百宝种种庄严，有圆形背项光，头束发髻，戴宝冠，身上现千臂千手，手中持钵，钵中有千释迦，敦煌石窟壁画中的千钵文殊像，与《千钵经》记载的基本一致。

图5 敦煌莫高窟第361窟千钵文殊像

① ［唐］不空译：《大乘瑜伽金刚性海曼殊室利千臂千钵大教王经》，《大正藏》第20册。
② 彭金章：《敦煌石窟全集10·密教画卷》，北京：商务印书馆，2003年，第63页。

　　13 世纪，藏传佛教得到蒙元统治者的支持，萨迦祖师八思巴封为国师，掌管全国宗教事务，元朝皇帝继位后都要敕建一座或几座藏传佛教寺院，皇家力量的注入为藏传佛教东传起到了至关重要作用。《元史·文宗纪》："（至顺二年五月）丙戌，太禧宗禋院臣言：'累朝所建大万安等十二寺，旧额僧三千一百五十人，岁例给粮。'"① 京城出现了藏传佛教寺庙遍布的景象。文殊作为藏传佛教的上首菩萨，备受信众推崇，几乎每个藏传佛教寺院都供奉文殊菩萨像，敕建于仁宗 1316～1321 年间的皇家寺院大永福寺（青塔寺）塑有千钵文殊像，元延祐五年（1318 年），吴同金奉敕令于大永福寺后殿的正壁塑大师菩萨三尊，西壁塑千手千钵文殊菩萨，东壁塑千手千眼观音②。遗憾的是大永福寺已不存在，千钵文殊像就没有留存下来。

　　明代，中央继续推行政教合一的治藏政策，皇家敕建的藏传佛教寺院的数量急剧增加，据明代沈榜《苑署杂记》所记，京畿之地，两城内外，佛、道二教的寺、观、庵、宫、庙共有五百六十八处。……藏传佛教寺院在其中就占了相当大比重，往来于内地和西藏之间的僧人、使者和商人更是络绎不绝，促进了汉藏佛教艺术交流发展③。藏传佛教的神灵系统进入汉地寺院，千钵文殊信仰再度兴起，山西五台山显通寺、山西太原崇善寺（图 6）、甘肃永靖炳灵寺、甘肃永登妙因寺等地出现了千钵文殊像，这正是千钵文殊信仰流行的具体表现（表 1）。

图 6　山西崇善寺千钵文殊像

① ［明］宋濂、王祎：《元史》卷三十五，"本纪第三十五"之"文宗四"，中华书局，第 784 页。

② ［元］佚名：《元代画塑记》，《中国美术论著丛刊》，北京：人民美术出版社，1964 年。

③ 陈高华：《元代大都的皇家佛寺》，《世界宗教研究》1992 年第 2 期，第 2～6 页。

表1　　　　　　　　　　　　　中国各时期千臂千钵文殊像简表

所在地	时代	姿态	面	臂	钵	佛	组合
敦煌莫高窟 第361窟	中唐	跏趺坐	一面	千臂，四正大臂 第一双手在胸前托钵，钵中有佛像 第二双手在腹前托钵，钵中有佛像	千钵	部分有佛像	千手千眼观音
敦煌莫高窟 第144窟	晚唐	跏趺坐	一面	千臂，四正大臂 第一双手在胸前托钵，钵中有佛像 第二双手在腹前托钵，钵中有佛像	千钵	部分有佛像	千手千眼观音
敦煌莫高窟 第99窟	五代	跏趺坐	一面	千臂，六正大臂 主臂：第一双手在胸前托钵，钵中有佛像 第二双手在腹前托钵，钵中有佛像 右手托钵，钵中有佛像 左手托钵，钵中有佛像	千钵	部分有佛像	
敦煌莫高窟 第172窟	宋代	跏趺坐	一面	千臂，二六正大臂 主臂：第一双手持物掌心向外 第二双手在腹前托钵，钵中有佛像 第三双手在腹前托钵，钵中有佛像	千钵	部分有佛像	千手千眼观音
敦煌莫高窟 第30窟	西夏	立像	一面	千臂，正二十二大臂 第一双手持合掌 第二双手掌心向外 第三双手在腹前托钵，钵中有佛像 右、左十六臂托钵外伸，钵中有佛像	千钵	小臂钵中无佛像	千手千眼观音
太原崇善寺	明 洪武	立像	三面	六正大臂 右手：第一手持物佚失，第二手持物佚失，第三手在腹前； 左手：第一手持物佚失，第二手持物佚失，第三手托钵（钵中有佛像）	千钵	有千佛	千手千眼观音
永靖炳灵寺 上寺第4窟	明 隆庆	立像	十一面	八正大臂 主臂：第一手持莲花（右手莲花上有剑，左手莲花上有经卷）， 第二手托钵（钵中有佛像）； 右手：第一手持金刚杵，第二手持箭 左手：第一手持金刚铃，第二手持弓。	千钵	有千佛	十一面千手千眼观音
五台山 显通寺	明 万历 五年	善跏趺坐	十一面	六正大臂 第一双手托钵，钵中有佛像， 右手：第一手持金刚杵，第二手持金刚杵； 左手：第一手持金刚铃，第二手持金刚铃。	千钵	千佛	主尊
永登 妙因寺	明 万历	立像	一面	十二正大臂 主臂：第一双手合掌，第二双手托莲花，第三双手托钵； 右手：第一手持剑，第二手持箭，第三手持金刚杵； 左手：第一手持经卷，第二手持弓，第三手持金刚铃。	千钵	无佛像	十一面千手千眼观音

　　笔者收集的资料不是很全面，没有发现西藏寺院保存的千钵文殊像，通过对国内收集到的22例千钵文殊像梳理，可以清晰地看到千钵文殊像在发展过程中，出现了汉式和藏式两个图像系列。汉式千钵文殊为坐像，一面，千臂，千手，千钵，钵中有释迦；藏式千钵文殊为立像，多面，正大臂持各种法器，千臂，千钵，钵中有释迦。汉式千钵文殊依据《千钵经》绘制，图像比较固定，而藏式千钵文殊面数、手中的法器不固定，图像比较随意。

　　文殊菩萨进入中土后与地方传统文化碰撞、吸纳，完成了中国化的过程。汉传密教千钵文殊信仰发端于初唐晚期，经唐代、五代、宋代衰落。西夏以后，随着藏传佛教再度兴起，经元代，明代达到鼎盛，出现了不同于汉密的样式。总之，千钵文殊信仰在中土经历了汉密、藏密交替的传承过程，流行时间长、涉及范围广，对中国宗教艺术产生过深远影响。

三　炳灵寺十一面千钵文殊图像的来源

　　炳灵寺存有千手千眼观音经变4铺（第3窟1铺，洞沟第2窟1铺、洞沟第5窟1铺、上寺第4窟1铺），千钵文殊经变2铺（上寺第4窟、洞沟第5窟），千钵文殊均与千手观音对称配置。

　　上寺第4窟西壁墨书文殊菩萨六字真言："唵阿喇巴扎咱（那）的（地）"，咒语下面阴刻"隆庆四年（1570年）四月十五日法□拜"，农历四月初八至四月十五日是上寺的法会日，法□在第4窟拜佛时留下了该题记，第4窟壁画绘制的时间应为1465～1570年间①。洞沟第5窟壁画没有纪年题记，从壁画风格看为明中期。

　　炳灵寺千钵文殊像，十一面，八正大臂，双手在腹前托钵（钵中有释迦），其余六手持剑、梵经、金刚杵、金刚铃、箭、弓，立于大莲花上（图7）。与之对出的千手千眼观音像，十一面、八正大臂，双手在胸前合掌，其余六手持数珠、莲花、法轮、弓箭、与愿印、宝瓶，立于大莲花上（图8）。二者的立姿、形态、面数、臂数、持物数一一对应，唯有面色和法器不同（表2）。

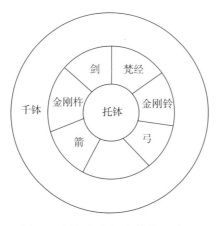 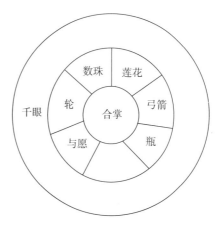

図7　千臂千钵文殊持物示意图　　　　図8　千手千眼观音持物示意图

---

① 明成化元年（1465年），河州守备蒋玉来炳灵寺石窟时看到"像露欲倾，宫殿渐毁"的景象，于是，发心修造，藏传佛教在炳灵寺石窟大兴，所以，第4窟壁画的时间上限是1465年，下限是1570年。

表 2　　　　　　　　　炳灵上寺第 4 窟千钵文殊像与千手观音像比较

名称	面相（从左至右）					正大臂	千手	姿态
千钵文殊	第一层 主面慈相	第二层 主面怒相	第三层 主面慈相	第四层 怒相	第五层 佛像	八正 大臂	千手 托钵	立像
	灰、灰、绿	黑、绿、灰	黑、灰、绿	白色	灰色			
千手观音	第一层 主面慈相	第二层 主面慈相	第三层 主面慈相	第四层 怒相	第五层 佛像	八正 大臂	千手 持眼	立像
	绿、白、棕	棕、绿、白	白、棕、绿	白色	棕色			

《千光眼观自在菩萨秘密法经》载："千手千眼大自在王十一面观自在菩萨。十一面者。前三面慈相见善众生。而生慈心大慈与乐。左三面瞋面见恶众生。而生悲心大悲救苦。右三面白牙上出面见净业者。发希有赞劝进佛道。最后一面暴大笑面见善恶杂秽众生。而生怪咲，改恶向道。顶上佛面或对习行大乘机者。"十一面千手观音的每个面都有特定的寓意。

清工布查布依据藏传佛教造像量度译出汉文《造像量度经》："余先在恩师敕封弘教三藏广智法王宝榻前亲受《密集》曼那罗尺寸时，并得佛像及塔之尺寸，附安藏法要集偈番本。"①"十一面千臂观世音身量同佛立像。通身白色。……慈相。其右厢面蓝色。左厢面红色。……第二层正面竖横同作八指。色黄白。悲相。发际三指其右面正黄色。左面赤黄色。此二旁面纵分同正面。而广只得其半。外边添鼻分六麦分……第三层正面七指。色赤白。喜相发际同前而其右面绿色。左面紫色。此二面纵分同正面。……第四层单面。大怒明王相。……顶上弥陀佛头化身面相颈一指。千手者。法身八手……复次始作法身八臂。二适手当心合掌，余右第二手持白水晶念珠。左第二手执白莲华。右第三手执金轮。第四手作施愿印。左第三手执弓箭。第四手持军持（宝瓶）。"②炳灵寺十一面千手观音完全依据藏传佛教造像仪轨，面色不能与佛经对应，可能与壁画色变有关。西藏地区寺院中没有千钵文殊像，《造像量度经》中也没有千钵文殊造像仪轨，那么藏式千钵文殊像从何而来？

太原崇善寺明洪武年千钵文殊像立姿，三面，六正大臂，一手腹前托钵，钵中有佛像，其余手中持物失（见图 6）。炳灵寺隆庆年千钵文殊像立姿，十一面，八正大臂，第一双手持莲花，莲花上有剑、经卷；第二双手在腹前托钵，钵中有释迦佛像；第三双手持金刚杵、金刚铃；第四双手持箭、弓。五台山显通寺万历年千钵文殊像善跏趺坐，十一面，八正大臂，第一、二双手托钵，钵中坐释迦佛；第三、四双手持金刚杵、金刚铃。妙因寺万历年千钵文殊像立姿，一面，十二正大臂，第一双手合掌，第二双手托莲花，第三双手托钵；第五双手持剑、经卷，第六双手持弓、箭，第六双手持金刚杵、金刚铃，其余小手均托钵，钵中坐释迦佛。明代千钵文殊没有固定的样式，文殊的面数、臂数、持物各不相同，形象比较随意。

炳灵寺周边同时期寺院有青海瞿昙寺、甘肃妙因寺，瞿昙寺没有千钵文殊，妙因寺千钵文殊晚于炳

---

① ［清］工布查布：《造像量度经附续补》，《大正藏》第 21 册。
② ［清］工布查布：《造像量度经附续补》，《大正藏》第 21 册。

灵寺。明代京城内有大隆善寺、大慈恩寺、大能仁寺、大护国保安寺、兴教寺、弘仁寺等 20 多所寺院，《重修古刹灵岩寺碑记》（1517 年）有大能仁寺、大护国保安寺高僧来炳灵寺进行佛教活动的记载①。明代西藏与内地交往频繁，千钵文殊样式来可能来源于处在当时交通枢纽位置的太原崇善寺或明代京城。

《千钵经》没有说明千钵文殊的相貌，只交代了千臂千钵的特征，《造像量度经》也没有千钵文殊的造像仪轨，这为画师创作提供了丰富的空间。受汉文化的影响，汉密千钵文殊像一面，千臂，千钵，受藏传佛教密教思想的影响，藏密千钵文殊像多面，千臂，千钵及其他法器，两种样式由此产生。

藏传佛教文殊形象众多，一面二臂文殊，一手持剑、一手持梵经；一面四臂文殊第一双手持剑、梵经，第二双手持箭、弓；一面八臂文殊第一双手持剑、梵经，第二双手持箭、弓，第三双手持金杵、金刚铃，第四双手持钵。文殊的臂数增加，持物随之累加。总观这些文殊，手中都持有剑和梵经，剑、梵经是藏传佛教文殊菩萨像的标识，象征文殊菩萨无量的智慧和无边的法力。十一面千钵文殊第一双手托钵，第二双手持剑与梵经，第三双手持箭、弓，第四双手持金刚杵、金刚铃，显然，千钵文殊八正大手臂中的持物属于文殊菩萨体系的法器。

四　结　论

藏传佛教造像严格遵循经典或仪轨，但并不拘泥于某一具体的仪规，藏密千钵文殊像是在汉密千钵文殊像的基础上，吸收了藏传佛教的艺术元素，创作出多面、千臂、千钵，手持不同法器的千钵文殊像。千钵文殊与千手观音对称组合，画师为强调对称性，参照十一面千手千眼观音的形象，给八正大臂赋予文殊的法器，创作出了与之一一对应的十一面千臂千钵文殊像，总之，十一面千臂千钵文殊像是汉、藏佛教艺术交融的产物。

---

① 《重修古刹灵岩寺碑记》记载"钦差大能仁寺右觉仪 远丹星吉/钦差大护国保安寺独都纲 锁南领占"。

阿富汗迦毕试地区的弥勒菩萨图像及其信仰

［日］ 打本和音 著　蔺君茹 译*

内容提要：阿富汗的迦毕试地区沿袭了犍陀罗美术的样式，并以其独特的造像而闻名，但当地出土的弥勒像图像整理还没有展开。因此，本文尝试通过图像研究来了解当地弥勒信仰的情况。在犍陀罗地区可以看到"兜率天上的弥勒菩萨"有两种构图，并且，将两种构图结合起来形成了新的构图。在迦毕试地区出现的新构图，对北魏时期的造像产生了影响。因此，仅从构图的传播状况来看，"弥勒滞留在兜率天"可能是从犍陀罗地区通过迦毕试地区对中国产生影响。北魏时期，"兜率天上的弥勒菩萨"和"二佛并坐"的组合非常明显，可以看出受《法华经》的影响。在迦毕试地区，也出现弥勒像与燃灯佛和释迦菩萨被一起表现出来的情况。但是，上述图像并不是根据《法华经》而成立的，而是共有同一主题的美术和经典的成立背景。在西北印度文化圈中，图像、经论相互影响后成立，不久就传播到各地。从本构图的分布倾向中可以导出，迦毕试地区具有连接西北印度文化圈和中国的联结点的可能性。

关键词：阿富汗　北魏　法华经　佛教图像

前　言

本论文着眼于犍陀罗文化圈①的阿富汗迦毕试地区的弥勒佛像，整理以巴基斯坦白沙瓦盆地为中心的狭义犍陀罗（以下称犍陀罗），与属于相同文化圈的北边的斯瓦特地区，及其他地区美术的相似点和不同点，并试研究迦毕试地区的弥勒佛像特点及其所要表达的信仰。

据玄奘所传，迦毕试地区在公元 7 世纪前后是一个繁荣的佛教大国，而记录这些历史和文化的资料却极其匮乏②。因此，笔者试图通过复原当地的历史，借助出土的考古资料和美术资料来进行研究。

特别是在探索佛教文化情况时，佛教寺院遗址出土的片岩雕像、塑像，石灰佛教雕刻是很主要的突

---

*　作者简介：［日］打本和音，日本京都艺术大学客座讲师，大阪电器通信大学客座讲师。蔺君茹，敦煌研究院、敦煌石窟文物保护研究陈列中心馆员。

① 这是 Greater GandMra 的假设。Salomon，R．（1999）*Ancwcient Buddhist Scrolls from Gandhāra*，*The British Library Kharósthī fragments*，London.

② 桑山正进（1987）：《大乘仏典（中国・日本篇9）大唐西域記》，中央公論社，pp. 22 – 31、164 – 180。

破口。关于片岩雕像，从已知的很多出土的片岩雕刻可知受犍陀罗佛教美术的影响。但是迦毕试美术在显示出受犍陀罗的浓厚影响的同时，又彰显出具有独自发展的事实。因此，笔者认为该地区的美术风格早已孕育出自身独特的佛教文化。

　　本论文就着重考察迦毕试的佛教文化状况，特别从归纳弥勒信仰的角度进行集中研究。从迦毕试出土的弥勒菩萨像来看，多伴有供养人的形象，这表明当地实际上盛行弥勒信仰。在传统的研究方面，针对弥勒佛像固有的说法都已得到认可，而有关其图像、图像背景里所隐藏的信仰的研究还未展开。因此下面就以目前已知的迦毕试弥勒像进行整理，在明确造像的倾向性之后，就图像所能设想出来的弥勒信仰情况进行若干尝试性研究，但愿这样的工作可以成为今后迦毕试佛教文化研究上的一个切入点。

1. 迦毕试的位置和出土遗物

　　迦毕试位于阿富汗首都喀布尔北部海拔 1600 米的盆地，北有兴都库什山，西有山脉，从东往南被山包围，南边是海拔 1800 米的蔓延到喀布尔的盆地。迦毕试和喀布尔被山相隔，从遗址的建筑方法和出土的陶器来看，笔者考虑它们属于相同的文化土壤。

　　这两个地区，尽管它们的名字很早就散见于碑文以及历史书籍中，但详细的历史和文化情况却不清楚[1]，特别是通过文献研究了解 7 世纪以前的事情非常困难。20 世纪以后在迦毕试、喀布尔地区进行了有组织的考古调查，考古、美术、货币学等方面的研究为探究该地区的历史、文化发挥了决定性的重要作用。从法国考古学调查团及二战后以京都大学调查队为主体的考古调查成果得知，目前已发现了 20 余座都城遗址、佛教寺院遗址[2]。从贝格拉姆古城遗址出土了亚历山大帝国、印度、中国的多种多样的工艺品遗物、即"贝格拉姆珍宝"[3]，足以证明当地以前就是东西方文化繁荣的要地。从佛教遗址中发掘出有独特风格的片岩雕刻、塑像和灰泥佛像，引起了很大关注。特别是在本文中作为问题提出的片岩雕刻，迦毕试[4]地区比喀布尔地区出土更多，这个除了可以从邵托拉克大批量出土的片岩雕刻得到验证外[5]，也可以从派特瓦[6]的各寺院遗址分别得到确认。

---

[1]　有关迦毕试、喀布尔的历史除桑山前揭外，详情如下：田边胜美（1972）：《关于迦毕试的佛教雕刻的制作年代》，《东方》15 - 2，pp. 87 - 121；稻叶穰（2013）：《前近代的喀布尔：东部阿富汗大城市的变迁》，《东方学报》88，pp. 402 - 359。

[2]　岩井俊平（2010）：《迦毕试地方出土的片岩雕刻的年代》，《远古登攀：远山昭登君追悼考古学论集》pp. 109 - 127。

[3]　Hackin, J.（1954）*Nouvelles recherches archéologiques à Begram（ancienne Kāpicī）（1939 - 1940）*: rencontre de trois civilisations, Inde, Grece, Chine, Mémoires de la Délégation archéologique frangaise en A fghanistan tomeII, Paris.

[4]　迦毕试、喀布尔，有报告说片岩雕刻、塑像及灰泥佛像是同时出土，特别是在迦毕试的片岩雕刻中，倾向于喀布尔以塑像出土为中心，岩井认为，这种差异归结于制作时期的遥远，有必要立足与两个地区的造像时期和寺院的活动时期的基础上进行思考；岩井前揭。

[5]　迦毕试地区最详细的报告书提出，到现在为止，对该地区的研究起到很大作用。Meunié J（1942）*Shotorak*, MDAFA, X, Paris.

[6]　Hackin, J.（1925）Sculptures Gréco - bouddiques du Kapisa, *Fondation Eugene Plot, Monuments et mémories publiés par l'Academie des inscriptions et belles - lettres*, tome XXVIII, pp. 35 - 44. 另外，根据 Hackin 报告前的笔记和未出版的报告书等，尝试重组派特瓦和卡拉奇亚的遗址构造和出土的详细情况；Cambon, P.（1996）"Fouilles anciennes en Afghanistan（1924 ~1925）Paitāvā, Karratcha," Arts Asiatiques, Tome 51, pp. 13 - 28.

关于迦毕试片岩雕刻的时间排序问题，各研究者之间出现了不同的观点，大概有 500 年左右的时间差异①。出现这个状况的原因就是各遗址发掘调查报告书的不完整所带来的众多疑问。另外，雕刻文物从原来的位置上被移动到别处，而后代的报告中记录的是移动以后的情况，因此很难判断文物初期的状态，盗掘和内乱所引起的破坏、丢失等都有可能是存在时间差异的原因。

特别是迦毕试美术所表现的特殊性也是其中原因之一。相对于犍陀罗作品具有写实性的风格而言，迦毕试表现的是缺乏变化而不自然的人体，因此把它定位为犍陀罗美术曾经衰退的产物。还有另一方面的原因，犍陀罗和斯瓦特的美术风格相近的浮雕也曾被发掘过，所以，在迦毕试还吸取了最初属于犍陀罗文化圈的其他地区的风格，大约因为制作浮雕而接纳了适用于所需的其他诸多特征，创造出独特的表现方法，笔者也考虑到这个意见②。

另外，有关迦毕试雕刻的特征，还应关注到佛传图的主题选择方法。虽然迦毕试在出土量、主题量的数量上都逊色于犍陀罗③，但是佛传图的范例还是被认可的，特别是表现"燃灯佛授记""双神变"的图像在例证数和表现特异性方面尤为引人关注④。其中，以讲述释迦牟尼前世故事的"燃灯佛授记"为例，燃灯佛以大幅正面礼拜的形象表现，这一点与犍陀罗的构图有很大的不同。倾向于以这样的主题表现犍陀罗，只不过犍陀罗里所表现的是佛传图像的一个场景而已，因主题采纳了迦毕试的表现方式而备受关注。考虑让火焰从两个肩膀上升起来的所谓火焰肩膀的显著表达方式来看，反映了迦毕试地区也许倾向光和火焰的装饰⑤。这个问题放在后边另题讨论。

暂且汇总这些概要，从下一节开始笔者想以弥勒佛像为主轴就迦毕试的佛教、美术和信仰形态展开探讨。

① 2～3 世纪说（Meuni 前揭；田辺前揭；Tsuchiya, H. ［1999/2000］An Iconographical Study of the Buddhist Art of Shotorak, Paitava and Kham zargar, *Silk Road Art and Archaeology*, 6, pp. 97－114；Fussman, G. （2008）*Monuments Bouddhiques de la Région de Caboul II*, Kabul Buddhist Monuments 2 vols., Paris.；岩井前揭），3～4 世纪说（Hackin 前揭：Rowland, B. ［1953］The *Art and Architecture of India*：*Buddhist*, *Hindu*, *Jain*, London.），4～5 世纪说（宫治昭 ［1985］：《敦煌美术和犍陀罗、印度美术》，《东洋学术研究》24－1, pp. 51－75；2009；福山泰子（2009）：《有关亚洲石窟寺院所见的授记故事图——5、6 世纪受犍陀罗美术影响的事例》，《佛教艺术》304, pp. 9－36），6～7 世纪说（Klimburg－Salter, D（1989）*The Kingdom of Bamiyan*：*Buddhist Art and Culture of the Hindu Kush*, Naples：Istiuto unversitario orentale；Rome Istituto italiano per il Medio ed Estremo Oriente；Kuwayama, S. （1991）The Horizon of Begram III and Beyond, *A Chronological Interpretation of the Evidence for Monuments in the Kapisi－Kabul－Ghazuni Region*, *East and West*, 41, pp. 79～120）等。

② 岩井前揭。

③ 在迦毕试的佛传图上可以看到的主题有"燃灯佛授记""诞生""树下观耕""降魔成道""三迦叶之皈依""双神变""阿育王施土""涅槃"等。

④ 迦毕试佛教美术的研究，主要以两个主题为主；高田修（1978）：《图版解说炎肩佛和双神变像》，《佛教艺术》117, pp. 45－46；モタメディ遥子（1978）：《阿富汗出土的燃灯佛本生谭之诸遗例》，《佛教艺术》117, pp. 20－40；安田治树（1984）：《燃灯佛授记本生图》《佛教艺术》157, pp. 66－78；田边（1997）；宫治昭（2009）"图版三　燃灯佛授记图浮雕"，《国华》1363, pp. 39－41。

⑤ 井上阳（1999）：《迦毕试出土的佛像中出现的火焰肩的意义》，《密教图像》18, pp. 1－14；熊谷贵史（2010）：《关于神变和光背—考察》，《密教图像》29, pp. 58－72。

2. 迦毕试的弥勒佛像及其特征

迦毕试的弥勒佛像，常被从事犍陀罗美术和中国美术的研究者用来作为比较的对象进行介绍①，说明其重要性已得到认可，但是依笔者拙见，系统的整理还未开展。因此通过图像的整理，和其他地区的例证进行比较研究，从中整理出迦毕试的独创性、迦毕试在犍陀罗文化圈中所起的作用的基础材料。

实际上迦毕试美术中，最初表示弥勒菩萨所持法物的诸多特征和犍陀罗美术相差无几，以头上有头光，用装饰品装饰身体，头发在头顶打结，左手经常拿着水瓶②这样的姿态呈现。弥勒所持法物和发型的表现曾被认为与梵天和梵行者的图像有关系，值得注意的是，同样是菩萨，以戴着豪华头巾冠饰来表现的释迦菩萨也被描绘地很细致③。从两者的不同表现来看，笔者考虑是因为弥勒是婆罗门出身、释迦是刹帝利出身的原因。

针对迦毕试，具有上述特征的实例至少能找到 15 个例子（参照附表 1）。然而，在本论文里，对于前面陈述过的从迦毕试看到的两种风格，暂时把犍陀罗风格的例证称为 I 类、把迦毕试独特风格的例证称为 II 类，弥勒像里可以确认的 I 类例证有 2 例、II 类例证有 13 例，从中可以看到 I 类在表现上的多样性，II 类已经格式化。但是可以明显看出具有把弥勒和其他主题组合在一起的倾向。

下面按照 I 类、II 类做成资料以确认弥勒的特点，然后整理 II 类可以发现的主题，想为今后的研究做好基础工作。

（1）I 类的弥勒像的特点和例证

如前所述，犍陀罗的弥勒像在造型上通常是"手持水瓶""不戴头巾冠饰""绾起头发"等被认为具有一定的规律性。水瓶的形状和持法、头发的挽法这些部分都可以看到其在自由发挥上毫无影响，富于变化。迦毕试 I 类的例作也是同样，其风格曾经有犍陀罗风格，也可以感觉到受斯瓦特以及咀叉始罗的影响。邵托拉克出土的现在保管在流出文化财团保护日本委员会的实例（图 1、附表 1 – 11），下部就划出一大块用来描绘"三迦叶的归佛"，上部结跏趺坐施无畏印，左手持水瓶的弥勒被左右各 8 名赞欢者所侍拥。弥勒佛像的头发用 ∞ 型绾起，发际用小圆圈连起来，眼睛大睁，眼球也用了阴刻手法。这样的表现手法可以在斯瓦特以及咀叉始罗出土的实例上找到④。

另一方面，从同样是邵托拉克出土的，虽然缺少头部，但凭借手持水瓶就可以推测出是弥勒的例子（附表 1 – 15），其在略硬的石台上划上纹路的表现方法就令人想起撒利·巴洛尔出土的实例⑤。而且迦毕试库赫·穆里出土的菩萨像，被认定为弥勒立佛的例子，可以看到在纹路的表现和右肩处挂项链的表

---

① 本文的宗旨是关于迦毕试的弥勒像的先行研究的相关内容，在克孜尔石窟中看到的以弥勒菩萨为主尊的群像，被认定为"兜率天上的弥勒菩萨"图，其根源是宫治 1992 年针对犍陀罗和迦毕试的图像寻求的见解，和石松 2005 年在西域图像中寻求北魏时期交脚倚坐像的源流等；宫治昭（1992）：《涅槃和弥勒的图像学——从犍陀罗到中亚》，吉川弘文馆，PP. 308 – 320；石松日奈子（2005）：《北魏佛教造像史的研究》，桥出版社。

② 关于弥勒的持物有争议，这里遵循宫治先生的见解；宫治 1992。

③ 宫治 1992。

④ 放眼望去使人想起也有指出是表现佛像初期的，以咀叉始罗出土为例（Bonn p. 19，插图 2）和布堤卡拉出土的例子（Bonn p. 107，No. 46）等，表现菩萨的头发和手持水瓶等，与拉合尔博物馆所藏相传是卡尔基出土的例子（Bonn p. 271，No. 191）和斯瓦特地区出土的单人像的例子（栗田 II，fig. 49）相近。

⑤ Bonn P. 24，插图 8；p. 272，No. 194。

图1　"三迦叶的归佛"和"弥勒菩萨与供养者"
邵托拉克出土　片岩　高59厘米×宽88厘米
流出文化财保护日本委员会保管（喀布尔博物
馆旧藏）
龙谷博物馆（2013）《平山郁夫的丝绸之路》展览
会图录，Fig. 135。

图2　"弥勒菩萨与供养者"
派特瓦出土　片岩　高25厘米×宽47厘米
流出文化财保护日本委员会保管（喀布尔博物
馆旧藏）
田边胜美、前田耕作（1999）《世界美术大全集
东洋编15中亚》，小学馆，插图80。

现手法上有相似性①。

诸如此类，可以看到迦毕试汲取了犍陀罗以及周边地域制作浮雕作品的艺术特点。刚开始的制作可能就是进行模仿，当时的文化传播途径令人深思。而且，这种情况与表现定型化的Ⅱ类浮雕本身的形式形成对比。

（2）Ⅱ类弥勒佛像的诸多特征

迦毕试的浮雕总体上看很多具有程式化、僵硬化的表现倾向，是Ⅱ类的风格。不仅弥勒像，运用五头身画法，手脚很大，强调正面性，能看到形式化的衣纹表现。如果仅仅描述弥勒的话，Ⅱ类的情况下，派特瓦出土的实例（图2、附表1－1）上很明显可以看到，头顶部的头发挽成整齐的肉髻状，耳坠上的球形物两列相连，V字形项链上配有圆形的吊坠这样基本被固化的东西。而从犍陀罗的实例上来看，从发型、装饰品上各种各样的变化而知，本身具有明显区别。

还有，在Ⅱ类实例中也可以发现坐姿和印相之间的关系。弥勒以立像，交脚倚坐像，结跏趺坐像的3种姿势来表现，其中立像，右手手掌向正面展开的所谓施无畏印，左手持水瓶的形式已被固定化。可是，交脚倚坐像和结跏趺坐像却在胸前做成以右手遮左手的印相姿势。这样的印相被认为是由转法轮印演变而来的②，这里也暂时称它为转法轮印。把转法轮印和弥勒像结合在一起，就目前所知的犍陀罗同类实例中实在不多见，因此可以说明这是迦毕试尤其喜爱的表现方法吧。

其次，关于坐姿，交脚倚坐在犍陀罗里没有特定的尊格关系，相对于此，在迦毕试可以

---

① 但是，因为头部和双手的缺失，无法确认是不是弥勒菩萨像，所以这里没能进入一览表中。另外，在库赫·穆里，除了被指称为弥勒像以外，还可以确定有相似的衣纹表现形式和佩戴首饰的菩萨像；Mustamandi, S.（1968）Vestiges bouddhiques：à Koh－i－Mori，Archéologia no. 25，pp. 50－55.

② 宫治1992，p. 313。

确认与弥勒像之间的确有很深的关联①。再次解释交脚倚坐的时候，请注意以后会提及，一定是和有特色的建筑物配套出现这一特点。通常在立像、坐像出现的情况下就看不到有建筑物的表现形式，弥勒在建筑物下交脚倚坐的构图，可能是围绕弥勒来展现的一个绘画题材。

3. 从弥勒佛像和其他图像的组合来看信仰形态

根据上述特征，整理迦毕试的弥勒像时，特别是在 II 类中就可以找到以下组合。

（1）着游牧服装的人物和弥勒菩萨像的组合

（2）特殊的建筑物和交脚倚坐、转法轮印的弥勒菩萨像的组合

（3）（2）中的构图和大一号的人物像的组合

（4）1 尊佛陀像和释迦菩萨、弥勒菩萨像的组合

看看这些和弥勒像组合起来的图像，下边就已整理的内容，对迦毕试的弥勒信仰的特点进行若干探索性研究。

（1）着游牧服装的人物和弥勒像的组合

可以大量地看到身穿系上腰带的过膝长裙、脚蹬靴子的游牧民族服饰的供养人（以下称游牧服供养人）和弥勒像的组合图，由此可见在迦毕试，弥勒像作为礼拜对象被广为认同。

在迦毕试的佛教雕刻里有很多表现着游牧服装的供养人像，佛传图中能看到很多与故事中的出场人物混杂在一起画出来的例子②。因为，主尊被穿游牧服的供养人包围着的构图，所以把弥勒作为主尊是很明显的。不但画了男女，也画了孩子的身姿。僧侣屡次被描绘，那么就可以想象到不管是俗人、出家者，男女老少都有自己的信仰了。

（2）特殊的建筑物和交脚倚坐、转法轮印的弥勒菩萨像的组合

目前已确认的弥勒与转法轮印相结合，并以交脚倚坐的形式来表现的例子有 6 例，其中的 5 例（附表 1 – 5 ~ 8、10）是和有尖头拱形或梯形屋顶的建筑物画在一起的。本构图属于集美美术馆的浮雕（图 3、附表 1 – 5），已经被宫治昭先生指出是"兜率天上的弥勒菩萨"③。宫治先生在犍陀罗里发现了相同

图 3　"兜率天上的弥勒菩萨"
邵托拉克出土　片岩　高 29.7 厘米 × 宽 43.8 厘米 × 厚 15.9 厘米　吉美美术馆
田边胜美、前田耕作（1999）《世界美术大全集　东洋编 15 中亚》，小学馆，插图 250。

---

① 在迦毕试可见，原本倚坐形式的坐姿却出现半跏坐的例子，菩萨像中交脚倚坐的坐姿与弥勒有特别强的关系（有关联倾向）

② 佛传图中表现着游牧服供养人的例子，除了通过 I 类·II 类可以看到图 1 外，还包括外流 P. 40，Fig. 14 等。

③ 宫治 1992，pp. 308 – 320。

主题的图像与此相似，同时，设想该构图是云冈、龙门石窟的图像的源流。这一解释就成为当地已经接受了信仰兜率天待命中之弥勒菩萨的证据，同时从考察图像和信仰的传播上给予启发。

另外，表达与迦毕试有关系的犍陀罗的"兜率天上的弥勒菩萨"之图中的几处浮雕被认为是相同的，没有可立足的收集囊括构图的主题特性。因此，笔者整理了超过80例的同类型例子，结果理清了与"兜率天上的弥勒菩萨"有相同范例的表现方法至少有2个系统。

首先，A系统的构图是选取弥勒在有倒三角形靠背的宝座上交脚倚坐的坐姿，右手向内翻转的独特印相（图4），接下来B系统的构图是拿着拂尘，左右配有裸体童子，在由狮子支撑的建筑物下，菩萨做结跏趺坐，手持水瓶（图5）。在犍陀罗方面这两种构图已被各自相似的例子证实过，也印证了有如此特征的浮雕是被有意识地进行规范性制作。那么迦毕试图像就有可能是在受犍陀罗这两种构图的影响下制作而成的。

图4　A系："兜率天上的弥勒菩萨"
犍陀罗　片岩　高42.0×宽69.0×厚8.5厘米　阿含宗
静冈县立美术馆他（2007－8）《犍陀罗美术与巴米扬遗迹展》展览会图录，Fig. 18。

图5　B系："兜率天上的弥勒菩萨"
犍陀罗　片岩　高22.0×宽49.5厘米　东京国立博物馆
静冈县立美术馆他（2007－8）《犍陀罗美术与巴米扬遗迹展》展览会图录，Fig. 19。

首先，在这里的弥勒坐势，是在犍陀罗的 A 系可以看到规律化的交脚倚坐的姿势。交脚倚坐的坐势在犍陀罗的浮雕中多用于表现帝王或者戴着头巾冠饰的人物的时候用到。刚才提到画弥勒像的时候，可以选择手持物和表情来表达行者的图像，表达帝王的时候所用的表现手法有退化的趋势。可是，选择有帝王含义的坐势，就可以意识到兜率天的主人、兜率天王是弥勒了。

另一方面模仿了宫殿里庄严的弥勒宝座更接近于 B 系。迦毕试的弥勒是坐在梯形或者尖头拱形屋顶的佛龛里，大概是为了区别于和犍陀罗里表达帐篷的印象。但是，值得注意的一点是，看上去是小人物的手拿拂尘的女性从菩萨的左右两边露出脸庞，这种特殊的表现手法让人想起犍陀罗例证里手拿拂尘出现在弥勒左右的裸体童子。有关犍陀罗里拂尘童子的说法，宫治先生从《观弥勒菩萨上生兜率天经》（以下称《上生经》）有"兜率天的弥勒宝座旁有持拂尘的女神陪伴"[①] 的描述中认为和这个有关系。笔者认为迦毕试的例证和这个阶段的经文逐渐接近。特别是菩萨坐的台座有用狮子的脚来表述的情况，这个也许和 B 系的建筑物用整雕的狮子来表现有关。大家都知道犍陀罗里支撑建筑物的狮子不是完整雕刻。而是用狮子脚来表现。

那么用这样的构图来表现"兜率天上的弥勒菩萨"，从中国的北魏时代的范例中也能得到旁证。龙门石窟古阳洞里像宫殿一样的佛龛下可以找到很多表现交脚菩萨的实例，因为有弥勒铭文的出现，就可知以这样的形式构图的主尊就是弥勒佛。其中"长乐王夫人尉迟造像龛"（图6）里有龙门石窟最早的太和十九年（495 年）的纪年，据此就可以有理由追溯到迦毕试构图成立时期。并且，类似的构图在早于龙门石窟的云冈石窟里也可以看到很多，一般来说都是以"二佛并坐"图来表现。如果再从构图的位置来考虑，可以解释为弥勒在兜率天的说法场面。

那么，除了在石窟里出现的范例外，弥勒像以携有转法轮印的交脚倚坐来表现，北魏时期的范例也可以看到很多。特别在上段是"兜

图 6　龙门石窟古阳洞北壁　长乐王夫人尉迟氏造像龛

曾布川宽、冈田健（2000）《世界美术大全集东洋编3　三国·南北朝》，小学馆，Fig. 211。

率天上的弥勒菩萨"、下段是"二佛并坐"[②]（图 7）的范例里，从主题组合上来考虑云冈石窟的范例的同时，作品风格上也可以看出具有受迦毕试影响的浓厚色彩。

---

① "亦有七宝大师子座。高四由旬。阎浮檀金无量众宝以为庄严。座四角头生四莲华。一一莲华百宝所成。一一宝出百亿光明。其光微妙化为五百亿众宝杂花庄严宝帐（中略）尔时百千无数天子天女眷属，各持宝华以布座上。是诸莲花自然皆出五百亿宝女。手执白拂侍立帐内。"（ T14. No. 452. p. 419b）
② 莫涅也着眼于这个浮雕：Meunie 前揭，p. XIV，No. 49.

图7 "二佛并坐"与"兜率天上的
弥勒菩萨"
高 34.3 厘米
松原三郎（1995）《中国佛教雕刻史
论》，图版篇Ⅰ，pl. 70。

图8 "兜率天上的弥勒菩萨"
邵托拉克出土　片岩　高 84.8 厘米 ×
宽 52.6 厘米，喀布尔博物馆
Rosenfield, J. M.（1967）*The Dynastic Arts
of the Kushans*, Berkley – Los Angel-
es. Fig. 99.

特别是，上半部分是梯形佛龛的形状，佛龛左右配以思考
的人物，梯形佛龛的两边用小人物向主尊探出身体来表现等等，
除此之外还要关注下半部分着游牧服供养人的姿态。这样的图
像可以确定迦毕试图像和云冈石窟之间的关系，预感到与两地
之间的交流关系。

（3）（2）中的构图和表现大场景的人物像的组合

当把和转法轮印结合在一起的交脚倚坐的弥勒，坐在佛龛
下的构图作为一个整体看的时候，与图像的组合也颇有意思。
可以看到的这种构图有 5 例，其中 4 例（附表 1 – 5 ~ 8）是在
图像的两侧分成上下两部分。可以看作是上半部分有表现阳台
意图的建筑物，就是表达赞叹主尊的半身像。下半部分表现的
是半跏思惟的人物，或者着游牧服装的供养人。

在邵托拉克出土的 2 个实例中，吉美美术馆所藏的文物
（图3）其上半部分表现的就是阳台，下半部分表现的被认为是
天使的人物思考的样子。用来表现佛立像的台座的另一例（图
8、附表 1 – 8），上半部分被认为是天使的人物，下半部分雕刻
的是着游牧服装的人物、其上边有阳台。值得特别关注的一点
就是左右和中央弥勒大致相同并以站姿出现的人物形象。图3
表现了右手拿着好似剑和棍棒样的东西，左手持矛的男性武士，
而图8 表现了一只手朝上扶着树，另一只手放在腰上交脚的所
谓树下女神像①。配在和主尊同尺寸的人物像左右的构图，其
理由还不能确定。但是作为（2）的构图特征，周围出现和弥
勒相同大小的人物像，可以列举出的有邵托拉克出土的交叉着
的女性脚部残片和雕刻着思维小人物的范例。也可以说是表现
的是相同的主题②。

而且，有块浮雕上表现的是交脚弥勒的旁边有一位稍大一
点的人托钵的形象。东京国立博物馆收藏的浮雕（附表 1 – 6）
就是指这个，并且建筑物下的弥勒同时被安置了两身，其中央
的钵的图案被描绘得很大。两位着游牧服装的男人支撑着钵，
因此可以理解是看护佛钵的意思吧。弥勒和佛钵组合在一起在

---

① 拿着棍棒和长枪的武士，以左右对称的位置表现，这个组合在犍陀罗
的帝释窟说法图等能看得到，手扶着树，所谓沙赫拉 – 潘迪卡的姿势
的女性像可以从古代早期美术中得到确认，在犍陀罗和迦毕试表示
"诞生"，事实是取自于摩耶夫人（māyā）的姿势。

② Meunie 前揭，p. XII，No. 44.

迦毕试里仅此一例，本范例因为出土地不确定所以希望谨慎研究，但是如果把视角转向犍陀罗的话，就有类似的例子①。众所周知，在《法显传》里，释迦涅槃后佛钵经过阎浮提在各地讲经，不久来到兜率天的弥勒处并被供起来，其后有种说法是阎浮提在海中被龙王护送到弥勒身旁②。这样就明白了佛钵象征佛法的道理。犍陀罗实际上很重视佛钵这一情况，可以通过僧侣们讲述当地供养佛钵来予以印证③。表现弥勒和佛钵的例证反映了犍陀罗文化圈的文化状况，同时也可以看到弥勒是下一代的佛法继承者。

（4）如来·释迦菩萨·弥勒菩萨的组合

最后，想探讨一下如来和释迦菩萨、弥勒菩萨组合起来的范例。

邵托拉克出土的表现三身尊格的浮雕（图9、附表1–3），中间是如来，其两侧雕刻着同样大小的二菩萨。向右看是头戴巾饰左手叉腰的释迦菩萨，左边是弥勒菩萨，特别是其侧面雕刻了好像是僧侣的人物和着游牧服装的供养人。类似这样把三身尊格同样大小并排表现的范例只有这块浮雕而已。这三者的组合在迦毕试里也可以确认到好几例，从其他例子推测来看中间的如来有可能是燃灯佛。

在犍陀罗以及中国美术里常常可以看到把如来和二菩萨称做所谓的三尊像。但是在其他地区，通常是如来在中央，稍稍小点的菩萨左右对称站立，迦毕试的三身尊格却不是并排呈现而是以自由的位置来呈现。

图9　"如来与释迦菩萨、弥勒菩萨"
邵托拉克出土　片岩
Meunié，J.（1942）*Shotorak*，MDAFA，Ⅹ，Paris. pl. 72.

---

① 例如，昌迪加尔博物馆所藏的分为纵向三个区域的浮雕中，上段是"兜率天上的弥勒菩萨"，中段是"佛说法"，下段是"佛钵供养"图（昌迪加尔博物馆 Acc. No. 572）。还有佛钵供养图本身在迦毕试也可以被确认（Meunié 前揭，p. XVII，No. 54）。

② "法显在此国闻天竺道人于高座上诵经云。佛钵本在毗舍离，今在犍陀卫。竟若干百年法显闻诵时有定岁数但今忘耳当复至西月氏国。住若干百年当至于阗国。住若干百年当至屈茨国。若干百年当复至师子国。若干百年当复来到汉地。若干百年当还中天竺已。当上兜率天上，弥勒菩萨见而叹曰，释迦文佛钵至。即共诸天华香供养七日，七日已还阎浮提。海龙王将入龙宫，至弥勒将成道时，钵还分为四复本额那山上。"（T51，No. 2085，p. 865）

③ 桑山正进（1983）：《罽宾和佛钵》，《展望亚洲的考古学——樋口隆康教授退官纪念论集》，新潮社（1990）：《迦毕试犍陀罗史研究》，京都大学人文科学研究所。

图10 "燃灯佛授记"
邵托拉克出土　片岩　喀布尔
博物馆
宫治昭 (2010)《印度佛教美
术史论》，中央公论美术出版，
图 I − 44。

再来看看喀布尔博物馆所藏的浮雕（图 10、附表 1 − 12）。正中央是大大的正面佛陀像，再看左边，雕刻的是面朝上看佛陀想要散花的人和垂头于佛陀脚下的人①。这个就是典型的"燃灯佛授记"主题的浮雕，中央的佛陀是燃灯佛，左侧的两个小人物以异时同图法表现了释迦前世的梵行者。接着向右边看，和图 9 摆同样姿势的释迦菩萨。左侧的梵行者是释迦的前世，没有头光，右侧的释迦菩萨雕刻着头光和台座，强烈表达了这是作为单一尊格的意图。浮雕的台座上在结跏趺坐的弥勒菩萨左右各有两位男女供养人陪伺。

如前所述，燃灯佛授记的图像是迦毕试里很受欢迎的主题，这三者的组合可以说是作为给予释迦菩萨授记的燃灯佛以及作为给予弥勒菩萨授记的释迦如来的前身·释迦菩萨最妥当的解释吧。

另外，在初期大乘经典的《阿閦佛国经》②和《无量寿经》③里面，有记载说在阿閦、阿弥陀升入灭，担任其助手的二菩萨依次成佛，治理佛国。所谓燃灯佛、释迦、弥勒，阎浮提依次降生在佛国国土上，成佛并做佛陀，假设这样的教义在表现佛陀形象的燃灯佛和表现菩萨形象的释迦、弥勒时可能有关联。鉴于两经翻译的年代，至少教义本身一佛二菩萨已经成佛，这就在很大程度上有可能影响到浮雕造像。

4. 佛像成立的文化背景

综上所述，通过弥勒图像的分析，在迦毕试地区弥勒被理解为"兜率天之主""燃灯佛，延续释迦来表现未来的尊格"，对弥勒的信仰估计不仅僧侣就是世俗的男女也被广泛吸引，最后，关于这种图案成立的背景，笔者想尝试进行研究。

首先，我们知道在 5 世纪以前的犍陀罗文化圈里实际公开弥勒信仰的是收有《出三藏记集》和《梁高僧传》等这样的僧侣传记的汉语资料④。所谓"上生信仰"的流行，在犍陀罗、迦毕试地区以"兜率天上的弥勒菩萨"为主题的浮雕，以及《出三藏记集》和"梁高僧传"里发现有僧侣们前往兜率天拜谒弥勒的章节都可以得到证明。还有在龙门石窟看到的弥勒佛龛以及云冈石窟看到的"兜率天上的弥勒

---

①　关于燃灯佛授记故事的先行研究参照以下内容。赤沼智善 (1925)：《燃灯佛的研究》，《佛教研究》6 − 3，pp. 1 − 24（《原始佛教的研究》，法藏馆，1981 年）；石川海净 (1940)：《关于燃灯佛思想的考察》，《清水龙山先生古稀纪念论文集》，pp. 345 − 366；田贺龙彦 (1966)：《关于燃灯佛授记》，《金仓博士古稀纪念印度学佛教学论集》，平乐寺书店，pp. 89 − 108。

②　以下，《》的经典名词不是固有名词，而是包括佛教作品、藏译、汉译在内的不同的翻译的经典群的总称而使用。

③　《无量寿经》的古译有《阿弥陀三耶三佛萨楼佛檀过度人道经》是支娄迦识（170～190 年期间从事翻译）或者说支谦（222～252 年期间从事翻译）的翻译，关于《阿閦佛国经》，其古译是支娄迦识；藤田宏达 (2007)：《净土三部经的研究》，岩波书店；西本照真、襄轮显量、由木义文 (2007)《新国译大藏经 阿閦佛国经他》，大藏出版。

④　拙稿 (2012)：《犍陀罗中的"兜率天上的弥勒"的信仰——以〈出三藏记集〉〈梁高僧传〉为中心》，《密教图像》31，pp. 1 − 18。

菩萨”和“二佛并坐”的组合图像都可以感受到受迦毕试地区图像所带来的影响，迦毕试起了把犍陀罗文化圈和中国连接在一起的作用。

　　另外，“二佛并坐”的主要内容在《法华经》①中能找到，但是该经典中提到的“兜率天上的弥勒菩萨”应再次引起注意②。其理由是因为在《法华经》也发现了把三者连起来的记述，前面说过把如来、释迦菩萨、弥勒菩萨为一组来表现的造像例子，通过对图像的研究假定如来是燃灯佛，记述这三者的组合，在《法华经》里也能看到。

　　鸠摩罗什翻译的《妙法莲华经》的“序品”里，这三者依次登场。而且，阎浮提提到佛顺序时，燃灯佛被一笔带过，而以燃灯佛打头，三者组合被一并列出③。

　　此外，这三者的组合，在迦毕试地区研究“燃灯佛授记”图，成为崇拜性图的理由这一方面非常重要。通过把三者雕刻在一起的浮雕，及《妙法莲华经》里的记述，可以想象到在继承佛法的时候重视燃灯佛这一应有的情况。大家都知道犍陀罗的佛传图是把释迦牟尼一生的场面细分为若干主题，可以看到特别重视释迦牟尼，主要目的是把其一生以时间为序来表现。因此“燃灯佛授记”的场面插入佛传图的意图也是因为“释迦牟尼的最后的前世故事”，也至少吻合了以释迦牟尼为中心的含义。因此，在迦毕试地区和犍陀罗一样制作佛传图，是否意识到“从燃灯佛开始，向释迦、弥勒传承佛法”，是在考虑在佛法传承上有重视燃灯佛的倾向呢？那么，当地的解释难道不是因为出现了崇拜性的“燃灯佛授记”图以及燃灯佛、释迦、弥勒的组合吗？

　　接着就围绕弥勒像的上述主题与《法华经》所共享的情况进行探讨，有关弥勒造像的文化背景和《法华经》成立的文化背景有可能是一样的。塚本启祥先生认为《法华经》的形成、发展在印度西北部起了很大作用④，不过近几年辛岛静志通过研究《法华经》的偈，认为有来自于犍陀罗语的可能性⑤，现在大家知道的《法华经》和犍陀罗文化圈的关系性很强。研究迦毕试的弥勒像，也可以看出与《法华经》有关，从弥勒图像方面来看可以说是加强了上述见解。但是在这里提出的观点，并不能说明所看到的图像在《法华经》上一定是成立的，这些主题涉及美术和佛经典籍，假设其成立于同一文化背景，这个假设能否成立？图像的成立和经典的编撰或许存在时间差，不过孕育于犍陀罗文化圈的佛教文化，不仅仅是要求形成经典和图像吧？

----

① 《法华经》的梵文写本有数种，抄写年代最早被认为是7世纪以后，现存的3本汉译本更能被看做是古代的资料。关于“二佛并坐”，通常是鸠摩罗什翻译（406年翻译出来）《妙法莲华经》“见宝塔品”被称是典籍，《法华经》最早是竺法护翻译（286年翻译出来），需要注意的是在这一阶段“正法华”“七宝塔品”也已被确认了。

② 竺法护翻译的阶段，提及有关兜率天的弥勒。“于是寿终生兜率天在弥勒佛所成菩萨身。三十二相庄严其体，亿千玉女眷属围绕。是故智者，常当勤修书是经典敷演思惟。”（T9，No. 0263，p. 133c）

③ “最后天中天，号曰燃灯佛，诸仙之导师，度脱无量众，是妙光法师。时有一弟子，心常怀懈怠，贪着于名利，求名利无厌，多游族姓家，弃舍所习诵，废忘不通利，以是因缘故，号之为求名。亦行众善业，得见无数佛，供养于诸佛，随顺行大道，具六波罗蜜，今见释师子，其后当作佛，号名曰弥勒。”（T9，No. 262，p. 5b）

④ 塚本启祥（1982）：《西北印度的历史和佛教——法华经成立的文化史的基础》，塚本启祥编：《法华经的文化史和基础》，平乐寺书店，pp. 267 – 368。

⑤ 据辛岛研究表明，普门品的唱词是犍陀罗语；辛岛静志（2013）：《阿弥陀佛、观音、般若经——大乘佛教和犍陀罗》，宫治昭编：《科研报告书犍陀罗美术的资料集成及其整合研究》pp. 527 – 559。

纵观入泽崇①对包含《上生经》在内的观经类的成立背景来自于《妙法莲华经》的意见，可以想象孕育出《法华经》的文化土壤，不仅仅促进了犍陀罗文化圈的佛教文化图像和经典的形成，也成为支持新文化发展的原动力。与犍陀罗文化圈的图案和经典互相影响互相成长，对各地的文化同时也给予了影响吧。并且，可以说迦毕试具有在犍陀罗文化圈和中国之间架起一座桥梁的可能性。围绕弥勒图案所进行的假设，笔者作为今后的课题将进行详细研究。

附表1

	法量（厘米）	出土地	姿势		所藏地点	典故出处
1	25×47	派特瓦	立像	Ⅱ类	流出文化财保护日本委员会保管（喀布尔博物馆旧藏）	全集插图80
2	57	不明	立像	Ⅱ类	流出文化财保护日本委员会保管（喀布尔博物馆旧藏）	流出12
3	不明	邵托拉克	立像	Ⅱ类		Meunié 72
4	不明	派特瓦	立像	Ⅱ类	吉美美术馆	Carnbon 9
5	29.7×43.8×15.9	邵托拉克	交脚倚坐像	Ⅱ类	吉美美术馆	全集插图250
6	51.0×136	不明	交脚倚坐像	Ⅱ类	东京国立博物馆	东博
7	31.0×67.9	不明	交脚倚坐像	Ⅱ类	龙谷博物馆	释尊和亲鸾
8	84.8×52.6	邵托拉克	交脚倚坐像	Ⅱ类		Rosenfield 99
9	不明	邵托拉克	交脚倚坐像?	Ⅱ类		Meunié 42
10	67.5×41.0	不明	交·立·坐像	Ⅱ类	平山收藏	平山Ⅱ-20
11	59×88	邵托拉克	坐像	Ⅰ类	流出文化财保护日本委员会保管（喀布尔博物馆旧藏）	Rosenfield 98
12	不明	邵托拉克	坐像	Ⅱ类	喀布尔博物馆	宫治1-44
13	22.6×36.0	邵托拉克	坐像	Ⅱ类	喀布尔博物馆	并河70
14	59.8×38.8	派特瓦	坐像	Ⅱ类	喀布尔博物馆	全集98
15	55.0×55.0	邵托拉克	单独坐像	Ⅱ类	喀布尔博物馆	Meunié 73

【略号一览】

Bonn：Kunst - und Ausstellungshalle der Bundesrepublik Deutschland (2008) *Gandhara*：*Das buddhistische Erbe Pakistans*：*Legenden*，*Kloster und Paradiese*，Philipp von Zabern.

Meunié：Meunie, J. (1942) *Shotorak*，MDAFA，X，Paris.

Rosenfield：Rosenfield, J. M. (1967) *The Dynastic Arts of the Kushans*，Berkley - Los Angeles.

平山：田边胜美（2007）：《平山收藏犍陀罗佛教美术》，讲谈社。

全集：田边胜美、前田耕作（1999）：《世界美术大全集　东洋编15 中亚》，小学馆。

---

① 入泽通过对《观无量寿经》所解释的内容进行详细探讨，以观经类的成立背景假象了《法华经》；入泽崇（1999）：《观无量寿经的背后》，《净土教的综合研究》（佛教大学综合研究所纪要别册），pp. 111 - 132。

並河：並河万里（1984）：《並河万里写真集　犍陀罗》，岩波书店。

流出：前田たつひこ（2003～2004）：《保护流出文化财产阿富汗及伊拉克》展览会图录。

宫治：宫治昭（2010）：《印度佛教美术史论》，中央公论美术出版。

东博：名品图片库 http：//www. tnm. jp/modules/r ＿ collection/index. php？ controller ＝ dtl&colid ＝ TC728&t ＝ type&id ＝8

释尊和亲鸾：龙谷博物馆（2011）：《释尊和亲鸾　释尊编第 1～3 期出品解说》展览会图录。

（后记）本文是 2013 年 12 月 7 日在早稻田大学举办的密教图像学会第 33 次学术大会上口头发表的。感谢宫治昭教授的指导，并对与会的各位先生提出的建议表示衷心感谢！

综合研究

渭河：历史的浩歌

马 德[*]

内容提要：渭河孕育了华夏文明，给中华民族带来了强盛和繁荣，孕育了辉煌灿烂的中华文化，也培育了伟大不朽的民族精神；渭河发源地及其上游的陇右地区，是华夏文明的发祥地，历来特产丰饶，经济发达，有"天下最富庶者"之称。一直到今天，她仍然发挥着造福两岸苍生，推进社会进步的伟大历史作用。

关键词：渭河文明　三皇　周秦汉唐　陇右富庶　民族精神

序

在中华民族形成与发展的历史上，一直将黄河称为母亲河。但只要我们稍微仔细看一下就会发现，真正孕育了华夏文明、养育了中华强盛、培育了民族精神的这一历史空间，实际上都集中于渭河流域。所以，比起黄河来，渭河更称得上是母亲河。当然，中国地大物博，幅员辽阔，华夏文明起源的源头有多处，但渭河的地位是无可替代的。渭河是黄河的支流，说华夏文明为黄河文明并没有错。但是，我们仍然可以更实际性地把范围缩小一点，说渭河文明更确切一些。

近二十多年来，在渭河流域各地大搞旅游开发、经济开发的推动下，渭河文明已经引起众国学者专家的关注，发表了相当数量的论文，出版了一些著述和介绍。渭河形成于距今约 200 万年前的早更新世，域内人类活动踪迹约有 80 ~ 100 万年以上。渭河流域发现了华夏最早的古人类之一蓝田人等。渭河文明是指古代产生于渭河流域的物质文明和精神文明、制度文明，总括起来有四个大的方面：文明破晓、三皇崛起、周秦隆兴、汉唐强盛，都是发生于渭河流域的事。具体来讲，渭河流域曾先后出现三次大统一和四次鼎盛期。三次大统一：第一次是炎黄时代。炎黄二帝曾以渭河流域为起源地，发展、壮大，走向中原，通过炎黄蚩尤涿鹿之战，建立华夏联盟集团，华夏族形成，统一黄河中下游；第二次是周朝。周人以渭河流域为根据地，一举灭掉殷商，统一长江以北地区；第三次是大秦帝国。秦人又以渭河流域为据点，统一天下，建立起中国历史上第一个大一统集权专制国家。四次鼎盛期分别为周、秦、汉、唐。

---

* 作者简介：马德（1955 年~ ），男，甘肃会宁人，历史学博士，敦煌研究院研究员，兰州大学博士研究生导师，甘肃省文史研究馆馆员，长期从事敦煌及秦陇历史文化研究工作。

使渭河文明乃至中华文明一步步走向辉煌，为世界文明做出了重要贡献①。渭河见证了华夏文明起源的历史，从三皇崛起到部落统一特别是汉字创制，完成了起源和形成；另一方面，从伏羲女娲到轩辕仓颉，从大地湾到半坡，华夏文明起源的传说在渭河两岸一步步被证实。渭河养育了中华民族的强盛与繁荣，由陇到秦一路走来，冲击出广阔的关中平原，孕育了周、秦、汉、唐，民富国强，经济发展，文化发达，制度完善，人才辈出，成就辉煌！以上这些都没有悬念。所以从一个方面讲，说中华民族从起源到强盛，都是发生在渭河流域的事。

虽然关注这一问题也有近二十年，但由于从事敦煌专业，无暇顾及其他，等回过神来再看时，我想说的问题大部分已经由渭河流域的专家学者们讲清楚了②。感觉也没有什么可说的，就以下四个方面谈点感受。

（一）渭河培育了民族文化与民族精神

中华民族的先民们海纳百川的包容精神，绽放聪明与智慧的创造精神、吃苦耐劳、无私无畏、前仆后继、锲而不舍的奉献精神等，都已在渭河流域的人文成就和社会发展的历史中被雄辩地证明！

渭河文化所表现出的民族文化精神，最典型的有三个例子：

一是作为文明标志的"仓颉造字"。汉字一直是世界上使用人数最多的文字，今天，全世界有数十亿人都在用它。但是又有多少人知道，传说中创造了汉字的"万代文字之宗、千古士儒之师"的仓颉，他的墓冢和庙宇，数千年来，孤零零地矗立于渭北高原的仓颉故里——陕西省白水县史官乡。远古时候，蒙昧未开，人们都用结绳的办法录史记事。那时候，仓颉还姓侯冈，是黄帝的史官。由于记录史实的结绳形状奇异，年久月深难以辨识，有一次，仓颉因为辨识失误，给黄帝提供的史实出了差错，致使黄帝在和炎帝的边境谈判中失利。事后，仓颉愧而辞官云游天下，遍访录史记事的好办法。三年后他回到故乡白水杨武村，独居深沟"观奎星圜曲之式，察鸟兽蹄爪之迹"，整理得到的各种素材，创造出了代表世间万物的各种符号。他给这些符号起了个名字，就叫做"字"。黄帝为此赐侯冈颉为仓姓，其意是"君上一人，人上一君"。黄帝首肯仓颉对人类的重大贡献，把仓颉看得比自己更高更伟大。事实也正是如此，文字是文化的基础的基础，创造文字的仓颉应该被看作是中华文化的奠基人③。

白水地区关于仓颉的传说很多，这些传说都有其合理性。兹举二例：

五龙山位于白水县南部，传说为大禹王的五个儿子，奉上天之命来此，化为五座大山守护仓颉墓。渭河以北有很多历代帝王的墓群，但没有任何一个帝王把自己的墓建在仓颉墓一带，这就是因为仓颉是轩辕黄帝认定的"君上一人"，他的地位高过任何一位帝王！不仅是因为历代帝王们有这个自知之明，还有五龙山为仓颉挡着，尽管这里也是绝佳的皇家风水宝地，可就是想来也来不了。

白水民间一直有这样一个传说：被中华民族尊为圣人的孔子，当年周游列国时路过此地，因仰慕仓

---

① 霍彦儒：《简论渭河古代文明》，网络资料，这篇文章对相关的内容有比较详细的叙述，本文不再重复。
② 张忠培：《渭河流域在中国文明形成与发展中的地位》，《中国国家博物馆馆刊》2014 年第 11 期；焦国成：《渭河：中华文明的源头与中华人文精神》，《宝鸡文理学院学报》2014 年第 6 期。
③ 史宝成、刘玉乾著：《文祖神柏》，白水县文化局，2001 年，未公开出版物；政协白水县委编：《仓颉》，2002 年，未公开出版物。

颉，特前去拜祭，在仓颉墓前痛哭不绝，长跪不起。在白水县内仓颉庙以东有一条小溪，据当地老百姓讲，孔子祭拜完仓颉墓后，曾来到这条河饮马，并在河边的村庄留宿，这条小河因此被称为"孔走河"①，该村庄也称"孔走河村"①。孔圣人尚且如此，其他所有认识汉字、使用汉字的人，应该如何对待仓颉，便不言而喻了。仓颉是一位真正的圣哲，他对中华民族和世界人类的贡献无论如何评价都不会过誉。

二是司马迁与《太史公书》体现了坚持真理的史官原则与文人风骨。司马迁出生于渭水之北的韩城，其事迹家喻户晓。作为太史令，司马迁的工作主要是记录当代的重要人物和事件。这项工作是从前述轩辕时代就有。一直以来的传统是，对于历史人物和历史事件包括最高统治者的所作所为，一就是一，二就是二，不能有任何违背事实的记录。为此，在司马迁之前的千百年间，已经有不少世袭为史官者因不肯歪曲史实而搭上了自己及其子孙们的性命。司马迁对此十分清楚，但他还是兢兢业业、认认真真地履行着自己作为一个史官的职责，并由此造就了刚直不阿的一身正气。但他当时处在高度中央集权的封建君主专制制度之下，他的作法有损于皇帝的尊严，也让一些权奸佞臣们感到害怕；他不仅遭受了一个堂堂七尺男儿最大的耻辱，而且最后遭势利小人暗害。据说，司马迁最后死于狱中，连尸骨都没有能够留下来。中国人自古讲为人治学、道德文章，做事先做人，这是千古不变的真理。作为史学工作者更是如此，司马迁就是榜样。史学工作者的人生起点，不是一般的敬业精神，也不是一般的社会责任心，而是一种神圣的历史使命感！这种史官精神及其成就，司马迁就是集大成者。

世人在不断地学习和领会过程中总结司马迁的"成一家之言"，超前思维的经济思想以及天文、地理、军事、文学等伟大贡献②。实际上，对于史学家来说，最能体现其成就者，应该是他的战略眼光。叙述过去，是总结历史发展的经验和规律，为社会进步提供借鉴，古为今用，古为后用。人类社会的发展，无论哪个阶段，都会有一些共同的规律，史学家的优势就在这里。"自古不谋万世者不足谋一时，不谋全局者不足谋一域"③ 讲的就是这个道理。毫无疑问，司马迁在这方面做得非常出色，他高瞻远瞩的战略目光，体现着开拓、进取、创造的民族精神。

三是唐代文化的辉煌。有唐一代，在以长安为中心的渭河两岸的关中及陇右大地上，哺育了灿烂的传统文化。立都于渭河流域之畔、今之西安的大唐帝国，将中国封建社会推向巅峰，三百多年的唐人历史，书写了中华民族、中华文化、中华文明的黄金史。无论是在物质文明方面，还是在精神文明、制度文明等方面，都取得了令人瞩目的成就。长安城在唐代是政治家的乐园，外来文明的天堂，文化艺术家的舞台，还是生长诗歌文学的沃土！曾有多少帝王将相在这里施展宏图；曾有多少来自天南海北的各种肤色的朋友们不远万里，纷至沓来；曾有多少类欢歌乐舞在这里济济一堂，百花齐放；曾有多少种信仰在这里百家争鸣，共同进步；曾有多少位书画大师在这里挥毫泼彩，绽放豪情；更有多少代文豪泰斗在这里奋笔疾书，吟诗作赋，留下了数万首脍炙人口、美不胜收的千古绝唱！唐代文明的人文精神早已为举世瞩目，发扬光大。

即使到了宋代，还有渭河滋润出来的哲学家张载创立"气化"思想和"关学"流派，特别是他的

---

① 马德：《中华文字始祖与白水民间信仰》，《中国俗文化研究》第四辑，巴蜀书社，2007 年。

② 张勇、李祖坤：《司马迁对人类的八大贡献》，《中华魂》2000 年第 12 期。

③ ［清］陈澹然：《寤言二迁都建藩议》。

"为天地立心，为生民立命，为往圣继绝学，为万世开太平"的名言警句，至今，也将永远是世人做人、做事的目标和准则。

这就是渭河哺育出的集包容、开拓、进取、奉献、创造为一体的中华民族精神，是永久的民族财富。

（二）"天下称富庶者无如陇右"的社会依据

长期以来，很多人总是以甘肃的现状对《资治通鉴》所谓"天下称富庶者无如陇右"提出质疑。实际上这是一种不下功夫、不深入探索所导致的偏见。

在古代，陇右就是以渭河上游的两岸为中心和广大地区，这里是中华民族的发祥地，是华夏文明的源头，是中华民族走向繁荣强盛的康庄大道。就是这片富庶的土地，哺育了强盛千年的大周大秦。从汉晋以来到隋唐时期，这里丰饶的物产、繁荣的经济，是一直支撑着那些封建帝国的大后方。同时，这里还有丰富的矿产资源，如漳县的盐井①，早在秦汉时代就得到开发。在古代，盐业是商业的基础。这里还盛产各种即可食用又可疗疾的药材，是社会生活的必需品，既是食品又是商品。盐和药材在古代就是真金白银，证明这一带除发达的农牧业外还有商业。有鉴于此，可以肯定地说：作为母亲河的渭河，下游的强盛，源于上游富庶，这是历史的写照！"天下称富庶者无如陇右"的结论并不是空穴来风。

陇西县博物馆的孙世恩先生根据地方专业刊物《定西金融》1989～1996 年期间所刊论文，将渭河上游地区和洮河流域出土的窖藏宋代钱币的情况梳理出来并做成统计表（表 1）。孙世恩先生还撰写研究文章，考证为宋神宗时代当地所使用，并指出"这些钱币的大量出土，与北宋神宗时王韶经略熙河、在通

表 1　　　　　　　　　　　　　渭河上游和姚河流域出土窖藏宋代钱币

窖藏钱币类别	出土地点	宋代地名	出土时间	钱币数量
铁钱	陇西县宝风乡村仙家门	古渭寨通远军	1986 年	约 100 公斤以上
铜钱	陇洮县北大街	武胜军熙州	1986 年 4 月	约 2000 公斤
铁钱	陇西县电影院门口	古渭寨通远军	1987 年 6 月	约 100 公斤
铜钱	临洮县招待所门前	武胜军熙州	1987 年 7 月	约 1000 公斤
铜钱	临洮县北槐	武胜军熙州	1988 年 3 月	约 3000 公斤
铁钱	临潭县冶力关喜家庄	洮州（临洮城）	1989 年 4 月	约 5000 公斤
铜钱	临洮县招待所内	武胜军熙州	1990 年 5 月	约 500 公斤
铜钱	陇西县威远楼南侧	古渭寨通远军	1990 年 7 月	约 200 公斤
铜钱	武山县高楼乡李家坪	宁远寨	1990 年 10 月	约 2000 公斤
铜钱	临洮北大街雍家巷	武胜军熙州	1994 年 4 月	约 3000 公斤
铜钱	陇西县首阳乡磷肥厂	熟羊寨	1994 年 9 月	约 3000 公斤
铁钱	临洮县城什字东北	武胜军熙州	1995 年 4 月	约 2000 公斤
铜钱	临洮县邮电局	武胜军熙州	1995 年 6 月	约 500 公斤

---

①　王学文：《漳县盐井历史概述》，《丝绸之路》2017 年第 12 期。

远军和熙州置市易司有密切关系"①。进一步证实了司马光所言的"天下称富庶者无如陇右"不虚。这些以吨计算的窖藏宋代前期钱币的出土，说明当时陇右一带仍然是天下最富庶的地区。但这个统计表只梳理了一部分，且仅限 1996 年之前，近年发现的都没有统计进去；还有就是，这些重大发现和直接证据并没有引起文物部门和历史研究者们的注意，最近出版的《甘肃省文物志》基本一字未提②，不久前在敦煌举办的古钱币学术会议也不见任何人论及。

（三）关于渭河上游的文化及其相关问题

渭河发源于甘肃省渭源县的鸟鼠山，至陕西潼关县港口镇注入黄河，全长 818 千米，流经甘肃省的定西市、平凉市、庆阳市和天水市，宁夏回族自治区的固原市，陕西省的宝鸡市、杨陵区、咸阳市、西安市和渭南市等三省（区）十市（区）八十四个县（市、区），流域面积约为 13.5 万平方公里③。

以往，渭河以陇山和子午岭为界，分为上、中、下游三个地区。上游为甘肃的陇东地区，中下游为陕西的关中地区④。实际上，这个划分法明显失当。渭河的发源地渭源及所在的定西市为甘肃中部，与陇东并非同一个地域概念；而且渭河在这一地区也有数百公里的流程。不能一笔抹杀。同时，这里的中下游划分并不明确，不知道在陕西的什么地方会出现个中下游的界线或界碑。我以为，如果划分甘肃境内为上游，就没有必要再划分中游了，而是以秦岭为界，直接分上（西，甘肃＋宁夏）下（东，陕西）游即可。这样不仅地域分布合理，从经济、文化等各个方面的历史来看，也都有各自的体系和特色。当然，甘肃境内的上游地区还可以大体划分为三段，即定西段、平凉庆阳固原（陇东）段和天水段，这些也都是各自富有特色的文化和经济圈。

1. 天水段

大家都知道的三皇故里，伏羲青帝、神龙赤（炎）帝和轩辕黄帝都是从这块土地上走出来的。这里不仅是他们的出生地，还有第一代伏羲的卦台，第一代神农（共计八代）的百草园等。因为远古时代的部落实行的是禅让制，作为部落首领的封号都是代代相袭；所谓这些皇帝都各有几百年的活动经历，并不是长寿，而是经历若干代，活动地域也不断拓展，所以就有了很多地方都有三皇的出生地和陵墓一事。而作为第一代，伏羲青帝、神农炎帝和轩辕黄帝一直在渭河流域，炎帝死后葬在宝鸡⑤；黄帝则葬于陇东子午岭。当然，这些都是传说，活动地点与陵墓也都有很大的附会成分。但大地湾遗址还是能够为我们提供丰富的远古、上古先民们的活动信息。

2. 陇东段

主要是第一代轩辕黄帝的兴盛之地和长眠之处——甘肃正宁黄帝陵。有诸多史料记载，如《史记正义》引《括地志》云："黄帝陵在宁州罗川县东八十里子午山。"古罗川县即今正宁县。现存正宁县博

---

① 孙世恩：《渭河上游、洮河流域出土宋钱考论》，《丝绸之路》2017 年第 12 期。
② 甘肃省地方史志编纂委员会：《甘肃省志·文物志》，文物出版社，2019 年。
③ 袁晓羚：《渭河上游流域传统聚落及民居建筑形态研究》，长安大学硕士论文，2016 年 5 月。
④ 霍彦儒：《简论渭河古代文明》，网络资料。
⑤ 今陕西宝鸡有莲花台炎陵，传言疑为第一代炎帝之陵墓。参见《炎帝陵之谜：为什么有两个？真正的炎帝陵在哪儿？》，见 http://www.qulishi.com/news/201504/33612.html。

物馆的北宋大中祥符二年（1009 年）《大宋宁州承天观之碑》云："轩丘在望，乃有熊得道之乡；豳土划疆，本公刘积德之地。""轩丘"即"轩辕之丘"，就是罗水上游的桥山，因为有乔氏而得名，即《史记·五帝本纪》所说"黄帝崩，葬桥山"的桥山，也是汉武帝北巡朔方，勒兵十余万，还祭黄帝冢于桥山的地方①。黄帝从三皇沟走出后，带着他的部落来到富饶的陇东，逐步兼并了其他部落，一步步发展壮大；接着就有了与蚩尤、炎帝的争夺战，蚩尤被灭，第二代炎帝离开了渭河流域，过了黄河到山西晋中②，第二代黄帝继续在渭河下游的渭北一带发展，而青帝伏羲可能早就直接去了河南或山东③。

3. 定西段

渭河发源于渭源县海拔 3495 米的鳌壑山。干流由西向东流经渭源、陇西两县后．由鸭儿峡出定西地区汇入天水地区。定西市 7 个县区均有渭河流域面积。涉及 7 县区 90 个乡镇。总人口 144.04 万人④。总耕地面积 595.89 万亩。共有林地 201.08 万亩，草地 152.37 万亩。作为母亲河的发源地，历史上的富庶程度可能是我们无法想象的，这里土地肥沃，气候宜人，物产丰饶，不仅盛产各类粮食作物，大部分地区的森林和草场覆盖率也几乎是百分之百，是天然的农业和牧业区⑤。从上古起，三皇虽然在定西以东，又历经周秦汉唐，这一带一直是大后方。

（四）麦积山：四方佛教文化的聚焦

天水麦积山是与敦煌莫高窟齐名的佛教文化艺术圣地（图 1）。由于地缘关系，北魏、西魏和北周时期，天水成为中原佛教文化艺术的中心。西域的敦煌，北方的大同，东边的洛阳，甚至整个长江以南，佛教艺术在吸收外来文化的基础上经过自身的改造，又一起在天水聚焦，使得麦积山的北朝造像包容和蕴含了古老的印度文明、中华文明、希腊文明、波斯文明等文化元素，成为那个时代的集世界雕塑艺术之大成之作！这一方面还需要在前人的基础上进行更深入细致的研究。

这里需要补充一点，就是渭河的不容忽视的作用：正是这条中华民族的母亲河，以她海纳百川的胸怀，凝聚了几十代渭河儿女的聪明智慧、心血汗水，为我们造就了这座渭河流域规模最大、内容最丰富、艺术水平更是无与伦比的佛教艺术和历史文化宝库，是永远屹立在渭河边上的一座历史的丰碑。

余　言

今天，渭河依然用她的甘甜乳汁，继续养育着两岸一代又一代的华夏儿女，滋润着这片英雄的土地，造福于秦陇人民。渭河流域特别是下游的关中平原，虽然早已不是周秦汉唐时代的政治经济文化中

① 正宁黄陵疑为第一代轩辕黄帝之陵墓。张耀民：《岐黄故里在庆阳》，庆阳天象印务公司，2003 年，内部印行。
② 今山西高平有炎陵，疑为第二代炎帝之陵墓。高平市政协文史资料委员会编：《高平炎帝陵》，2000 年，内部印行。
③ 河南淮阳有太昊陵。山东菏泽传有伏羲出生地。刘亚虎：《伏羲兄妹与南方民族洪水神话》，《民俗与文化》2013 年第 1 期。
④ 侯新萍：《渭河上游定西地区段治理现状及建议》，《甘肃农业》2004 年第 2 期；秦文：《渭河上游定西段治理现状及建议》，《定西科技》2011 年第 2 期。
⑤ 徐军林：《春秋至西汉渭河上游大农业开发研究》，《天水师范学院学报》第 32 卷第 4 期，2012 年 7 月。

图 1　麦积山石窟远景（由东向西）

心，但在历史的发展和进步的过程中一步也没有落后。

渭河是一种文化。

渭河是一种精神。

渭河是历史的长河。

渭河已经谱写并且继续在谱写着一曲又一曲的历史浩歌！

大理所出《佛说地藏菩萨经》考述[*]

钱光胜^{**}

内容提要：《佛说地藏菩萨经》是一部疑伪经，初见于敦煌写卷。大理《佛说地藏菩萨经》见于宋元时期佛塔出土写经或墓志刻经。文章通过比对敦煌本与大理本之间的异同，认为大理本与敦煌本有所不同，当为另一写本系统，此点对考察大理佛教之渊源以及白族丧葬习俗，具有重要文献价值。

关键词：地藏菩萨经　敦煌　大理

一

敦煌本《佛说地藏菩萨经》是一部中国人假托佛说所撰经典，非常短小，全文仅共 280 字左右，历代大藏经均不收入。此经在敦煌写卷中共计有 S. 431 等 29 个写本①，有繁、简两种文本，S. 431 末尾附有《地藏菩萨护身陀罗尼》（图 1），共计 330 字。尽管此经在敦煌抄本甚多，然尚未有明确抄写年代，学界多认为其产生年代约为中晚唐时期。

图 1　S. 431 佛说地藏菩萨经

*　本文为国家社科基金项目"宋元以来白族丧葬习俗与佛教信仰研究"（项目号：17XZJ007）的阶段性成果。

**　作者简介：钱光胜，男，甘肃永靖人，历史学博士，北京社会管理职业学院（民政部培训中主）副教授，主要从事民间信仰和丧葬习俗研究。

① 张总指出此经有 23 个写本，见张总：《地藏信仰研究》，宗教文化出版社，2003 年，第 109 页；尹富则认为有 29 个写本，见尹富《中国地藏信仰研究》，巴蜀书社，2009 年，第 255 页。

此经谓地藏菩萨在南方琉璃世界，以净天眼观见地狱之中受苦众生。地藏菩萨不忍见之，即从南方来到地狱之中，与阎罗王共同一处，别床而坐，地藏来地狱有四种理由，是为经文冥界审判部分。经文后半部分说若众生造地藏菩萨像，写地藏经，念地藏菩萨名号，此人死后定往生西方极乐世界，亦反映了唐以来地藏、净土信仰融合流行之状况。

佛教自两汉传入中土以来，对中土生死观产生了深远影响，佛教地狱信仰深入人心，阎罗王遂逐渐取代泰山府君成为冥界新的统治者，及至《佛说地藏菩萨经》的出现，则标志着唐五代以来民众冥界信仰的进一步发展，意味着在地藏菩萨信仰盛行的影响下，地藏菩萨开始介入冥界事务，对冥界审判予以监察，阎罗王不再是冥界的主宰，并在宋元以后最终形成冥界地藏十王的格局，地藏菩萨成为冥界之主。

二

佛教约在 8 世纪初传入云南大理洱海区域，到 9 世纪中叶，佛教在南诏就已十分兴盛。从南诏后期到大理国时期，白族先民深受佛教影响，火葬在白族地区逐渐流行，一直持续到明代中晚期。到明末清初，在儒家文化持续影响和官府对火葬的禁止之下，火葬风俗在白族地区日渐衰微，为土葬所代替。

从文献记载可知，唐初洱海区域的白族先民多为土葬。唐贞观二十年（646 年）梁建方出兵西洱河，其《西洱河风土记》记载这一地区的丧葬习俗时说："至于死丧哭泣，棺椁袭敛无不毕备。"① 又樊绰咸通四年（863 年）成书之《云南志》卷八曰："西爨及白蛮死后，三日内埋殡，依汉法为墓。稍富室广栽杉松。"②《云南志》又云："蒙舍及诸乌蛮不墓葬，凡死后三日焚尸，其余灰烬，掩以土壤，唯收两耳。南诏家则贮以金瓶，又重以银为函盛之，深藏别室，四时将出祭之。其余家或铜瓶铁瓶盛耳藏之也。"③ 学界一般认为蒙舍及乌蛮施行火葬是氐羌民族的一种传统习俗。绘制于南诏中兴二年（898 年）的《南诏图传》"文字卷"记载梵僧在穷石村遇害后，被村民"初解支体，次为三段，后烧火中。骨肉灰烬盛竹筒中，抛于水里"④，可能曲折反映了南诏火葬之发端。

佛教对白族丧葬习俗产生了深远影响，宋元以来白族火葬墓碑上大量梵文尊胜陀罗尼神咒的刻写就是重要标志之一⑤。此外，值得注意的是，在这一时期佛塔出土的经卷和白族墓碑上，亦可见《佛说地藏菩萨经》，表明了地狱信仰之下，净土思想在大理的流行。目前尚存或见之于文献记载的刻写有《佛说地藏菩萨经》的经卷有一卷，白族火葬墓志共有 7 通，现依年代略述如下：

1. 大理佛图塔出土宋元时期写经《佛说地藏菩萨经》⑥（图 2），26 行，行 7~15 字，共计 353

①　方国瑜主编，徐文德、木芹纂录校订：《云南史料丛刊》卷二，云南大学出版社，1998 年，第 219 页。

②　［唐］樊绰著，赵吕甫校释：《云南志校释》，中国社会科学出版社，1985 年，第 296 页。

③　［唐］樊绰著，赵吕甫校释：《云南志校释》，中国社会科学出版社，1985 年，第 296~297 页。

④　尤中校注：《僰古通纪浅述校注》，云南人民出版社，1989 年，第 178 页。

⑤　钱光胜：《佛顶尊胜陀罗尼咒：密教在云南的传播印记》，《中国宗教》2019 年第 8 期。

⑥　此经为大理国或元代写本，见大理白族自治州白族文化研究所编《大理丛书·大藏经篇》卷五，第 319~322 页。

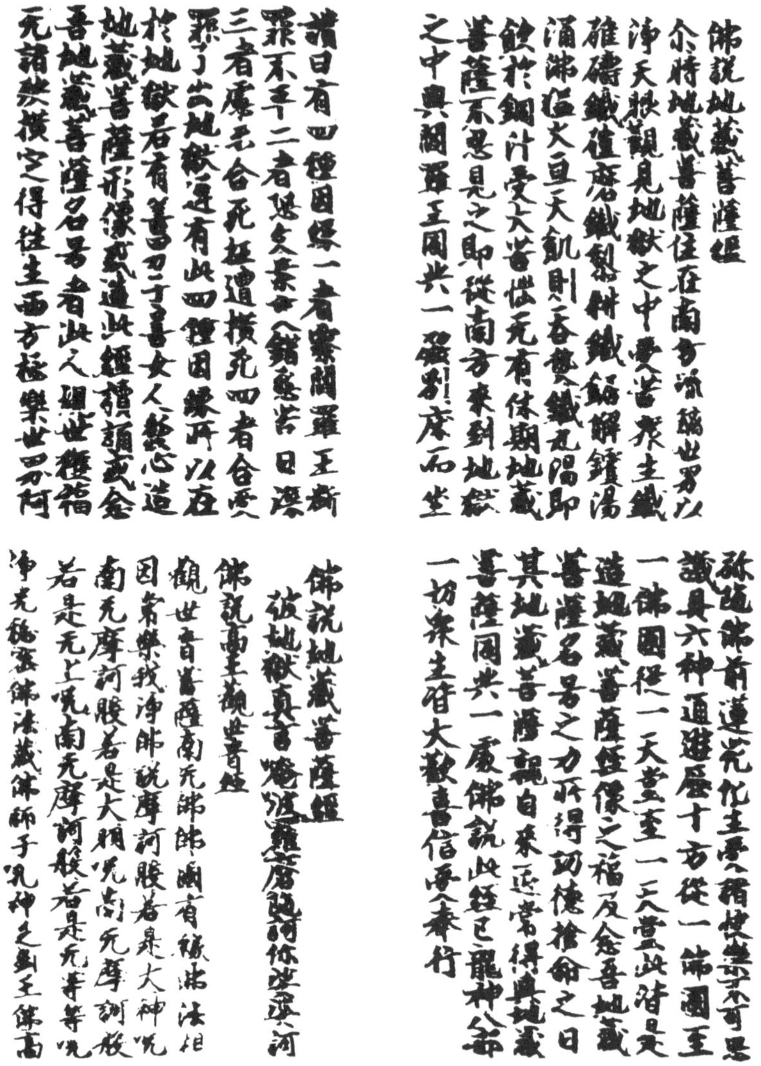

图 2　大理佛图塔出土《佛说地藏菩萨经》

字。侯冲认为是刻本①，杨建伟曾对此亦有所论述②。

2. 元延祐四年（1317 年）《段踰城海》梵文火葬碑，碑原立于大理州剑川县甸南上村火葬墓地。碑身正面刻汉文《佛说地藏菩萨经》，碑阴刻梵文"佛顶尊胜陀罗尼神咒"③，未见录文。

3. 元至正四年（1344 年）《大理杨观音□神道》，碑原立于大理州剑川县中科山火葬墓地。碑刻汉文地藏经，碑侧有"至正四年十一月二十三日故，六十六寿"字句④，未见录文。

4. 至正八年（1348 年）岁次戊子十二月一日立石之《地藏菩萨经碑》，16 行，行 24 字，原存鹤庆

①　侯冲：《大理国写经研究》，云南民族大学《民族》集刊第四辑，第 11 页。

②　杨建伟：《大理本与敦煌本〈佛说地藏菩萨经〉比较研究》，大理大学 2016 届硕士毕业论文。

③　李东红、杨利美：《白族梵文火葬墓碑、幢考述》，《云南学术探索》1996 年第 4 期。

④　周祐：《大理地区的火葬墓梵文墓碑幢》，《大理历史文化论集》，中国社会科学出版社、新西兰霍兰德出版有限公司，1993 年，第 158～159 页。

县牛街鹿野初级小学校①，未见录文。

5. 明永乐十九年（1421 年）《佛说地藏菩萨经》。碑原在大理市喜洲镇庆洞村。碑高 103、宽 37 厘米。碑额中央为尊胜佛母像，四周为缠枝花纹，有梵文五字。文 14 行，行 28 字，漫漶不清，绝大部分文字无法识读②。

6. 明正统九年（1444 年）《佛说地藏菩萨经》（图 3），碑原存大理银桥鹤阳茶厂，现藏大理市博物馆。大理石质，残高 121、宽 49、厚 10 厘米。碑额正中雕阿弥陀佛像，左上角残存一带月轮梵文种子字，直行楷书 16 行，行 7～28 字③，共计 352 字，其破地狱真言与佛图塔本不同。

7. 明成化十二年（1476 年）杨药师寿墓碑所刻《地藏菩萨经》（图 4），碑原立于大理市喜洲镇弘圭山，现藏大理市博物馆，大理石质，额残，碑身高 70、宽 40 厘米。直行楷书，16 行，每行 5～30 字，稍残④，共计 352 字，其破地狱真言与佛图塔本完全一致。

图 3　明正统九年（1444 年）　　　　图 4　明成化十二年（1476 年）
　　　地藏菩萨碑　　　　　　　　　　　　杨药师寿墓碑

① 刘景毛、文明元、王珏、李春龙等点校：《新纂云南通志》（五）卷九十四，云南人民出版社，2007 年，第 280 页。
② 大理白族自治州白族文化研究所编：《大理丛书·金石篇》卷一，云南民族出版社，2010 年，第 258 页。
③ 大理白族自治州白族文化研究所编：《大理丛书·金石篇》卷五·续编，云南民族出版社，2010 年，第 2464 页。
④ 大理白族自治州白族文化研究所编：《大理丛书·金石篇》卷一，云南民族出版社，2010 年，第 481、482 页；大理市文化丛书编辑委员会编：《大理古碑存文录》，云南民族出版社，1996 年，第 205 页。

　　8. 明代《慈妣赵氏药师和神道》①，碑存洱源县凤羽镇漆树村杨汝雄家。碑身上部残，高 49、宽 40、厚 6 厘米，大理石质。直行楷书，文 15 行，碑身正中刻"慈妣赵氏药师和神道"，左刻《佛说地藏菩萨经》8 行，下半段文字漫漶不清。此碑年款残缺，为明代火葬墓碑。

　　大理佛图塔所出《佛说地藏菩萨经》和白族墓碑所刻《佛说地藏菩萨经》，经过文字比对，其文字和结构完全一样，应来源于同一文本。鉴于宋元明时期大理白族火葬仪式和碑刻上梵文的书写，多有当地阿吒力僧人的参与，亦可推断，墓碑雕刻石匠所依据的是同一文本，其稿本应该是由僧人提供的。因此，大理佛图塔出土《佛说地藏菩萨经》写卷当为祖本，也为我们校勘和释读火葬墓碑上的经文提供了依据和参考。现依繁本 S. 431《佛说地藏菩萨经》与大理本比较如下（表 1）：

表 1　　　　　　　　　　　　　　　敦煌本与大理本对照情况

敦煌本《佛说地藏菩萨经》（S. 431）	大理本《佛说地藏菩萨经》②
尔时，地藏菩萨住在南方瑠璃世界，以净天眼观地狱之中受苦众生：铁碓捣、铁磑磨、铁犁耕舌、铁锯解身，镬汤涌沸。	尔时，地藏菩萨住在南方琉璃世界，以净天眼观见地狱之中受苦众生：铁碓捣、铁磑磨、铁黎（梨）耕、铁锯解，镬汤涌沸。
猛火亘天。饥即吞铁丸，渴饮其铜汁。受诸苦恼，无有休期。地藏菩萨不忍见之，即从南方来到地狱中，阎罗王共同一处，别床而座。	猛火亘天。饥则吞熟铁丸，渴即饮于铜汁，受大苦恼，无有休期。地藏菩萨不忍见之，即从南方来到地狱之中，与阎罗王同共一殿，别床而坐。
有四种因缘：一者恐阎罗王断罪不平；二者恐文案交错；三者恐未合死者横死；四者恐受罪已了，出地狱迟。	赞（叹）曰：有四种因缘，一者察阎罗王断罪不平；二者恐文案交错，怨苦日深；三者虑未合死，枉遭横死；四者，合受罪了，出地狱迟。
有其四种因缘，所以来到地狱之中。若有善男子、善女人，造地藏菩萨像，写地藏经，念地藏菩萨经及名者，此人定得往生西方极乐世界，阿弥陀佛前，莲华花生，不可思议，具六神通，经历十方。从一佛国至一佛国，从一天堂至一天堂。此人昔是造地藏菩萨像，念地藏菩萨经，我舍命之日，地藏菩萨亲自来迎，常与地藏菩萨共同一处。佛说此经已，一切世间天人阿修罗等，闻佛所说，皆大欢喜，信受奉行。地藏菩萨护身陀罗尼曰：南无 那罗三婆 野节驼 俱奚婆 婆钵 糁都满 娑婆诃。佛说地藏菩萨经。	有此四种因缘，所以在于地狱。若有善男子、善女人，发心造地藏菩萨形像，或造此经读诵，或念吾地藏菩萨名号者，此人现世获福，无诸殃横。定得往生西方极乐世界，阿弥陀佛前，莲花化生，受诸快乐，不可思议，具六神通，遊历十方。从一佛国至一佛国，从一天堂至一天堂，此皆是造地藏菩萨经像之福，及念吾地藏菩萨名号之力所得功德，舍命之日，其地藏菩萨亲自来迎，常得与地藏菩萨同共一处。佛说此经已，龙神八部，一切众生，皆大欢喜，信受奉行。佛说地藏菩萨经。破地狱真言：唵，波罗磨陁诃你娑婆诃。

　　通过敦煌本、大理本《佛说地藏菩萨经》的比较，约可得出以下几点见解：

　　其一，敦煌本与大理本经文结构和语言大部相同，但是结构亦有所差异。以敦煌本 S. 431 为例，其结尾抄写了"地藏菩萨护身陀罗尼"，此陀罗尼见于英藏 S. 4543 写卷，与大悲陀罗尼、马头罗刹观世音

---

① 大理白族自治州白族文化研究所编：《大理丛书·金石篇》卷五·续编，云南民族出版社，2010 年，第 2589 页。
② 录文综合大理佛图塔所出《佛说地藏菩萨经》和墓志刻经。

陀罗尼、救苦小儿陀罗尼、吉祥大力神咒陀罗尼同处一卷①。而大理本文末均抄写了"破地狱真言"，这可能与白族墓碑上所刻梵文尊胜陀罗尼神咒密切相关，目的在于使亡故亲人免地狱之酸苦。

其二，大理本、敦煌本《佛说地藏菩萨经》在经文上相异之处甚多。杨建伟详尽比较了敦煌本和大理本，新见甚多②。然敦煌本的诸多差异，可能与俗字有关，也不尽然是文本上的差异，以敦煌本 S.431 与大理本比较，文字异同即有几十处之多，这显然不是传抄所能解释的。现略举数例：

文字异同，如敦煌本"饥即吞铁丸"，大理本作"饥则吞熟铁丸"；敦煌本"受诸苦恼"，大理本作"受大苦恼"；敦煌本"一者恐阎罗王断罪不平"，大理本作"一者察阎罗王断罪不平"；敦煌本"有其四种因缘"，大理本作"有此四种因缘"；敦煌本"我舍命之日"③，大理本作"舍命之日"。

经文字句不同，如敦煌本"以净天眼观地狱之中受苦众生"，大理本为"以净天眼观见地狱之中受苦众生"；敦煌本"阎罗王共同一处，别床而座"，大理本作"与阎罗王同共一殿，别床而坐"；敦煌本"若有善男子、善女人，造地藏菩萨像，写地藏经，念地藏菩萨经及名者，此人定得往生西方极乐世界"，大理本作"若有善男子、善女人，发心造地藏菩萨形象，或造此经读诵，或念吾地藏菩萨名号者，此人现世获福，无诸殃横。定得往生西方极乐世界"；敦煌本"此人昔是造地藏菩萨像，念地藏菩萨经"，大理本为"此皆是造地藏菩萨经像之福，及念吾地藏菩萨名号之力所得功德"，相比之下，大理本较敦煌本更为通顺，凡此种种，均表明大理本与敦煌本不是一个写本系统。

其三，值得注意的是，大理本中"赞曰"或"叹曰"二字的出现，意味着大理本或晚于敦煌本。大理本赞曰之后四因缘，押韵形式为 AABB，而敦煌本则不押韵。杜斗城指出了"图赞"和《佛说十王经》的关系④，张总进而指出《十王经》的发展演变"主要在文字本的基础上，加上了首偈赞与十王图像，此经的先后次序实为《阎罗王授记经》至《佛说十王经》"⑤，如此，则大理本似当在敦煌本之后，或由敦煌本演变而来。

三

白族自南诏时即已与蜀地往来，大理本《佛说地藏菩萨经》是佛教传入云南的见证。早在宋代张知甫《可书》中，就已经有关于大理国写经的明确记载：

> 绍兴丙辰（1136 年）夏，大理国遣使杨贤明彦贲，赐色秀礼衣、金装剑，新侍内官副使王兴诚。蒲甘国遣使俄托桑摩诃苦，进表两匣，及寄信藤织两个，并系大理国王封号。金银书《金刚经》三卷，金书《大威德经》三卷。⑥

---

① 张总：《地藏信仰研究》，宗教文化出版社，2003 年，第 109 页。
② 杨建伟：《大理本与敦煌本〈佛说地藏菩萨经〉比较研究》，大理大学 2016 届硕士毕业论文。
③ 尹富指出此处"我"为衍文，见氏著《中国地藏信仰研究》，巴蜀书社，2009 年，第 254 页。
④ 杜斗城：《敦煌本〈佛说十王经〉校录研究》，甘肃教育出版社，1989 年，第 149 页。
⑤ 张总：《〈十王经〉新材料与研考转迁》，《敦煌吐鲁番研究》2015 年第 2 期。
⑥ 饶宗颐：《饶宗颐东方学论集》，汕头大学出版社，1999 年，第 363 页。

范成大《桂海虞衡志》亦云：

> 乾道癸巳（1173 年）冬，忽有大理人李观音得、董六斤黑、张般若师等，率以三字为名，凡二十三人，至横山议市马……其人皆有礼仪。挈诵佛书，碧纸金银字相间。邕人得其《大悲经》，称为坦绰赵般若宗祈禳目疾而书。①

从敦煌写卷来看，宋初敦煌亦有为亡人写此经之习俗，列图 DX2636《佛说地藏菩萨经》末题："开宝九年（976 年）岁次丙子五月廿一日，弟子幸婆赵先奉为亡夫都料张进成神生净土，勿落三涂，见在诸罗，永充除念。"② 在元明时期的大理，则在墓志上刻写此经，以为地狱救赎之用，是白族佛教信仰在丧葬习俗上的表现形式之一。值得注意的是，宋释元照集《地藏慈悲救苦荐福利生道场仪》，为剑川阿吒力赵文焕藏清代抄本，此经不见于历代大藏经著录，为明清时期白族阿吒力僧常用科仪。《地藏慈悲救苦荐福利生道场仪》下卷"本末因缘仪当演"曰："故昔本尊大士，慈愍粟深，出寂定于无垢界中，降真像于焰魔宫内，与阎罗王别床而坐。开妙音之智海，对示微言；为受苦之众生，怜悯救拔；至出狱之期缓，典案或差。"③ 间接引述了《佛说地藏菩萨经》之内容④，是知《佛说地藏菩萨经》已融入科仪之中，从写经、墓志刻经到地藏科仪，也较为清晰地揭示出此经在大理地区的影响、发展演变和流传过程。

---

①　[宋] 范成大著，胡起望、覃光广校注：《桂海虞衡志辑佚校注》，四川民族出版社，1986 年，第 257、258 页。

②　林聪明：《敦煌文书学》，新文丰出版公司，1991 年，第 322 页。

③　赵文焕、侯冲整理：《地藏慈悲救苦荐福利生道场仪》，《藏外佛教文献》第六辑，宗教文化出版社，1998 年，第 247 页。

④　尹富：《中国地藏信仰研究》，巴蜀书社，2009 年，第 255 页。

麦积山石窟第74、78窟干预史调查[*]

徐祖维[**]

内容提要： 麦积山石窟第74、78窟内存有大量的历史干预痕迹，包括窟形的修补，塑像及壁画的修复，引水系统的修建等。通过调查和分析各个时期的干预情况，区分出现状和干预状态，初步评估干预所起的效果，进而提出对这两座洞窟进行科学保护和修复的思考及建议。

关键词： 麦积山石窟　麦积山第74窟　麦积山第78窟　干预史

麦积山石窟第74、78窟是开凿年代较早的洞窟，是研究开窟、营造及重修等问题的焦点洞窟。自1972年架设了木栈道使这两窟开通，可以让人员进入以来[①]，不断有人为干预，时至今日已经积累了大量的干预痕迹。为了区分哪些是现状、哪些是干预状态，提高编写考古报告时洞窟信息的准确性，现对这两窟的干预情况做一详细的调查研究。

一　洞窟保存状况

第74窟为平拱敞口大龛，内作凹字形高坛基，窟高4.5、通宽4.7、东壁深2.18、西壁深2.42、坛基高0.9米。窟顶及西壁各有一条岩石裂缝。窟内现存泥塑共计11身，其中佛3身，菩萨8身。北壁塑一坐佛、二胁侍菩萨，东、西壁各为一坐佛，佛与胁侍菩萨均在坛基上。北壁壁面东西上方各开一圆拱小龛，两小龛形状大小相同，高0.6、宽0.78、深0.28米，东龛内塑思惟菩萨，西龛内塑交脚菩萨，两菩萨两侧又各有一影塑菩萨。壁画绝大部分脱落，现存面积约8平方米。仅顶部和北、东、西壁造像附近泥皮尚存，保留有彩绘，且多处已模糊不清，其余壁画均已脱落无存。

第78窟为圆拱形大龛，内作凹字形高坛基，窟高4.5、通宽4.6、深2.8、坛基高0.95米。北壁壁面东西上方各开一圆拱小龛，两小龛形状大小相同，宽0.7、高0.61、深0.23米。窟内现存泥塑共计11身，其中佛3身，菩萨8身。造像题材与第74窟相同。壁画大多已毁，仅在西壁佛背项光部位、两小龛

* 基金项目：1. 本文为中国博士后科学基金第67批面上资助项目（项目编号：2020M673636XB）阶段性成果；2. 本文为2020年国家社科基金项目"麦积山石窟第74~78窟考古报告"（20BKG022）阶段性成果。
** 作者简介：徐祖维（1985年~ ），男，本科，从事文博专业和文物保护相关，现就职于麦积山石窟艺术研究所。
① 张学荣：《麦积山石窟的新通洞窟》，《文物》第1972年第12期。

内、坛基东向面、南向面残存部分壁画，现存壁画约 1.6 平方米。坛基正面泥皮脱落部位，露出上、下二层横条木桩，有火烧痕迹。窟内北壁坐佛两侧有两个渗水点，常年渗水。

二　干预史调查

在 1972 年之前，这两个洞窟的栈道处于损毁状态，人不能登临，无人为干预，也无档案记载。因此，将此调查的时间上限定为 1972 年，只调查 1972 年至今这段时间内的干预。通过现场调查，对现在能看到的干预现象进行测量、记录、拍照。同时查阅文献资料，对文献中记载的干预信息，但在现状中没有体现的，进行核实并记录，确保观察和记录的完整性（表 1、2）。

表 1　　　　　麦积山石窟第 74 窟干预史统计调查表

名称	部位	处理方法	量	年代和工程项目
修补窟形	东壁南侧坍塌部位	用钢筋混凝土补缺，使坍塌部位形成垂直平面，方便安装窟门	高 3.9、深 0.3 ~ 0.45 米	1977 ~ 1984 年，麦积山石窟维修加固工程
	窟顶南侧坍塌部位		宽 4.2、深 0.4 ~ 0.5 米	
安装窟门	洞窟口	安装带铁纱网木门	高 4.55、宽 4.7、深 0.12 米	
修补裂隙	窟顶西南侧边缘部位裂隙	用沙、石、环氧树脂制成灌浆材料，灌浆并封堵	长 2.5、宽 0.03 ~ 0.05 米	
	西壁南侧裂隙		长 1、宽 0.03 ~ 0.05 米	
保护地面	窟内地面	在岩石地面上铺设方形青砖	宽 2.9、深 0.8、厚 0.12 米	1985 年
修复壁画	窟内所有壁画边缘部位	在岩壁开孔，打上挂麻木锚杆，用麻泥（沙、土、麻丝、水、黏合剂按照一定比例混合制成的修复材料）填塞加固壁画边缘	1.5 平方米	2003 ~ 2004 年，麦积山石窟第 74 窟泥塑壁画修复工程
	窟内所有壁画	用封护剂封护壁画表层	10 平方米	
修复东壁坐佛	背部与岩体之间的裂隙	用麻泥填补	0.8 米	2003 ~ 2004 年，麦积山石窟第 74 窟泥塑壁画修复工程
	主桩南北两侧	岩体上开孔，孔内灌注环氧树脂浆液，后埋设钢锚杆	锚杆直径 8 毫米，南侧 6 个，北侧 1 个	
	主桩南侧	贴岩壁新加支撑木桩，木桩两头用铁片包裹，并焊接在钢锚杆上	长 0.45、宽 0.06、厚 0.04 米	

续表1

名称	部位	处理方法	量	年代和工程项目
修复壁画	左臀及双大腿下表面	内衬"冂"字形木框支架，支架拐角处用铁片连接。东侧为两个开口端，北端包铁并焊接在钢锚杆上，南端支撑于新加木桩上端，西侧边中间用一根木柱支撑在台基上。木柱及支架外用麻泥封护	新加支架南边长0.6米，北、西边长0.45米，宽0.06米；木柱高0.4、宽0.06米	2003～2004年，麦积山石窟第74窟泥塑壁画修复工程
	佛坐内部空腔	清除佛坐内杂物		
修复北壁坐佛	左膝	用麻泥修补	0.003平方米	2003～2004年，麦积山石窟第74窟泥塑壁画修复工程
	右手背及腕部	用麻泥修补	0.01平方米	
	右手食指中指破损处	用麻泥修补	0.001平方米	
修复西壁坐佛	颈部裂隙右侧	用麻泥修补	长0.08、宽0.001米	2003～2004年，麦积山石窟第74窟泥塑壁画修复工程
	左腕衣袖及左手破损部位	用麻泥修补	0.001平方米	
	右小臂、腕、肘、左腕下方破损部位	用麻泥修补	0.005平方米	
	佛坐内部空腔	清除佛坐内内部杂物		
	佛坐下方悬空部位	在裸露的岩体上开孔打木桩并挂麻，抹泥后用土坯向上砌筑成半圆形支顶墙	共5层土坯，高0.3、宽0.6、深0.25米	
	颈部裂隙左侧	橡皮泥修补	长0.08、宽0.001米	
修复坛基	东壁佛座前	用麻泥填补遗存的两块泥砖、泥砖与木件之间的间隙	0.01平方米	2003～2004年，麦积山石窟第74窟泥塑壁画修复工程
清理坛基	主佛左侧坛基泥皮下方	发现10个陶颜料碗，存入文物库房		1987年

表 2　　　　　　　　　　　麦积山石窟第 78 窟干预史统计调查表

名称	部位	处理方式	量	年代和工程项目
修补窟形	西壁南侧坍塌部位	用钢筋混凝土补缺，使坍塌部位形成垂直平面，方便安装窟门	高 3.4、深 0.3~0.5 米	1977~1984 年，麦积山石窟维修加固工程
	东壁南侧坍塌部位		宽 3.8、深 0.25~0.7 米	
	顶部东侧坍塌部位		宽 1.3、深 0.3 米	
	窟顶外	用钢筋混凝土补缺时修建凹槽型防雨檐	宽 4.6、深 0.2 米	
			高 4.48、宽 4.5、深 0.12 米	
安装窟门	洞窟口	安装带铁纱网木门	总长 15 米，宽 0.03~0.05 米	
修补裂隙	东、西、顶部裂隙	用沙、石、环氧树脂制成灌浆材料，灌浆并封堵		
保护地面	窟内地面	在岩石地面上铺设方形青砖	宽 2.9、深 1、厚 0.12 米	1985 年
修建引排水装置	北壁东侧渗水点	修造三角形水泥导水槽	宽 1.4、深 0.7、高 0.5 米	2001 年，山体渗水治理工程
	北壁西侧渗水点		宽 0.35、深 0.3、高 0.2 米	
修复北壁主佛	右手碗及掌跟	复位跌落在坛基上的残缺右手，并用细麻泥（土、水、麻丝、黏合剂按照一定比例混合制成的修复材料）补形	0.013 平方米	20 世纪 80 年代中期
	左膝	麻泥补形，塑出缺失的左膝	0.02 平方米	
	右肘断裂部位	按原状复位手臂并用铁件进行固定，用麻泥塑出缺失的右肘及裂裟	0.09 平方米	
整理东壁佛残块	坍塌跌落的塑像残块	整理后放置在佛座上	20 余块	
修复东壁坐佛	左腿破损处	用麻泥修补	0.03 平方米	
修复西壁坐佛	衣摆右侧与台基间缝隙	用细麻泥修补	长 0.5、宽 0.03 米	20 世纪 80 年代中期
	衣摆中间裂隙	用细麻泥修补	长 0.01、宽 0.03 米	
扶正东胁侍菩萨	倒在坛基上的东侧菩萨	扶正后头与背依靠在崖体上，下方用方木砖支撑	1 身	1975 年

名称	部位	处理方式	量	年代和工程项目
支护西胁侍菩萨	西胁侍菩萨	背部用木桩支撑在北壁上，右侧用木桩支撑在西壁上	1 身	
修补坛基	南向面西侧上边缘	用细麻泥修补	0.037 平方米	
	东向面上边缘	用细麻泥修补	0.02 平方米	
	东向面中下、南下	用细麻泥修补	0.03 平方米	
	西北转角上方	用麻泥修补	0.01 平方米	
清理坛基	倒在坛基上的东胁侍菩萨下方	清理出"火头明王"壁画，存入文物库房	0.03 平方米	1975 年
		清理出"伎乐飞天"壁画，存入文物库房	0.025 平方米	
壁画接取	坛基东向面	接取表层壁画，并存入文物库房	0.22 平方米	1972 年

三　调查结果分析及干预效果评估

通过调查发现，第 74、78 窟的干预状态主要是几项保护工程的干预结果，分别是维修加固工程、渗水治理工程、保护修复工程和保养维护工作、清理工作。这几次工程结束后，再没有其他干预行为。最晚的干预工程（保护修复工程）发生在 2004 年，距今已有 16 年，以当今的修复理念来全面评估早前的保护工作不免有失偏颇，所以评估时只对干预所起到的效果进行评估。评估的依据是《文物古迹保护准则》中不改变原状、最低限度干预、可逆性（使用恰当的保护技术）三项原则。根据评估结果来区分干预是否会长期保存，可长期保存的视为现状，不会长期保存的视为干预状态。

1. 维修加固工程

麦积山石窟维修加固工程自 1972 年在国家文物局正式立项，至 1984 年工程结束，历时 12 年。工程开始前，专业技术人员通过勘察分析，认为麦积山石窟内部岩体在一般情况下是稳定的，洞窟及危岩均分布在浅表层。基于这一认知，工程只对表层风化及危岩进行加固处理。工程采用"喷、锚、黏、托"等技术成功地加固了表层风化岩层[1]。"喷"是沿石窟区崖面喷上 10～20 厘米厚的挂网混凝土层，在混凝土表面喷涂与岩体同色的色浆，其作用是防护崖面继续风化，约束危岩的发育，阻止岩块的松动、剥离与坠落，并使喷护面与山体颜色相协调（图 1）。"锚"是以 3 至 15 米浆锚螺纹钢锚杆，穿过层层裂

---

[1]　张锦秀：《麦积山石窟维修加固工程回顾》，《丝绸之路》1995 年第 4 期。

挂网喷层

原崖面

图1 挂网喷护层（第57窟西）

隙，将可能流变坍塌或地震破坏的危岩锚固在内部稳定的岩体上。"黏"是将洞窟内部可见裂隙封闭表口后，往里灌注填充黏结材料，以防止继续风化，尽可能起黏结加固作用。工程对第74、78窟的干预在于：拆除窟前1972年架设的木栈道，修建钢筋混凝土栈道；窟外岩面喷护钢筋混凝土层，为方便安装窟门，用钢筋混凝土对窟南侧坍塌部位进行了修补；填充并封护了窟内裂隙。

维修加固工程在改善岩体浅表层风化方面的效果是显著的。工程结束至今的30多年里，麦积山石窟接待的游客数量不断增加，2019年接待游客约80万人，节假高峰时期，日接待游客超过2万人。麦积山石窟在发挥文物资源的社会教育功能、扩大文物资源向公众开放方面都有很好的展现，这依赖于混凝土栈道坚实牢固、喷锚的挂网岩面和危岩状态稳定。工程几乎未改变山体外貌，喷护层依山随形、厚度均匀，表面进行了做色处理，远观不易看出有人为干预的迹象，充分体现了不改变原状原则。工程亦符合最小干预原则，因为在不改变文物赋存环境情况下，即使以现今的技术和手段，"喷、锚、粘、托"（相对于挡墙、搬迁）依然是治理麦积山石窟表层风化最行之有效的措施。最小干预原则也体现在对坍塌部位进行修补时的具体做法中：在修补窟形前，两窟东、西壁塑像均因崖壁坍塌而凸出在崖面外，存在安全隐患，修补崖壁及安装窟门后，塑像距离门多出0.4米的安全距离，已处于相对稳定的窟内环境中；修补量以保证塑像安全为控制，未做其他的复原，修补部位可识别，与山体断面有清晰的界线。麦积山石窟处于林区，小动物损害比较严重，窟门可以阻隔小动物与壁画、塑像的接触，减少这类损害的发生。经过以上分析认为：维修加固工程对洞窟做出的干预需要长期发挥作用，会长久保留下来，将其视为现状，编写考古报告时计入洞窟的基本信息中。

2. 渗水治理工程

于2001年开始，麦积山石窟采用"窟外堵源截流，以堵为主；窟内以排为主，排堵结合"的综合治理方案，先是对石窟上方山顶的主要垂向风化裂隙和大裂隙进行注浆封闭，以减少大气降水向山体内裂隙系统的入渗补给，并对岩面细微裂隙进行注浆，减少大气降水沿岩面的入渗。之后调整加固工程时期预留排水孔的数量和深度，对窟内渗水起到截流作用，同时在部分渗水严重的洞窟内设置"引排水系统"，汇集和引流窟内渗水。

渗水治理工程对第78窟的干预是在窟内北壁两个出水点各设置一个"引排水系统"（图2、3）。具体做法是：在渗水点处开孔径70毫米、深入岩体1.5米与水平线夹角15度上倾的引水孔，孔内放置渗水砂袋；再于渗水裂隙处开槽埋置用混凝土封底的排水板；排水板外修造三角形的水泥导水槽，槽下放置接水的容器。第74窟无渗水和潮湿现象，工程对第74窟未有干预。

图2　第78窟东侧引排水系统　　　　　　　　　图3　第78窟西侧引排水系统

　　渗水治理工程结束后，多数洞窟的潮湿现象没有明显改善，第78窟的渗水现象亦未得到明晰缓解。这是因为山体渗水情况复杂，水的来源、在山体内运移路径和方式都有待进一步研究，渗水机理尚不明确①。在目前的技术和条件下，想要短期快速地找到治理山体渗水的方法是不现实的。通过长期观察发现，设置的"引排水系统"可以很好地将山体内的水汇集，将渗出的水引流到容器中，降低水渗出后的扩散面积，减少水对周围及下方岩体的风化侵蚀，是现阶段缓解洞窟水患的有效措施，仍需要发挥作用。但是其显露的外观为三角形的水泥槽状物，无论是从材质和形状看，都不是洞窟本该有之物，破坏了整体的和谐与美观。所以将"引排水系统"视为干预状态，现阶段保留使用，待以后渗水治理成功后再拆除。

3. 保护修复工程及保养维护工作

　　保护修复工程和保养维护工作一直是麦积山石窟保护工作的重点。随着修复工作的开展、修复经验的积累，以及文物修复理念的发展，麦积山石窟的文物修复方法和理念也发生着改变，并有其各个时期的特点。早期，采用锚固的方法修复了一些大中型塑像，具体的做法是先在塑像胸前开十字槽、打贯通锚孔，再用十字头锚杆透过锚孔将塑像拉拔固定在岩体上，这种修复方法对塑像本身的破坏较大，修复后能清晰地看到胸前十字形痕迹；壁画修复时，将窟中泥皮脱落露出岩体的部位全部用素泥进行填补（图4）。中期，对一些濒危洞窟中倒地、倾斜的塑像进行支撑扶正，摒弃了开十字孔锚固的做法，转为加固像内木骨架以提高塑像的整体稳定性；壁画加固时也不再做整窟壁面封护只对边缘进行加固，加固后的边缘留有较宽的素泥面（图5）。这一时期，修复人员在总结古人制作塑像背光时在崖壁钉木锚杆的做法后，尝试使用在岩壁上开孔打木锚杆的方法加固壁画。现今，使用局部解剖的方法修复塑像，选择适当的部位（通常为背部无彩绘处）进行解剖，再更换或加固旧木骨架，这种方法对塑像的损害更小。壁画修复方面经过多年的探索总结，在"打木锚杆"的基础上发展出较成熟的"打桩挂麻"技术，边缘加固后留有素泥面进一步收窄，对修复部位尝试进行美学处理——将以前的光滑表面做成视觉上更和谐的麻点状表面（图6）。

---

①　董广强：《锚筋固危崖　穿洞引水患——麦积山石窟维修加固与渗水治理工程》，《中国文化遗产》2016年第2期。

图 4　早期修复的壁画：脱落崖面全部
抹泥封护（第 37 窟西壁）

图 5　中期修复的壁画：边缘保留
较宽泥层（第 74 窟顶）

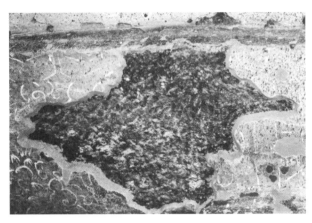

图 6　现今修复的壁画：边缘保留较窄的泥层，
表面呈麻点状（第 30 窟外立面）

第 78 窟保留有不同时期人员实施的保养维护痕迹，如塑像缺失部位补形，塑像佛座上孔洞、裂隙的修补。观察发现，修补时所用的材料不相同，有橡皮泥、素泥、麻泥，修复面上反映出的修复工艺也不同，有光面、麻点状面，这些早、中期干预虽然不符合现今的理念，但是恰好能反映出修复人员对修复理念的探索过程，而且干预对塑像的稳定性无影响，本身也处于稳定状态，范围小，不影响美观。因此将第 78 窟所有保养维护痕迹视为干预状态，现阶段可以不去除。

第 74 窟经过系统的修复后，塑像、壁画原状未改变，修复对本体的干预程度小，使用的修复手段及材料可再处理。不论是塑像下加铁质支撑体（图 7、8）、还是砌补土坯（图 9、10），都是在保持塑像稳定性限度下，所做的必要结构加固。土坯砌补时没有完全封堵佛座空腔，上方留有孔洞可以看到内部结构，壁画加固时也没有做全部填补，有意留出中间露出木杆的孔洞，方便考古及科学研究工作①[4]，这些做法现今仍具有意义。文物修复工作不是一劳永逸的，随着环境变化，文物可能会产生新的病害，就需要再修复，必要时也会将先前的修复材料去除。将修复工程的修复视为干预状态，这些干预现在处于稳定状态，一般情况下无需再处理。

4. 清理工作

维修加固工程开始前，为了配合工程以及进一步弄清麦积山石窟的创建时间，加之重层壁画已有分离迹象②，于是将第 78 窟坛基东向面表层壁画剥离（推测底层壁画有年号记载），剥离后的壁画归入文

① 马千、张萍：《麦积山石窟第 74 窟现状调查及研究》，《丝绸之路》2010 年第 16 期。

② 张学荣、何静珍：《再论麦积山石窟的创建时代及最初开凿的洞窟——兼与张宝玺先生商榷》，《敦煌研究》1997 年第 4 期。

图7　第74窟东壁佛修复前

图8　第74窟东壁佛修复后

图9　第74窟西壁佛座修复中

图10　第74窟西壁佛座修复后

物库房保存。时至今日，显露出来的原底层壁画已部分褪色，题记与人物也轻微模糊（图11），从文献记载看，当时的文字图样应该是清楚的。麦积山石窟保存有很多重层壁画，晚期重修的表层壁画长时间暴露在外界环境，多已褪色或无彩绘，早期的底层壁画因有表层壁画保护，色彩反而能很好地保存下来。应该谨慎对待重层壁画的揭取。揭取下来的壁画无彩绘，其价值低于"仇池镇"壁画；如若将表层壁画回贴，可能会对"仇池镇"壁画产生损害。所以将揭取后的状态视作现状，揭取下来的表层

图11　第78窟"仇池镇"壁画字迹
已经模糊不清

壁画继续保存在文物库房。归入文物库房的，还有从坛基上清理出来的两块被命名为"火头明王""伎乐飞天"壁画。从两块壁画边缘形状及绘画内容看，与现存壁画（西壁佛背光）没有可以衔接的点，原位置无从考证，不具有回贴的可能性。全国第一次可移动文物普查时，将这两块壁画分类为可移动文物。一同编入可移动文物的还有从第74窟清理出的十个陶制颜料碗。

通过上文的统计、调查及分析，可以对麦积山第74、78窟的干预史及效果作一初步总结。现状主要有：维修加固工程所做的干预，需要长期保留；第74窟、78窟清理出的壁画、颜料碗，继续编入为可移动文物；第78窟重层壁画揭取后的状态。干预状态有：渗水治理工程对第78窟所做的干预，未来可以拆除并恢复原状；第74窟保护修复工程所做的修复，现今保存稳定不用改变，必要时可以恢复原状；第78窟各时期保养维护工作所做的修补，现在无需去除，必要时可以恢复原状。

四　保护建议

第74窟窟内环境变化小，修复后塑像、壁画状态稳定，只需定期观察即可。

第78窟塑像的病害主要是因为山体渗水引发的。在渗水长时间侵蚀下，渗水点周围的岩体酥碱粉化，进而造成依附于岩体的塑像损坏。东胁侍菩萨和西胁侍菩萨恰好塑于渗水点上，两身菩萨均有不同程度损坏。东胁侍菩萨下半身及右臂缺失，原倾倒在台基上，经过扶正后，依靠腹部断裂面及左侧衣裙支撑于木砖上（图12），由于断面参差不齐，受力集中于个别点上，容易产生进一步损坏。因此建议根据菩萨腹部断裂面形状，重新制作与其吻合的支持底座，底座要有防水特性。西侧菩萨保存较完好，现依靠木杆支撑在崖壁上（图13），需要加强其稳定性，同样建议制作防水底座。观察发现，渗水只对直接接触的菩萨产生破坏，对于相近而未接触的主佛没有明显影响，推测因渗水导致的窟内空气湿度增加并不足以让塑像产生病害，所以制作防水底座的两身菩萨，在脱离岩体后可于原位保存。

图12　第78窟东协侍菩萨临时　　　　图13　第78窟西协侍菩萨临时
　　　　支撑在木砖块上　　　　　　　　　　　支撑在岩体上

麦积山石窟第74、78窟研究史综述[*]

冯学斌　张　铭[**]

内容提要：第74、78窟是麦积山石窟早期洞窟中的代表，对其造像、壁画以及供养人题记等内容的研究历来广受学界关注，对其开凿年代的研究也是麦积山研究的热点内容和关键所在。通过对半个多世纪以来关于这两个洞窟研究史的爬梳，有助于厘清已有研究成果和不足，为其进一步研究提供一些思考。

关键词：麦积山石窟　第74、78窟　研究史

麦积山石窟第74、78窟位于西崖中下部，均为平面方形平拱顶窟，大小相近，大小相近，通高4.45～4.50、宽4.60、进深（残）2.45～2.80米。窟内正、左、右均三壁设倒"凹"字形高坛基，正壁上方两侧各开一圆拱形小龛；窟内造像均为三壁三佛，正壁主尊两侧各塑一胁侍菩萨立像，正壁上方小龛内分别塑交脚思惟像，小龛内左、右壁各塑一胁侍菩萨像；壁画顶部原绘为圆莲及飞天图案，后重绘千佛图案，正、左、右三壁主尊两侧绘背项光图案，坛基表面彩绘供养人形象及墨书题记（图1）。

图1　第74窟正壁

---

* 基金项目：1. 本文为中国博士后科学基金第67批面上资助项目（项目编号：2020M673636XB）阶段性成果；

2. 本文为2020年国家社科基金项目"麦积山石窟第74～78窟考古报告"（项目编号：20BKG022）阶段性成果。

** 作者简介：冯学斌（1985年～　），男，甘肃白银人，历史学学士，敦煌研究院麦积山石窟艺术研究所文博馆员，主要从事石窟寺考古。张铭（1984年～　），男，甘肃省庄浪县人，历史学博士，敦煌研究院麦积山石窟艺术研究所副研究员，敦煌研究院、北京大学联合培养在站博士后，主要从事石窟寺考古及佛教艺术研究。

对于麦积山石窟第 74、78 窟的研究，以 1972 年麦积山文物保管所的《麦积山石窟的新通洞窟》报告①发表为分水岭，20 世纪 70 年代初之前，麦积山石窟研究着重于考察和整体概述性研究，因受当时客观条件所限，部分崖面栈道被毁，这一时期少有登临第 74、78 窟，故对此二窟的整体状况还没有触及，在前期数次考察时洞窟编号虽有涉及，却少有针对性研究。随着《麦积山石窟的新通洞窟》发表，对于这两个洞窟的研究迎来了蓬勃的发展阶段，前辈学者们对其开窟年代与洞窟内容等方面进行了卓有成效的研究，据笔者统计，涉及第 74、78 窟的研究论文有 130 余篇，是麦积山石窟研究中心最受关注的洞窟。现将此二窟研究脉络予以梳理，理清侧重方向不同的研究成果，使得此二窟研究成果的展示更为清晰。

首先，要梳理清楚第 74、78 窟的研究状况就需先梳理清楚此二窟的历史定位，涉及麦积山石窟分期，尤其是最早一批洞窟的定位。关于麦积山最早一批洞窟有哪些，主要有以下几种说法（表 1）：

表 1　　　　　　　　　　麦积山石窟早期梳理成果

序号	观点	学者	备注
1	第 74、100、128、70、71、77 等窟	史岩②	
2	第 69、70、71、114、115、169、75、100、74、76、77、100、128 等窟	町田甲一③	
3	第 78、128、70、71、74、90、72、75、100、155 等窟	阎文儒④	
4	第 74、78、70、71、73、68 等窟	张学荣、何静珍⑤	
5	第 74、78、70、71、57、51、165 等窟	李西民⑥	
6	第 74、78、70、71、165 等窟	董玉祥⑦	
7	第 169、69、74、76、78、93 等窟	金维诺⑧	
8	第 74、78、51、57、90、165、70、71、75 等窟	张宝玺⑨	
9	第 55、57、70、74、78、90、165 等窟	步连生⑩	
10	第 74、78、51、165、70、71 等窟	东山健吾⑪	

① 麦积山文物保管所：《麦积山石窟的新通洞窟》，《文物》1972 年第 12 期。

② 史岩：《麦积山石窟北朝雕塑的两大风格体系及其流布情况》，《美术研究》1957 年第 1 期。

③ ［日］町田甲一：《论麦积山石窟的北魏佛》，日本佛教艺术学会《佛教艺术》第 35 期。本文引自郑炳林、魏文斌主编《天水麦积山石窟研究文集》，甘肃文化出版社，2008 年。

④ 阎文儒：《麦积山石窟的历史、分期及其题材》，《麦积山石窟》，甘肃人民出版社，1984 年。

⑤ 张学荣、何静珍：《麦积山石窟创凿年代考》，《天水师专学报》1988 年第 1 期。

⑥ 李西民：《麦积山十六国时期的佛教造像》，《麦积山石窟艺术文化论文集》，兰州大学出版社，2004 年。

⑦ 董玉祥：《麦积山石窟的分期》，《麦积山石窟》，甘肃人民出版社，1984 年。

⑧ 金维诺：《麦积山石窟的兴建及其艺术成就》，《中国石窟·天水麦积山》，文物出版社·平凡社，1998 年。

⑨ 张宝玺：《麦积山石窟开凿年代及现存最早洞窟造像壁画》，《中国考古学会第一次年会论文集》，文物出版社，1980 年。

⑩ 步连生：《麦积山石窟塑像源流辨析》，《麦积山石窟》，甘肃人民出版社，1984 年。

⑪ ［日］东山健吾著，官秀芳译：《麦积山石窟的创建与佛像的源流》，《敦煌研究》2003 年第 6 期。

序号	观点	学者	备注
11	第 74、78、165 等窟	马世长、丁明夷①	
12	第 74、78、165、148、80、51、90、128、169、69、76、100、115、57、93、70、71、75、77、143、144、156 等窟	久野美树②	
13	第 51、68、70、71、73、74、75、77、80、90、98、100、128、144、148、165 等窟	八木春生③	
14	第 51、74、78、90、165、70、71、73、68 等窟	初世宾、初昉④	后又增第 57 窟⑤
15	第 78、74、76、93 等窟	郑炳林⑥	
16	第 51、74、78、165、90 等窟	魏文斌⑦	
17	第 74、78、90、165、128、148、80、51、70、71、73、68 等窟	陈悦新⑧	
18	第 74、78、148、144、100、128、80、155、163、86、89、16、114、156、76、115、77、75、71、70、73、68、69、169、23、143、149、19、21 等窟	达微佳⑨	
19	第 74、78、90、165、57 等窟	夏朗云⑩	

由此可见，第 74、78 窟属麦积山石窟最早一批洞窟已毫无疑问，同时是极为典型的代表洞窟。故专家学者的研究将此二窟置于麦积山石窟早期洞窟的系列中，是对 20 世纪 70 年代以前麦积山石窟研究的极大补充，也因其属于麦积山最早开凿的洞窟而成为之后研究的重点洞窟。

一　20 世纪 70 年代以前

1941 年，冯国瑞与友人首次考察麦积山石窟，其随后写成的《麦积山石窟志》编号洞窟 121 个，受

---

① 马世长、丁明夷：《佛教美术全集 17：中国佛教石窟考古概要》，文物出版社，2009 年。

② ［日］久野美树著，官秀芳、魏文斌译：《中国初期石窟及观佛三昧——以麦积山石窟为中心》，《敦煌学辑刊》2006 年第 1 期。

③ ［日］八木春生：《天水麦积山石窟编年论》，《石窟寺研究》第二辑，文物出版社，2011 年。

④ 初世宾：《石窟外貌与石窟研究之关系——以麦积山石窟为例略谈石窟寺艺术断代的一种辅助方法》，《西北师范学院学报》1983 年第 4 期。

⑤ 初世宾、初昉：《麦积崖的开创年代与相关问题——兼论早期佛教艺术》，《麦积山石窟研究》，文物出版社，2010 年。

⑥ 郑炳林：《天水麦积山石窟研究文集序》，《天水麦积山石窟研究文集》，甘肃文化出版社，2008 年。

⑦ 魏文斌：《麦积山石窟初期洞窟调查与研究》，甘肃教育出版社，2017 年。

⑧ 陈悦新：《中心文化对北朝麦积山石窟的影响》，《敦煌研究》2006 年第 3 期。

⑨ 达微佳：《麦积山石窟北朝洞窟分期研究》，《石窟寺研究》第二辑，文物出版社，2011 年。

⑩ 夏朗云：《麦积山早期大龛下层焚烧痕迹的考察 ——麦积山后秦开窟新证》，《敦煌研究》2006 年第 6 期。

图 2　第 78 窟正壁坐佛

当时客观条件限制，包括第 74、78 窟所在的中区大片区域洞窟都未登临，凭远观而编号。魏文斌等①考证第一次冯国瑞先生洞窟编号中的第 102～120 窟为今 74 窟周边诸窟。

1947 年敦煌艺术研究所李浴及 1952 年由中央政府文化部组织考察团的两次考察因资料未予公布，故无法考证涉及此二窟具体内容。

1953 年 7 月，中央文化部组织的勘察团统一编号、记录、整理出版了《麦积山内容总录》，编号窟龛 194 个，其对第 74、78 窟的编号沿用至今。同时对第 74、78 窟做了简要介绍，且暂时将第 74、78 窟定为北魏，并提出第 78 窟造像"中坐佛一躯，和云冈昙曜五窟中的坐佛极相似"的观点（图 2）。此内容总录有一疑点，在描述第 74 窟时特别注明"未登，用望远镜远看"，但第 78 窟没有如此标注，查其对其他未登临洞窟均有同样的标注，何第 78 窟未加标注？反观洞窟崖面布局，如能登入第 78 窟必能登第 74 窟，故疑此处为用笔疏忽。

1956 年，日本学者名取洋之助考察麦积山，几乎拍摄了全部能通洞窟的雕塑作品，后与日本美术史专家町田甲一出版《麦积山石窟》②一书。1958 年，町田甲一发表《论麦积山石窟的北魏佛》一文，文中提及此次名取氏已登临第 74 窟并摄影③，以名取氏所拍照片对第 74 窟三尊坐佛做了较为详细的描述，并与麦积山第 69 窟及云冈、龙门等石窟造像风格运用标本学及类型学进行比对，认为麦积山第 69、74 等窟造像年代最早也晚于太和中期，多为 5 世纪末 6 世纪初之作品，开凿年代与龙门或云冈二期大体同时。

1957 年，学者史岩发表《麦积山石窟北朝雕塑的两大风格体系及其流布情况》一文，文中对麦积山石窟艺术的式样、风格和渊源分为两种类型，即汉式传统与传入、汲取外来因素两大类型体系。将第 74、100、70、71、77 等窟归入后者的"前期"，认为这一类是在严格遵守经典指标和造像仪轨的主张之下出现的，先后受到印度秣菟罗和犍陀罗两种样式的间接或直接的影响。推断其年代为北魏太武帝"灭佛"（446 年）以前相当于 4 世纪末、5 世纪初之作，并影响了后来的云冈。他甚至还认为昙曜五窟"可

① 魏文斌、白凡：《麦积山石窟历次编号及新编窟龛的说明》，《敦煌研究》2008 年第 5 期。另，高原等人《麦积山石窟冯国瑞洞窟编号考对》（《敦煌研究》2018 年第 2 期）一文中考证冯国瑞先生编号第 102～120 窟分别为今第 77、76、65、64、63、78、74、71、70、67、69、169、60、94、56、55、54、53、52 等窟。

② ［日］名取洋之助：《麦积山石窟》，岩波书店，1957 年。

③ 笔者阅读名取洋之助《麦积山石窟》一书时并未见关于第 74 窟任何相关照片，然町田甲一对第 74 窟三尊坐佛的描述与实际相对符合，故其应见到相关照片。

能就是由麦积山派遣来的优秀作家所造作"。

　　总之，这一时期的研究受客观条件限制，多次考察也都是编号有所涉及，而史岩、町田甲一两位学者的研究已经涉及第 74 窟，捕捉到了窟内造像与云冈石窟及秣菟罗、犍陀罗风格有着密切的联系，并对其年代这一核心问题做出了相应推断，为以后的研究起到了积极的推动作用，也是后续研究关于年代问题的剧烈争论的起点。然终因他们均未登临第 74 窟内部，分析的全面性与深度上亦多受限制。

二　20 世纪 70 年代以后

　　1972 年，麦积山文物保管所张学荣发表了《麦积山石窟的新通洞窟》的报告。报告中对 70 年代以前勘察团未能登临考察的 10 多个新通洞窟及两方刻石题记予以介绍，其中便包含第 74、78 窟。此文特别重要的新发现是第 78 窟右侧坛基上剥出的 18 身供养人画像及榜题"仇池镇口经生王□□供养十方诸佛时"等材料（图 3），成为研究麦积山石窟早期洞窟问题重要的考古学层位关系和服饰、史地研究等方面的新证据。

　　由于此前史岩、町田甲一两位资深学者在对麦积山包含第 74 等窟的早期造像断代

图 3　第 78 窟供养人形象及墨书题记

存在较大差异，而此报告重要新材料的公布，更是引发随后的学界延续至今的关于麦积山石窟最早开造年代及早期洞窟（尤以第 74、78 窟为主）的争论。这一时期的研究可分为以下几个方面阐释：

（一）关于第 74、78 窟年代研究

　　张宝玺最早关注麦积山早期洞窟的年代问题，其在 1979 年发表《麦积山石窟开凿年代及现存最早洞窟造像壁画》① 一文，通过对史料及碑刻所记"六国共修"与"次七国重修"的综合分析，认为麦积山佛教活动史可上溯到东晋十六国的后期，其开凿年代晚于敦煌莫高窟，与天梯山、炳灵寺大体上属同时，早于云冈石窟及龙门石窟。特别是在对第 74、78 双窟的研究中，从历史地理、服饰史角度并结合考古发掘中的服饰形象资料，详细考证分析第 78 窟右壁坛基正面的仇池镇供养人题记，认为其绘制上限在文成帝复法后，下限在太和改制前，即 452～486 年间。随后张学荣、何静珍②就麦积山石窟的创凿年代进行详尽的文献资料考证，认为最早开凿于十六国时期的后秦，"六国共修"和"七国重修"的时间均在 400～410 年间。同时特别考定第 57 窟即所说"湫洞"应为当时最初开凿的洞窟之一，其余诸窟则以

---

① 　张宝玺：《麦积山石窟开凿年代及现存最早洞窟造像壁画》，《中国考古学会第一次年会论文集》，文物出版社，1980 年。
② 　张学荣：《麦积山石窟的创建年代》，《文物》1983 年第 6 期；又见张学荣、何静珍：《麦积山石窟创凿年代考》，《天水师专学报》1988 年第 1 期。

它始向周围挨次发展。之后，双方不断发文讨论①，其争论主要围绕仇池镇供养人及佛坛上重修泥层关系问题展开。此外，不断有专家学者对早期洞窟及创凿年代问题深入研究，提出观点。各家分歧主要分为后秦或西秦说和北魏说。

后秦或西秦说，代表人物除前文所述史岩、张学荣外，主要有阎文儒②、李西民③、董玉祥④、杜斗城⑤、步连生⑥、金维诺⑦、温玉成⑧、夏朗云⑨、项一峰⑩等。阎文儒通过史料分析，并将第78窟主佛僧祇支上图案及第74窟菩萨像与炳灵寺第169窟相对比，认为两者时间大致相同，即后秦时期。李西民认为炳灵寺第169窟开凿时间比玄高在麦积山讲法晚三年，而造像风格与麦积山第74、78等窟相似，且麦积山的更为古朴粗狂，认为此一批等窟开凿必早于西秦，即后秦时期。董玉祥也通过对比此一批等窟与敦煌早期第275、272窟及炳灵寺第165窟造像风格，结合史料及供养人题记等，认为属后秦。杜斗城根据造像布局及"三世佛"思想，推断其为后秦作品。步连生认为云冈早期佛像垂直阴刻线及两侧胁侍披巾阴刻褶纹的手法是在麦积山较晚一些的洞窟（如第115窟）才出现，故麦积山第74、78等窟早于云冈一期，更与炳灵寺第169窟接近。金维诺根据造像风格对比，考证第78窟供养人题记及第76窟题记"南燕主安都侯"称谓，认为此一批洞窟属于后秦至西秦统治时期。温玉成极为赞同金维诺先生的题记考证，强调麦积山石窟创于400年初，举庾信《麦积崖佛龛铭》中"度杯远至"为证，并提出了"秦州模式"。夏朗云对第78窟供养人画像层下所覆盖的壁画层的焚烧痕迹做了进一步调查，认为焚烧痕迹为太武灭法时期所为，指出第78窟开凿在仇池镇供养之前。同时对比第90、74、165、51、57等窟的焚烧痕迹，认为这批早期洞窟都有可能在历史上同时遭到同样的浩劫，推断早期人工大龛，当开凿在太武帝灭法之前，更可能提前至后秦。

北魏说，代表人物除前文所述町田甲一、张宝玺外，主要有东山健吾⑪、马世长⑫、久野美树⑬、黄

① 张宝玺：《从"六国共修"看麦积山石窟的历史》，《敦煌研究》1995年第4期；又见张学荣、何静珍：《再论麦积山石窟的创建年代及最初开凿的洞窟——兼与张宝玺先生商榷》，《敦煌研究》1997年第4期；又见张宝玺：《再议麦积山石窟石岩寺年代及第78窟创建年代——兼答张学荣、何静珍先生》，《敦煌研究》1999年第1期。

② 阎文儒：《麦积山石窟的历史、分期及其题材》，《麦积山石窟》，甘肃人民出版社，1984年。

③ 李西民：《麦积山十六国时期的佛教造像》，《麦积山石窟艺术文化论文集》，兰州大学出版社，2004年。

④ 董玉祥：《麦积山石窟的分期》，《麦积山石窟》，甘肃人民出版社，1984年。

⑤ 杜斗城：《麦积山早期三佛窟与姚兴的〈通三世论〉》，《敦煌学辑刊》2007年第1期。

⑥ 步连生：《麦积山石窟塑像源流辨析》，《麦积山石窟》，甘肃人民出版社，1984年。

⑦ 金维诺：《麦积山石窟的兴建及其艺术成就》，《中国石窟·天水麦积山》，文物出版社·平凡社，1998年。

⑧ 温玉成：《中国早期石窟寺研究的几点思考》，《敦煌研究》2000年第2期。

⑨ 夏朗云：《麦积山早期大龛下层焚烧痕迹的考察——麦积山后秦开凿新证》，《敦煌研究》2004年第6期。

⑩ 项一峰：《炳灵寺、麦积山石窟若干问题的思考》，《炳灵寺石窟学术讨论会论文集》，甘肃人民出版社，2003年。

⑪ ［日］东山健吾：《麦积石窟的研究和有关初期石窟的二、三个问题》，《中国石窟·天水麦积山》，文物出版社·平凡社，1998年。

⑫ 马世长、丁明夷：《中国佛教石窟考古概要》，文物出版社，2009年。

⑬ ［日］久野美树著，官秀芳、魏文斌译：《中国初期石窟及观佛三昧——以麦积山石窟为中心》，《敦煌学辑刊》2006年第1期。

文昆①、孙纪元②、胡承祖③、魏文斌④、陈悦新⑤、达微佳⑥、八木春生⑦、潘亮文⑧、孙晓峰⑨、董广强⑩等。东山健吾将第 74、78 窟佛像与云冈昙曜五窟及天安元年（466 年）铭冯爱爱石佛坐像和延兴二年（472 年）铭张伯和石佛坐像的像容对照，认为时代很接近，并参照仇池镇供养泥皮情况等，认为第 74、78 窟造像可能是在文成帝复法后的一段时期，其本人又在《麦积山石窟——云海中微笑的众佛及其系谱》⑪一文中进一步论证了第 78 窟主佛仿云冈第 19、20 窟大佛，认为第 78 等窟晚于昙曜五窟。马世长认为第 74、78 窟壁画与塑像同时，不早于 5 世纪下叶，应为 452～486 年之间。久野美树提出"麦积山初期窟"的提法，认为最早一批洞窟应开凿于太武灭佛之后。

魏文斌从考古学的角度入手，专业系统地研究了麦积山初期洞窟的营建、造像与壁画的题材和所反映的宗教思想，将第 51、57、74、78、165、90 等窟分为早期洞窟第一期即麦积山最早一批洞窟，认为麦积山石窟最早洞窟的开凿年代不是后秦，而是受到云冈昙曜五窟及凉州模式影响，将其开凿年代定为献文帝天安元年至孝文帝太和元年之间，即 466～477 年之间。也就是昙曜五窟基本完工之后，是受到昙曜五窟的影响而开凿的。八木春生将第 74、78 窟壁画荷叶纹样及摩尼宝珠纹样与克孜尔等石窟相比，认为其受"凉州样式"影响，不认为与云冈一期有密切关系，年代较晚，为 470～480 年。陈悦新从造像布局及大乘思想入手，用云冈、龙门对比麦积山，认为第 74、78 窟属于太和年代（477～497 年）。董广强再次分析木枋和泥层之间的层位关系及焚烧火源等因素，认为这些木枋的碳化痕迹是最初对泥塑进行烘烤时所造成的，和壁画中的仇池镇是同一个时期，不存在重修的可能，以此为北魏开窟之佐证。

此外，郑炳林⑫认为第 78 窟题记中的"仇池镇"乃仇池国所建，并非北魏的，更倾向于杨俊开凿了第 76 窟，因此推断第 74、78 窟属于同期或更早，即 356～360 年期间或更早。

初世宾在其《石窟外貌与石窟研究之关系——以麦积山石窟为例略谈石窟寺艺术断代的一种辅助方法》一文中，提出了"崖面使用""洞窟布局""时代层次"及洞窟之间交通即栈道的建造使用等方面考虑的辅助断代的新思路。之后，初先生与初昉在《麦积崖的开创年代与相关问题——兼论早期佛教艺术》一文中，对各家说法的依据及值得商榷之处做了精要评述，文中通过对麦积山与云冈早期洞窟造窟之题材和形制、造像样式与风格及衣饰的演变等方面比较与分析认为麦积山早期洞窟绝非受到昙曜五窟

① 黄文昆：《麦积山的历史与石窟》，《文物》1989 年第 3 期。
② 孙纪元：《麦积山雕塑艺术的成就》，《中国石窟·天水麦积山》，文物出版社·平凡社，1998 年。
③ 胡承祖：《麦积山石窟雕塑艺术略论》，《丝绸之路·学术专辑》，1999 年。
④ 魏文斌：《麦积山石窟初期洞窟调查与研究》，甘肃教育出版社，2017 年。
⑤ 陈悦新：《中心文化对北朝麦积山石窟的影响》，《敦煌研究》2006 年第 3 期。
⑥ 达微佳：《麦积山石窟北朝洞窟分期研究》，《石窟寺研究》第二辑，文物出版社，2011 年。
⑦ ［日］八木春生著，何洪岩、魏文斌译：《关于麦积山石窟第 74 及第 78 窟的创建年代》，《敦煌研究》2003 年第 6 期。
⑧ 潘亮文：《有关麦积山石窟交脚菩萨像与半跏思惟菩萨像尊格问题的再思考》，《麦积山石窟研究》，文物出版社，2010 年。
⑨ 孙晓峰：《化梵为夏、胡汉交融——以麦积山石窟北朝造像为例》，《石窟艺术研究》第三辑，文物出版社，2018 年。
⑩ 董广强：《以烘烤工艺论麦积山第 78 窟的开凿年代》，《敦煌研究》2018 年第 5 期。
⑪ ［日］东山健吾：《麦积山石窟——云海中微笑的众佛及其系谱》，《麦积山石窟研究》，文物出版社，2010 年。
⑫ 郑炳林：《天水麦积山石窟研究文集序》，《天水麦积山石窟研究文集》，甘肃文化出版社，2008 年。

的影响而开凿，云冈一期不但要晚于麦积山一期，反而还受到其影响。

综上，关于年代问题的讨论中，学者们深入挖掘并研究了第74、78等窟之内容，广泛引用文献记载、佛教经典、碑刻及题记等重要信息载体。今虽仍无确切之定论，然多数人接受北魏说，即云冈昙曜五窟基本完工之后，是受到昙曜五窟的影响而开凿的，也较为接受第78窟题记中"仇池镇"为北魏平定仇池后不久所置这一说法。

（二）侧重洞窟某一方面内容研究

1. 造像壁画

（1）对于窟内的三壁三佛造像，多数人认为是《妙法莲华经》所讲的过去、现在、未来三世佛。如邓健吾①、久野美树②、赖鹏举③、张学荣④、张宝玺⑤、贺世哲⑥、八木春生⑦、李西民⑧、魏文斌⑨、初世宾⑩、杜斗城⑪等人。其中，关于麦积山石窟"三世佛"的提法，刘慧达⑫早期就以麦积山第5窟、第30窟以及第133窟内的第10、16号造像碑为例提出。邓健吾则以麦积山第74、78、169窟为重点，专门对早期洞窟的三佛构成进行了研究，认为麦积山早期洞窟的三佛就是三世佛。久野美树通过对比邓健吾、阎文儒及董玉祥针对麦积山石窟初期的"三佛"及"千佛"的意见，结合造像布局形式及佛学经典，认为麦积山初期窟是把"三世十方诸佛的净土"具体化了的"中国初期净土美术"。台湾学者赖鹏举认为第74窟窟顶有麦积山石窟硕果仅存的"十方佛"造像，并根据造像之间的关系与布局，认为麦积山石窟的造像主要沿袭中亚阿富汗石窟及北凉吐峪沟石窟的"十方三世"内涵，三佛造像就是代表三世佛。另，阎文儒⑬认为麦积山石窟的三佛造像并非三世佛。董玉祥⑭认为麦积山除了如第163、142等

---

① 邓健吾：《麦积山石窟的研究和有关初期石窟的二、三个问题》，《中国石窟·天水麦积山》，文物出版社·平凡社，1998年。

② ［日］久野美树著，官秀芳、魏文斌译：《中国初期石窟及观佛三昧——以麦积山石窟为中心》，《敦煌学辑刊》2006年第1期。

③ 赖鹏举：《麦积山石窟造像由"涅槃"到"卢舍那"的转变》，《麦积山石窟艺术文化论文集》，兰州大学出版社，2004年。

④ 张学荣：《麦积山石窟的创建年代》，《文物》1983年第6期。

⑤ 张宝玺：《麦积山石窟开凿年代及现存最早洞窟造像壁画》，《中国考古学会第一次年会论文集》，文物出版社，1980年。

⑥ 贺世哲：《关于十六国北朝时期的三世佛与三佛造像诸问题（一）》，《敦煌研究》1992年第4期；《关于十六国北朝时期的三世佛与三佛造像诸问题（二）》，《敦煌研究》1993年第1期。

⑦ ［日］八木春生著，何洪岩、魏文斌译：《关于麦积山石窟第74及第78窟的创建年代》，《敦煌研究》2003年第6期。

⑧ 李西民：《麦积山十六国时期的佛教造像》，《麦积山石窟艺术文化论文集》，兰州大学出版社，2004年。

⑨ 魏文斌：《麦积山石窟初期洞窟三佛造像考释》，《敦煌学辑刊》2008年第3期。

⑩ 初世宾：《石窟外貌与石窟研究之关系——以麦积山石窟为例谈石窟寺艺术断代的一种辅助方法》，《西北师范学院学报》1983年第4期。

⑪ 杜斗城：《麦积山早期三佛窟与姚兴的〈通三世论〉》，《敦煌学辑刊》2007年第1期。

⑫ 刘慧达：《北魏石窟中的"三佛"》，《考古学报》1958年第4期。

⑬ 阎文儒：《麦积山石窟的历史、分期及其题材》，《麦积山石窟》，甘肃人民出版社，1984年。

⑭ 董玉祥：《麦积山石窟的北魏窟龛及其造像》，《麦积山石窟》，甘肃人民出版社，1984年。

窟为三世佛外，其余窟都不是。项一峰①认为麦积山的三佛以横三世佛为主，竖三世佛较少，还有三身佛，如第 74、78 窟为横三世佛。魏文斌在总结了邓健吾、久野美树、赖鹏举、杜斗城、阎文儒、董玉祥、项一峰等人的论点基础上，以"三世佛"的经典入手，指出因受《妙法莲华经》对中国佛教的深远影响与昙曜个人因素及云冈石窟对麦积山的影响，依据大乘经典《妙法莲华经》而制作的三世佛造像是麦积山初期洞窟的主要题材，这一主要题材延续影响到了麦积山整个北朝甚至隋唐时期的造像，成为麦积山石窟从开始到终结贯穿一致的主线，并以第 74、78、144、155 等窟为例说明，进一步支持了三世佛的观点。

（2）关于此二窟正壁左右上方交脚、半跏思惟菩萨研究（图 4、5）。张宝玺②先生率先注意到这种组合的特殊形式并给以初步研究，认为思惟菩萨及交脚菩萨表现了释迦牟尼佛未成佛前及未来佛弥勒菩萨的形象。八木春生③对比克孜尔石窟第 38 窟与莫高窟第 275、259 窟的交脚、半跏思惟菩萨像，也认同这一观点。邓健吾④认为菩萨交脚像是弥勒菩萨，很可能是显现兜率天，菩萨思惟像除可能是弥勒菩萨外，也可能是在兜率天等待时机的菩萨形的释尊。蒋毅明、李西民等⑤认为交脚像表现菩萨下生前在兜率天宫修行时的情景，思惟像是表现佛为菩萨时在树下修行的情景。张学荣⑥认为是代表过去的迦叶佛和未来的弥勒佛，指出不仅体现了姚兴所谓的"三世实有"的教义思想，而且作为大乘菩萨的范例，体现了释迦绍圣成佛的三个最重要的梯段。

图 4　第 74 窟半跏思惟菩萨　　　　　　　　图 5　第 74 窟交脚菩萨

　　魏文斌⑦在梳理弥勒经典的翻译并考证了弥勒造像来源的基础上，对麦积山早期洞窟的弥勒造像与信仰做了进一步的研究，认为弥勒造像在第 74、78 窟以半跏思惟和交脚菩萨的形式对称出现于洞窟正壁

① 项一峰：《十六国北朝时期麦积山石窟三佛考析》，《佛学研究》1997 年第 6 期。

② 张宝玺：《麦积山石窟开凿年代及现存最早洞窟造像壁画》，《中国考古学会第一次年会论文集》，文物出版社，1980 年。

③ ［日］八木春生著，何洪岩、魏文斌译：《关于麦积山石窟第 74 及第 78 窟的创建年代》，《敦煌研究》2003 年第 6 期。

④ 邓健吾：《麦积石窟的研究和有关初期石窟的二、三个问题》，《中国石窟·天水麦积山》，文物出版社·平凡社，1998 年。

⑤ 麦积山石窟艺术研究所编：《中国石窟·天水麦积山》，文物出版社·平凡社，1998 年，第 230 页。

⑥ 张学荣：《论莫高窟和麦积山早期洞窟中的交脚善萨》，《敦煌石窟研究国际讨论会文集·石窟考古编（1987）》，辽宁美术出版社，1990 年。

⑦ 魏文斌：《麦积山石窟交脚与半跏思惟菩萨对称构图的研究》，《麦积山石窟研究》，文物出版社，2010 年。

两侧龛内，并对其在不同时期的变化详细说明。后其又发专文讨论这对造像组合，在总结了前人研究的基础上，进一步对交脚与半跏思惟菩萨的尊名进行考证，认为麦积山初期洞窟的交脚与半跏思惟菩萨认定为弥勒菩萨是毫无疑问的。同期，潘亮文①也专门针对这一造像组合进行研究，在梳理麦积山这种造像组合的现状、对比麦积山东西各地区同类造像组合的基础上，从不同角度上也印证其为弥勒造像。

（3）壁画研究。整体上，这两个洞窟的壁画脱落严重，保存较少，大部分还是造像的宽大背光和头光。对于极为重要的第78窟供养人像与题记，专家学者在考证洞窟创建年代时给予了广泛关注和深入研究。久野美树②认为麦积山初期窟几乎遍布千佛，第74窟左侧天井处的千佛是能看到的显著例子，同时指出中国初期窟的千佛涉及"大乘的传播"问题值得注意。台湾学者赖鹏举③认为第74窟窟顶有麦积山石窟硕果仅存的"十方佛"造像，指出以窟顶中央为圆心，向外形成一圈圈的同心圆的布局正是北传阿富汗及吐峪沟石窟"十方佛"造像的典型，其造像内容可依《般舟三昧经》完整地解读为"十方佛"。张锦绣④对第78窟掉落的两块壁画残块做了较为详细的说明，关于其中一块火头金刚与供养人壁画，他认为与《楞严经》对火头金刚的描述相符合，供养人像更似顾恺之《女史箴图》中一些人物，而学界对这两块壁画的年代主要倾向于隋代重修之作。而现存的千佛和装饰纹样如莲花、忍冬纹、火焰纹、火焰宝珠等有部分学者略有涉及。

（4）造像风格及某一方面针对性研究。学界普遍认为这两个洞窟的造像风格是深受犍陀罗、秣菟罗风格及凉州模式影响。此外，魏文斌⑤对第74窟右胁侍菩萨（图5）宝珠上装饰的仰月及其他洞窟菩萨仰月、日月菩萨冠饰做了专门研究，认为麦积山石窟初期洞窟的菩萨仰月冠饰是云冈石窟影响的产物，受到了波斯萨珊王朝冠饰的影响。孙晓峰⑥对北朝供养人做了调查与研究，认为第78等窟北魏早期窟供养人服饰以胡服为主。陈悦新⑦认为麦积山第74、78等第一期洞窟佛衣以覆肩袒右式为主的类型是受云冈模式影响。

2. 洞窟形制研究

这两个洞窟大小、细部形式等方面基本一样，均为平面略成方形或长方形，顶略弧形的敞口大龛，多数学者都对这种形制作了简述。八木春生⑧认为，双窟形制是由于云冈石窟为"二圣"而营造洞窟，而麦积山第74、78窟，虽受云冈石窟第二期诸窟的影响，但不是完全的模仿，是金塔寺东、西窟等河西石窟群第二期诸窟的折中形式⑨，也认为这种形制是受北魏平城"二圣"思想主导下，间接受云冈石窟

① 潘亮文：《有关麦积山石窟交脚菩萨像与半跏思惟菩萨像尊格问题的再思考》，《麦积山石窟研究》，文物出版社，2010年。

② ［日］久野美树著，官秀芳、魏文斌译：《中国初期石窟及观佛三昧——以麦积山石窟为中心》，《敦煌学辑刊》2006年第1期。

③ 赖鹏举：《麦积山石窟造像由"涅槃"到"卢舍那"的转变》，《麦积山石窟艺术文化论文集》，兰州大学出版社，2004年。

④ 张锦绣：《早期的两对姊妹龛》，《丝绸之路》1996年第4期。

⑤ 魏文斌：《也谈仰月、日月菩萨冠饰——以麦积山石窟为例展开》，《敦煌学辑刊》2007年第4期。

⑥ 孙晓峰：《麦积山石窟北朝晚期胡人图像及相关问题研究》，《形象史学研究》（2016·上半年），人民出版社，2016年。

⑦ 陈悦新：《麦积山石窟北朝佛衣类型》，《石窟艺术研究》第二辑，文物出版社，2017年。

⑧ ［日］八木春生著，何洪岩、魏文斌译：《关于麦积山石窟第74及第78窟的创建年代》，《敦煌研究》2003年第6期。

⑨ 孙晓峰：《麦积山北朝窟龛形制的演变规律》，《敦煌研究》2003年第6期。

影响而开窟。董广强①认为第74、78窟是域外草庐和其他的建筑形制影响所致。其又在《麦积山石窟窟形二题》一文中，第74、78窟窟壁平直、交角为直角发展的因素，完全改变了洞窟的空间形态，是由浑圆的建筑空间向方正的建筑空间的转变，使印度化的洞窟空间逐步地演变为中国化的洞窟空间。

3. 保护及修复研究

学者考证第74、78窟古代经北周和隋代重修，20世纪70年代架通栈道、安装窟门，后不断开展日常养护与部分维修。近年来，围绕着保护方面的基础研究也持续开展。周国信②对麦积山第74、78等窟颜料做过X射线衍射的分析研究，总结出麦积山石窟主要使用矿物颜料，如石膏、白云石、辰砂、青金石、石绿、黑铜矿、二氧化铅等。王进玉③研究青金石在麦积山的壁画中也被普遍使用，表现为蓝色，多绘制塑像的背向光条带及火焰纹等。胡军舰等④也对麦积山石窟彩塑、壁画颜料做过初步研究。马千等⑤对麦积山石窟第74窟做了现状调查，并在修复方案及材料选择等方面做了进一步研究。董广强⑥对第78等窟在微环境及水害环境做了调查，其又在《麦积山石窟大型空腔型造像修复理念和技术探索》⑦一文中，以第74、78窟为例，分析现状，总结传统修复技术及以前修复的成果，对大型空腔型造像的修复方法提出几种不同方案。岳永强等⑧对第78等窟壁画病害现状做了调查及研究。刘丹⑨在理论上研究了对第74、78等窟复原。

综上，在第74、78窟的侧重洞窟某一方面研究上，学界做了大量的工作，取得了较为丰富的研究成果，就其造像组合等基本内容而言，目前学者较为接受三佛即"三世佛"之说及交脚与半跏思惟菩萨为弥勒菩萨。然在壁画研究方面，由于第74、78窟窟内壁画残存较少，故研究多为选择性研究，不够系统全面。而关于保护方面的研究较为偏弱，缺乏专业系统性的研究著作。在第74、78窟的研究中，学界广泛将其与其他石窟寺及同时期造像进行了广泛对比，除此之外，孙晓峰、宋朗秋、刘晓毅、牛耕田、刘珣等学者从窟龛形制、造像题材组合、壁画内容等方面与龙门石窟、炳灵寺、巴蜀石窟、青州龙兴寺等石窟寺做了专题对比研究，进一步探讨和研究不同区域佛教发展的地域特征、传播路线及艺术渊源等问题。

三　存在问题与展望

学界关于这两个洞窟的年代问题争论至今，最主要的原因就是缺乏直接证据。对麦积山石窟的文献

---

① 董广强：《麦积山石窟窟型二题》，《麦积山石窟艺术文化论文集》，兰州大学出版社，2004年。

② 周国信：《麦积山石窟壁画、彩塑无机颜料的X射线衍射分析》，《考古》1991年第8期。

③ 王进玉：《敦煌、麦积山、炳灵寺石窟青金石颜料的研究》，《考古》1996年第10期。

④ 胡军舰、岳永强：《麦积山石窟彩塑、壁画颜料研究》，《丝绸之路》2015年第10期。

⑤ 马千、张萍：《麦积山石窟第74窟现状调查及研究》，《丝绸之路》2010年第16期。

⑥ 董广强：《麦积山石窟水害环境调查》，《中国文物报》2007年1月19日。

⑦ 董广强：《麦积山石窟大型空腔型造像修复理念和技术探索》，《石窟艺术研究》第四辑，文物出版社，2019年。

⑧ 岳永强：《麦积山石窟壁画病害现状调查及研究》，《遗产与保护研究》2019年第4卷 第2期。

⑨ 刘丹：《麦积山石窟残损洞窟的复原研究》，兰州大学硕士学位论文，2017年。

记载与有确切纪年题记的相对较少，让断代等重要问题的研究显现出了乏力之感。针对这一问题，有望后续的研究在以下几个方面取得突破。一是窟前遗址的发掘，麦积山石窟在历史上经历过多次大地震，致使中区大面积坍塌，第74、78窟前部坍塌甚为严重，山体下方堆积大面积的坍塌层。随着国家考古工作日趋成熟与规范，亦有莫高窟北区发掘的成功范例，无论站在保护还是研究的角度上，谨慎、科学地开展麦积山石窟窟前遗址发掘将极为关键。二是充分利用好现有的资料和石窟寺考古理论和方法，引入现代化高科技手段（如碳十四检测等），从多学科多角度对石窟进行全面研究以求突破。

国内外学者对第74、78窟甚至整个麦积山石窟研究偏弱，国外除日本几位学者外，鲜有人对此研究，国内也是除了麦积山石窟艺术研究所外，其他单位的学者研究相对偏少。造成这一现象的主要原因有：一方面是对麦积山石窟的价值挖掘还不充分，麦积山石窟的影响力与关注度仍然不足。另一方面是麦积山石窟本身的一些基础工作还不到位，为学界提供的基础资料太少。在后续的研究工作中，一是要加快内容总录与考古报告的编辑出版工作，在基础资料的整理与研究上取得突破。二是加强保护方面基础研究，麦积山石窟的泥质塑像遗存非常丰富，而特殊的自然环境又与其他石窟多有不同，这样的特色也是优势，麦积山石窟艺术研究所虽然在保护方面做了大量工作，也申请到了许多国家级项目，但文物保护方面的研究相对薄弱。故在这一方面的研究取得突破也是推动麦积山石窟整体研究工作的重要一环。三是进一步加强国内外的交流合作与宣传，积极在一些难点与重点领域开展专题研究。

区域性研究与跨区域对比研究偏弱，麦积山石窟一直作为陇右的佛教中心，又是丝绸之路的重要节点，而将麦积山石窟置身于整个陇右区域及丝绸之路体系中的宏观研究太少，与其他石窟寺及不同区域文化的对比研究也较少。这就要求在今后的研究工作中，一是将麦积山石窟与秦州、陇右一带的社会背景结合起来，在社会历史、佛教文化的大区域背景下，将区域内文化遗存与麦积山石窟相结合，开展麦积山石窟不同历史时期、不同体系的研究，才能促进麦积山石窟的研究提升。二是抓住"一带一路"倡议所带来的新机遇，多与沿线地区、文化节点交流，参与到丝路整体的研究体系中，取长补短，刺激发展。三是加强麦积山石窟与其他石窟的横向比较研究，第74、78窟在麦积山早期洞窟中极具代表性，众多学者也广泛将其与莫高窟、云冈、龙门、炳灵寺等石窟及其他出土佛教遗存所对比，但多数人对不同区域的历史背景、文化特色及所对比内容的本身了解仍不够深入全面，对比方法和结果严谨性也有待商榷。故深入了解麦积山石窟与其他石窟的历史背景和佛教文化圈，将同一文化圈的体系研究与不同区域的对比研究做得更加深入扎实，才能进一步推动研究的发展高度。

麦积山石窟保护性窟檐修复可能性探讨

——麦积山石窟文物保护理念思考之二

董广强*

内容提要： 古代石窟建筑前面多有窟檐的设置，这些窟檐在一定程度上对预防洞窟内部的岩体风化、保护壁画或塑像等都起到了良好的作用。麦积山石窟的个别洞窟在开凿之初，其石质窟檐就受到地震破坏而失去了原貌，同时使洞窟内部的部分壁画、造像等暴露在外，出于文物保护的考虑，本文对窟檐是否需要进行复原设计、文物保护与石窟外貌的改变之间如何协调、"不改变文物原状"的保护原则在遇到特殊情况时该如何看待、保护理念是否需要进一步提升等石窟文物保护理念问题提出了理论性的探讨。

关键词： 麦积山石窟　石窟文物保护　保护性窟檐　文物修复

一　问题的提出

国内现存窟檐有两种情况，一是最初开凿洞窟时出于美观、保护以及宗教性的考虑，在洞窟外侧建设木结构或者仿木结构的窟檐，这种情况在各地石窟中都有不同形式出现；二是现代出于文物保护需要而建设的窟檐。

学界基于"不改变文物原状"的保护原则，长期以来对新窟檐的建设持极为保守的态度。因为在石窟外立面上进行窟檐建设，必然会对整个窟群的外观造成一定程度甚至很大程度的影响，只有在不得已的情况下才进行少量窟檐建设。

近年，云冈石窟和广元千佛崖石窟的窟檐建设都引起了保护界的广泛讨论。云冈石窟的窟檐建设经历了数十年的艰辛讨论，最终在文物本体保护和石窟外貌改变之间选择了前者；而广元千佛崖石窟的窟檐建设采用了纯现代的理念和材料等，用"覆山"的概念将石窟群完全覆盖，把保护性设施和展示性设施结合在一起，完全改变了石窟群的外貌。

在这样的背景之下，我们讨论一下在麦积山石窟复原保护性窟檐的可能性。虽然这个问题目前还不

*　作者简介：董广强（1969 年～　　），麦积山石窟艺术研究所副研究员，从事于石窟考古、文物保护、古代建筑等多方面的研究工作。

是很急迫，但我们必须认识到这个问题的存在，并且积极地进行讨论。当各种条件具备时，我们就可以立刻实施计划，而不是等到问题迫切时再进行讨论。

二　麦积山石窟窟檐的基本情况

图 1　20 世纪 80 年代加固工程后期设置的披檐

麦积山石窟的现存窟檐也包括最初开凿的窟檐和现代修建的窟檐。原始窟檐有第 1、3、4、5、28、30、43、49 等窟，时代跨度从北魏到北周。而现代修建的保护性窟檐是 20 世纪 70～80 年代加固工程末期，在窟区上侧修建的防止雨水下流以及落石破坏文物及伤害游客的窟檐，结构极为简单，严格来讲是披檐的形式，对石窟外貌的影响不大（图 1）。

本文讨论重点是修复第 4、5、43 窟窟檐的可行性。这几个洞窟原有的窟檐在地震中大部分或局部破坏，很大程度上影响了洞窟内部文物的保存。

第 4 窟是麦积山石窟外观最为宏伟壮丽的一个洞窟，开凿于北周时期，外观为仿木结构的七间八柱庑殿顶形式，建筑整体长 31.5、深 8、高 16 米。可惜隋唐时期大地震对建筑的屋顶、檐柱等部分造成了严重的破坏（图 2）；第 5 窟紧邻第 4 窟西侧，开凿于隋末唐初，外观原为三间四柱形式，没有屋顶，高 9、宽 15、深 6.5 米，同样因为历史时期地震导致西侧部分窟檐被破坏（图 3）。第 43 窟位于中区入口位置，开凿于西魏时期，外观为三间四柱形式，上有庑殿顶。高 6.1、宽 6.65、深 7.3 米。东侧的檐柱以及屋

图 2　第 4 窟外观

图 3　第 5 窟外观

图 4　第 43 窟外观

顶部分在历史时期地震中塌毁无存（图4）。

　　洞窟原有的窟檐塌毁，必然会使洞窟内部的造像和壁画暴露在外，从而使这些珍贵的文物面临着诸多的破坏性因素，在麦积山多雨潮湿的环境下更是如此。

　　第43窟的东侧檐柱及屋顶部分塌毁后，内部的金刚力士就暴露在外。20世纪80年代初期，麦积山石窟保管所（麦积山石窟艺术研究所前身）出于保护塑像的原因对窟檐进行了一定程度的修复，根据文物修复原则，对塌毁的檐柱用简单木板进行造型（内部为空腔）、外表覆泥，屋顶部分也是简单地用木板敷设。应该说窟檐的复原对内部的塑像起到了很好的保护作用，但是当时采用的材料、结构等都很简单，特别是屋顶部分没有进行修复，是一个不完全的修复，目前在材料、结构等方面都出现了问题，需要重新考虑窟檐的修复问题。

　　目前一系列的问题是：第4、5、43窟的窟檐是否需要修复、是否可以修复、如何进行修复、在理念方面如何定位等，需要前瞻性地提出问题和解决方法，提出这些概念自然会引起诸多的议论。

三　麦积山石窟窟檐修复讨论

（一）基本理念

长期以来，文物保护工作所秉持的原则一直是"不改变文物原状"，近几年又增加了"最小干预"的原则。但这两项原则都是最理想化的文物保护或修复状态，文物保护是以积极的态度干预文物环境，而具体的文物修复是被动地对有破损或有隐患的文物进行干预。在对文物原始状态进行改变的工作过程中，很难做到"不改变文物原状"，需要认真把握"最小干预"的原则。

文物保护工作面对的情况很复杂，并且随着文物保护工作的深入发展，这种复杂性就越显得棘手。当文物本体的保护和文物外貌的改变之间产生不可调和的冲突时，就必须选择其一。云冈石窟的保护性窟檐在面对这个矛盾冲突时就选择了文物本体保护，这应该是一个必然性的选择。

但是，选择文物本体保护不等于可以忽略文物环境外貌问题。广元千佛崖石窟的窟檐修复目前来讲是文物保护界的个例，是在特殊的文物环境下进行的，我们暂不进行详细讨论。而云冈石窟的窟檐修复采用了仿古建筑的形式，对于新窟檐的建设并没有引发太多的异议，毕竟洞窟檐柱的风化现象日趋严重，新窟檐的建设可以改变文物环境、减缓岩石风化，但是对于窟檐的体量、形式等方面却多有不同意见，有人认为可以在整体上弱化一些。我们参考这些理念建议，讨论麦积山保护性窟檐的复原问题。

（二）窟檐复原的必要性、可能性及方向性

窟檐复原工作可以分为多种情况，如完全新建保护性窟檐、复原性窟檐等。近年来引起广泛争议的云冈五华洞前部的窟檐（图5）以及广元千佛崖前的整体保护性窟檐（图6）就属于前一种情况。麦积山石窟则属于后一种情况，即对在历史时期被破坏的窟檐进行复原。

图5　云冈石窟保护性窟檐　　　　　图6　广元千佛崖保护性窟檐

麦积山石窟现存多个最初开凿有仿木结构窟檐的洞窟，也多存在坍塌现象，部分坍塌窟檐对内部的泥塑壁画没有造成影响，所以我们不必考虑复原窟檐的问题，但是另一部分的窟檐的坍塌使内部的泥塑

壁画暴露在外，如前面介绍的第 4、5、43 窟。这三个洞窟保存有大量的泥塑和壁画，分别有散花楼、牛儿堂、魏后墓的俗称，在当地民间习俗中也有重要的社会价值。第 4、5 窟的北周和唐代的壁画和第 43 窟前室的大型泥塑都是直接暴露在露天之下。由于麦积山石窟崖面内倾，雨水在多数情况下不能直接侵袭到这些位置，但是变幻的日照、急剧的温湿度变化、高空位置的风速等都会对这些文物造成影响。目前因人员力量、技术等方面，尚没有开展相关专项研究，但是泥塑文物在这种情况下受到严重影响是毋庸置疑的，很有必要对窟檐进行保护性复原。

洞窟前部原有的窟檐是洞窟的一部分，如果木构的窟檐出现局部破坏，对其进行复原性的修复目前不存在理念方面的争议，属于正常的文物修复工作，如敦煌莫高窟的唐宋时期窟檐。但如果窟檐原来是在崖体上直接开凿的，在这样的情况下进行复原性修复就会存在理念方面的争议。

如果原有的依山开凿的窟檐已经完全坍塌，或者窟檐的现状对洞窟内的现存文物不存在任何影响，这种情况下复原窟檐是没有依据也没有必要，或者用数字化技术进行模拟复原以满足宣传展示方面的需要。如果塌毁窟檐是建筑的局部，可以对其原有的形式进行复原，或塌毁的窟檐影响到了洞窟内部文物的保存，这时考虑对窟檐进行保护性复原就有考古学依据了。在对云冈石窟新窟檐的争议中，有学者提出，如果结合窟前的考古遗迹等对窟檐进行推论和设计应该更合理一些。而麦积山石窟的几个窟檐原有的建筑形式保存得比较好，完全可以根据现存的结构对建筑的原始面貌进行复原。这一点，在 20 世纪 70 年代就有学者进行了该项工作。所以，复原窟檐的原始面貌完全有可能。

关于麦积山石窟窟檐复原的方向性，总体上可以是两个方向，即整体复原和局部复原。整体复原就要对窟檐的全部包括屋面、檐柱甚至坍塌的地面等进行复原，而局部复原是根据各方面的具体情况对窟檐建筑的局部进行复原。

第 43 窟在崖面上的位置偏低，坍塌的部分比较少，而内部的塑像需要完全遮护，所以第 43 窟的窟檐整体复原不存在问题，或者说此次复原只是对 20 世纪 70 年代窟檐修复工作的再修复。但是第 4 窟和第 5 窟情况不同，这两个洞窟都在崖面的最高位置，很是彰显，同时这两个洞窟的体量都比较大，原来的规模很宏伟，如果整体复原的话，势必会对整个崖面的景观造成很大的影响。现在复原窟檐无非有两个目的：其一是文物保护，对文物本体进行有效的遮护；其二是复原洞窟的原始面貌，让游客更多了解石窟文化。前面谈到过，第 4 窟和第 5 窟的窟檐局部坍塌后，对原有的壁画塑像造成了直接的影响，所以我们的首要目的应该是保护文物本体，只要能满足这个目的，就是窟檐复原的合理程度，不必为了重现洞窟原始面貌的宏伟壮丽而过度追求完全复原。所以，麦积山第 4、5 窟的窟檐复原原则上是以局部性复原为主。

第 4、5 窟窟檐坍塌后，崖面后退，阳光直射到壁画塑像位置，同时高空风力对壁画的侵蚀作用也很强烈。如果将窟檐的屋面部分复原，自然可以遮挡阳光的直射、减弱风力的影响，还可考虑将檐口下侧的檐枋等也进行复原，在比较大的范围内对壁画形成一个半遮护的环境，使这个位置的小环境温湿度变化趋于稳定，从而达到良好的保护目的。

檐柱由于体量过大，完全复原将会对整个崖面的景观造成影响，所以可以完全不考虑对檐柱的复原。

对复原的窟檐，总体形式上可以采用简约的形式，不能过度地吸引观众的目光。20 世纪八九十年代加固工程末期在西崖位置架设的防雨披檐并没有对石窟景观造成干扰，反而和栈道融为一体，今后的窟檐复原总体上也可以采用这样简约的方式。

　　关于材料，在现今的科技条件下，有很多的轻质材料可以选择，本文不进行讨论。我们目前只对理念方面进行概念性的讨论，希望引起各界人士的关注，并进行积极的讨论，最终寻找出合理的技术方案，促进对麦积山石窟的文物保护工作。

征稿启事

　　《石窟艺术研究》是由敦煌研究院麦积山石窟艺术研究所主办的专业学术文集。本文集以促进中国石窟艺术研究的传承与发展为宗旨，立足于麦积山石窟，内容涉及石窟考古及艺术、文物保护、文献整理与研究、文化遗产管理、佛教文化和思想等领域的研究成果、考古报告、调查材料、译文、书评等。

　　本文集热诚欢迎国内外专家学者惠赐佳作，阐述观点，共襄盛举。

　　【来稿须知】

　　1. 稿件要求作者独立取得的原创性学术成果，未在其他书刊杂志发表。内容切合《石窟艺术研究》主题，论点鲜明，论据可靠，数据准确，逻辑严谨。所有作者应对稿件内容和署名顺序无异议，如引用未公开资料，须先取得资料所有者授权。外文译稿须有原作者翻译授权并提供原作复印件。如因作者标注不明而引起版权纠纷，责任由作者自行负责。文集编辑有权对来稿进行不违背作者原意的技术性修改，作者如有特殊要求请在投稿时注明。

　　2. 稿件基本要素齐全，具体包括题目、作者简介（姓名、出生年月、性别、所在单位、职务、研究方向、联系方式）、内容提要、关键词、正文、注释、参考文献等。稿件以 5000~10000 字为宜，如内容论述需要可放宽至 40000 字，并配有 200 左右的内容提要及 3~5 个关键词。如稿件内配有图片资料，请注明图说（如名称、时代等）和图片来源（如绘图者、摄影者、书刊出处等）。图片需符合出版印刷要求（照片需高清数码格式，扫描文件分辨率需达到 300dpi）。注释及参考文献参见本文集格式。属于课题基金项目的论文，请注明课题项目名称及编号。来稿请使用 word 文件，图片请单独提供原文件。

　　3. 来稿请勿一稿多投。收到稿件后，经编委会及专家审稿，通过电子邮件回复作者是否选用。若 3 个月内未收到通知，作者可自行处理稿件。稿件出版后，参照国家相关标准支付稿酬，并赠送样书 1~2 册。稿件不退还，敬请作者自留底稿。

地址：甘肃省天水市麦积区麦积山石窟艺术研究所编纂委员会

邮编：741020

联系人：孙晓峰

电话：13830873516

邮箱：ssxxff69@126. com

《石窟艺术研究》编纂委员会